■ 知行经管系列 ■

品 牌 管 理

PIN PAI GUAN LI

席佳蓓 著

基金项目一：江苏省教育厅教改项目：基于"能力本位"的中职与本科七年一贯制分段培养课程体系建设研究

基金项目二：南京人才培养创新实验基地项目：基于教学做合一的经管专业高素质应用型人才培养创新实验基地

东南大学出版社
SOUTHEAST UNIVERSITY PRESS
·南京·

图书在版编目(CIP)数据

品牌管理 / 席佳蓓著. ——南京：东南大学出版社，2017.1(2020.7重印)

(知行经管系列 / 赵玉阁主编)

ISBN 978-7-5641-6897-1

Ⅰ. ①品… Ⅱ. ①席… Ⅲ. ①品牌—企业管理 Ⅳ. ①F273.2

中国版本图书馆 CIP 数据核字(2016)第 314096 号

品牌管理

出版发行	东南大学出版社
出 版 人	江建中
社　　址	南京市四牌楼 2 号(邮编:210096)
网　　址	http://www.seupress.com
责任编辑	孙松茜(E-mail:ssq19972002@aliyun.com)
经　　销	全国各地新华书店
印　　刷	江苏凤凰数码印务有限公司
开　　本	700mm×1000mm　1/16
印　　张	14.25
字　　数	287 千字
版　　次	2017 年 1 月第 1 版
印　　次	2020 年 7 月第 4 次印刷
书　　号	ISBN 978-7-5641-6897-1
定　　价	42.80 元

(本社图书若有印装质量问题，请直接与营销部联系。电话:025-83791830)

知行经管系列编委会名单

(按姓氏拼音排序)

主　任：赵玉阁

副主任：季　兵　　林　彬　　刘宏波　　张志军
　　　　　赵　彤　　朱长宏

委　员：陈少英　　戴孝悌　　高振杨　　季　兵
　　　　　林　彬　　刘宏波　　单以红　　沈　毅
　　　　　席佳蓓　　许国银　　张美文　　张志军
　　　　　赵　彤　　赵玉阁　　周　姣　　朱长宏

修订前言

《品牌管理》一书自2017年1月出版以来已经三年,历经三次印刷,受到了广大读者的肯定。

随着中国经济的快速发展,中国高科技企业强势崛起,以美国为首一些国外势力加紧了对中国企业、中国产品的攻击与打压,中美贸易战持续进行、反复较量,美国特朗普政府甚至举国家行政力量打压制裁中国的企业华为与中兴,中国企业、中国产品面临的外部竞争环境愈加严峻。三年前本书曾用不小的篇幅谈了品牌管理对于中国国家发展战略、中国经济的重要意义,时至今日,虽然中国企业的品牌管理工作和管理水平取得了长足的进步,但国际竞争的加剧、尤其是中美两国在政治、经济、意识形态等各方面冲突的不断发生,打造中国强势品牌、推动中国制造高质量发展不仅不能放松,而且刻不容缓、越来越重要。

2016年6月20日,国务院办公厅在《关于发挥品牌引领作用推动供需结构升级的意见》中首次提出设立"中国品牌日"。2017年4月24日,国务院正式宣布自2017年起,将每年5月10日设立为"中国品牌日"。"中国品牌日"是国务院宣布设立的品牌宣传日,这意味着打造中国品牌已经上升到国家层面。2020年5月10日,尽管新冠肺炎疫情在全球蔓延肆虐,中国品牌日年度活动仍然在上海高规格如期举行。中共中央政治局常委、国务院总理李克强对活动的重要批示是:"加强品牌建设,不断提升中国产品和服务的质量与影响力,是坚定实施扩大内需战略、推动高质量发展的重要方面。各地区、各有关部门要坚持以习近平新时代中国特色社会主义思想为指导,贯彻党中央、国务院决策部署,实施创新驱动发展战略,深入推动大众创业、万众创新,坚持质量第一效益优先,在全社会进一步增强品牌意识,引导企业弘扬专业精神工匠精神,打造更多名优品牌,以更强的竞争力拓展市场空间,更好满足群众消费升级和国家发展的需要。"

正是在这样的形势背景下,得知《品牌管理》一书因库存不足、市场需求等原因东南大学出版社决定修订重印,笔者感到非常欣慰。应广大读者和编辑的要求,在本书付印之前,笔者对原书再次进行了梳理和修改,以期该书能够更加完善。本次修订只做局部修改,没有进行章节内容上大幅度的调整和变动。修订主要集中在以下几个方面:

第一,润色了部分文字,对某些细微处进行了修改。例如,由于输入法导致的同音字错误、标点符号错误等。

第二,更新了一些数据。例如,原书2016年定稿,2017年1月出版,在书中使用的Interbrand公司"世界最佳品牌100强"排行榜是2016年3月刚公布的2015年世界品牌100强排行榜,虽然在当时是最新数据,但放在今天,显然已经过时。因此本次修订更新为今年上半年刚刚发布的2019年排行榜。还有一些类似情况的数据,笔者也尽可能进行了更新。

第三,更新了一些案例。原书中有些案例已经比较老,有些案例后来情况发生了变化。例如,原书在写作时江苏电视台与温州金某某的商标侵权案,法庭判决江苏电视台侵权,江苏电视台败诉,"非诚勿扰"节目因此改名为"缘来非诚勿扰"。但后来江苏电视台不服判决,提请再审,2017年11月广东高院判决江苏电视台胜诉,案情发生逆转。像这种情况,本次修订都对案例进行了更改。

第四,更新了一些定义。例如,品牌危机的含义等。这些定义的更新让新书的用词和表述更加精准、贴切。

第五,更新了一些图片。例如,一些品牌符号的变迁等。这些图片的更新让新书变得更加生动、活泼、有吸引力。

本次修订,由原书作者席佳蓓全面负责。读者和一些用书单位的领导、专家提出了许多中肯的意见和建议,东南大学出版社的编辑孙松茜老师给予了大力的指导和帮助,在此一并表示衷心的感谢!

由于本书作者的专业知识和能力有限,本书各种错误与疏漏仍然在所难免。敬请各位读者和同行专家不吝赐教、批评指正。作者邮箱:xijiabei@aliyun.com。

席佳蓓

2020年7月20日

总 序

　　胡锦涛总书记在庆祝清华大学建校 100 周年大会上的讲话中,明确指出了全面提高高等教育质量的战略思路。全面提高高等教育质量,要坚持以提升人才培养水平为核心。高等教育的根本任务是培养人才。要从教育规律、教学规律和人才成长的规律出发,更新教育理念,把促进人的全面发展和适应社会需要作为衡量人才培养水平的根本标准,形成体系开放、机制灵活、渠道互通、选择多样的人才培养体系。

　　面对新形势对高等教育人才培养提出的新要求,我们一直在思索,作为新办本科院校经济管理专业在课程设置、教材选择、教学方式等方面怎样才能使培养的学生适应社会经济发展的客观需要。

　　顾明远先生主编的《教育大词典》对教材的界定为:教材是教师和学生据以进行教学活动的材料,教学的主要媒体,通常按照课程标准(或教学大纲)的规定,分学科门类和年级顺序编辑,包括文字教材和视听教材。由此可见,教材是体现教学内容的知识载体,人才的培养离不开教材。高质量教材是高质量人才培养的基本保障。

　　鉴于教材质量在高等教育人才培养中的基础地位和重要作用,按照高等院校经济类和管理类学科本科专业应用型人才培养要求,我们深入分析了新办本科院校经济管理类专业本科学生的现状及存在的问题,探索经济管理类专业高素质应用型本科人才培养途径,在明确人才培养定位的基础上,组织了长期在教学第一线从事教学工作的教师进行教材编写。我们在策划和编写本系列教材过程中始终贯彻精品战略的指导思想,以科学性、先进性、系统性、实用性和创新性为目标,教材编写特色主要体现在强调"新思维、新理念、新能力"三个方面。

1. 新思维

　　关注经济全球化发展新进程和经济管理学科发展的大背景,贯彻教育部《普通高等学校本科专业目录(2012 年)》对经济类和管理类学科本科专业设置及人才培养的新要求,编写内容更新,汇集了国内外相关领域的最新观点、方法及教学改革成果,力求简明易懂、内容系统和实用;编写体例新颖,注意广泛吸收国内外优秀教材的写作思路和写作方法,图文并茂;教材体系完整,涵盖经济类和管理类专业核心课程和专业课程,注重把握相关课程之间的关系,构建完整、严密的知识体系。

2. 新理念

秉承陶行知先生"教学做合一"的教育理念,突出创新能力和创新意识培养;贯彻以学生为本的教学理念,注重提高学生学习兴趣和学习动力,如在编写中注重增加相关内容以支持教师在课堂中使用启发式教学等先进的教学手段和多元化教学方法,以激发学生的学习兴趣和学习动力。

3. 新能力

高素质应用型本科人才培养目标核心是培养学生的综合能力,本系列教材力图在培养学生自我学习能力、创新思维能力、创造性解决问题能力和自我更新知识能力方面有所建树。教材具备大量案例研究分析内容,特别是列举了我国经济管理工作中的最新实际实例和操作性较强的案例,将理论知识与实际相结合,让学生在学习过程中理论联系实际,增强学生的实际操作能力。

感谢参加本系列教材编写和审稿的老师们付出的大量卓有成效的辛勤劳动。由于编写时间紧等原因,本系列教材肯定还存在一定的不足和错漏,但本系列教材是开放式的,我们将根据社会经济发展和人才培养的需要、学科发展的需要、教学改革的需要、专业设置和课程改革的需要,对教材的内容进行不断的补充和完善。我们相信在各位老师的关心和帮助下,本系列教材一定能够不断改进和完善,在我国经管专业课程体系建设中起到应有的促进作用。

赵玉阁

序　言

关于品牌管理的教材,现在市场上已有多种版本。之所以会萌生再编写一本教材的意念,是因为作者在长期的教学实践中,深感现有的品牌管理教材在使用上存在着诸多不便。有的教材案例丰富,编排生动活泼,却失之于学术性不够强,不能引领学生领会并掌握该学科完整的知识体系和理论发展成就;有些教材虽然学术性很强,把前人在品牌管理学科领域取得的重要研究成果几乎一网打尽、悉数收录,但这种简单摘录,过多罗列理论流派、学术观点的做法也存在严重的问题,即有些理论还不够成熟,或者有些学者的学术观点分歧比较大甚至完全对立,全盘收录、简单摘抄很容易造成读者思想上的混乱,无法掌握品牌管理的主旨要义、基本原理和知识。还有部分品牌管理教材干脆把管理学、市场营销学、公共关系学、广告学、传播学教材的相关内容原封不动地搬到品牌管理教材中来,使得品牌管理变成了拼拼凑凑、学科边际不清的一锅"乱炖"。

有鉴于此,本教材的编写尽可能做到以下几点:

（一）谨守学科分际,知识全面准确

品牌管理是一门独立的学科,尽管这门学科跟市场营销学、公共关系学、管理学、广告学有着密切的联系,在品牌管理学科的产生和发展过程中也吸收并融进了这些学科的知识和概念,有些品牌管理重要概念、理论的创立者本身就是营销学大师（如菲利普·科特勒）或广告学大师（如大卫·奥格威）,但品牌管理毕竟有自己独立的学科体系和学科内容,在管理实践中有自己的使命与目标,品牌管理教材可以借鉴上述学科领域的相关知识,但不能大段大段不加甄别就把这些学科的教材内容直接搬用过来。本书在写作过程中对相关知识严加梳理和筛选,确保学科内容既涵盖品牌管理的重要知识概念和原理,同时又不跨界简单照搬其他学科教材内容;对于品牌理论界的学术流派和研究成果,本着"理论为实践所用"的原则,重点筛选出对当今企业品牌建设的实践活动具有实实在在指导意义的理论与学术成果加以介绍。有些理论虽然反映了研究者在品牌管理研究领域取得的突破,但如果过于生涩、抽象,或者牵强附会、操作性不强,也会被本教材摒弃在外。因为这类理论不光对于企业品牌管理实践缺乏指导意义,而且加深了读者理解上的难度。因此本书既收录了国内外品牌学者的重要学术观点,又详略得当,难易适中,学科分际清晰。

(二) 学科体系完整,逻辑结构清晰

本教材以企业品牌管理过程中的关键节点为基点,构建起品牌管理的主体知识框架,根据品牌管理过程的基本顺序,把全书分为三大版块:第一部分是品牌的培育,包括品牌概述、品牌管理概述、品牌识别管理、品牌定位管理、品牌设计管理、品牌传播管理六章;第二部分是品牌的运营,包括品牌延伸管理、品牌组合管理、品牌更新管理三章;第三部分是品牌的维护,包括品牌资产管理和品牌维护管理两章。

(三) 立足学术前沿,展现作者观点

本书作者曾经师从上海财经大学知名营销学者晁钢令教授和知名品牌学者王新新教授,得到两位教授指点,受益匪浅,对国内外品牌管理理论和研究现状有较深的了解,因此本书在编写过程中,能够立足当前学术研究的前沿,尽可能把品牌管理研究的新成果反映在内;此外,本书作者长期从事市场营销学、品牌管理、管理学和公共关系学的教学工作,在长期的科研与教学工作中,对各门学科深入研究、融会贯通,结合企业实践调查,在有关品牌管理的许多问题上具有自己的关注点和见解,这些研究心得和观点在本书的写作中也一并呈现。

(四) 案例资料丰富,语言表达浅显

本书在写作过程中,深感学术为社会所用、为企业所用、为实践所用之重要性,因此除了在理论流派、学术观点的甄选上摒除那些过于晦涩、对企业实践缺乏直接指导意义的品牌理论之外,在编写中收集了大量中外知名或不知名企业在品牌管理实践中的成功或失败案例,图文并茂,尽可能以一种生动直观的方式来阐释品牌管理的核心理念与基本概念,在行文上语言尽可能简练平实,杜绝华而不实、莫测高深的辞藻。同时作者也注意避免走另一个极端,即选材和表述猎奇、媚俗、哗众取宠,保持了一本专业教材应有的严肃和尊严。

本书是在学习和参考了大量中外学者的学术著作和教材的基础上编写的,书中吸收了很多前辈学者的研究成果,并尽可能在书中注明出处,但尽管如此,因为参考到的著作和学者太多,难免挂一漏万、有所疏失,在此谨表歉意。对于各位学者的学术观点对作者的启发和帮助、对于本书的重大贡献表示诚挚的谢意!本书的出版受到东南大学出版社编辑孙松茜女士的大力支持和热心帮助,许多专业问题也是经孙编辑的精心修改得以完善和提高。可以说没有孙编辑的热心帮助就没有这本书的顺利问世,在此表示最深切的谢意!还要感谢我的同事蒋淑华博士,她帮我完成了书中绝大部分图表的制作。最后,由于本书作者的理论水平、学术能力和实践经验都有所不足,难免存在疏漏甚至错误之处,敬请各位读者和专家不吝赐教、批评指正,以便作者加以改进。

席佳蓓

目 录

第一章 品牌概述 …… 1
 第一节 国内外品牌管理兴起的背景 …… 1
 第二节 品牌的涵义 …… 6
 第三节 品牌的类型 …… 12
 第四节 品牌与相关概念的关系 …… 17
 第五节 品牌的作用 …… 23

第二章 品牌管理概述 …… 29
 第一节 品牌管理的涵义 …… 29
 第二节 品牌管理的内容 …… 29
 第三节 品牌管理面临的困境 …… 31
 第四节 品牌管理的模式 …… 34

第三章 品牌识别管理 …… 40
 第一节 品牌识别的概述 …… 40
 第二节 品牌识别系统的构成 …… 44
 第三节 品牌识别管理的实施 …… 54

第四章 品牌定位管理 …… 60
 第一节 定位理论的由来 …… 60
 第二节 品牌定位的概述 …… 64
 第三节 品牌定位的原则 …… 68
 第四节 品牌定位的方法 …… 73

第五章 品牌设计管理 …… 79
 第一节 品牌符号设计的一般性原则 …… 79
 第二节 品牌名称设计 …… 84

第三节　品牌标识设计 ………………………………………… 90
第四节　品牌形象代表设计 ……………………………………… 92
第五节　品牌口号设计 …………………………………………… 98

第六章　品牌传播管理 …………………………………………… 102

第一节　品牌传播的概述 ………………………………………… 102
第二节　品牌传播的途径 ………………………………………… 108

第七章　品牌延伸管理 …………………………………………… 122

第一节　品牌延伸的概述 ………………………………………… 122
第二节　品牌延伸的模型 ………………………………………… 128
第三节　品牌延伸的实施 ………………………………………… 133
第四节　品牌特许经营 …………………………………………… 136

第八章　品牌组合管理 …………………………………………… 140

第一节　品牌组合的概述 ………………………………………… 140
第二节　品牌组合中的品牌角色 ………………………………… 144
第三节　品牌组合的战略 ………………………………………… 148
第四节　品牌组合的结构 ………………………………………… 159

第九章　品牌更新管理 …………………………………………… 161

第一节　品牌生命周期的相关研究 ……………………………… 161
第二节　品牌更新管理的概述 …………………………………… 164
第三节　品牌更新的策略 ………………………………………… 170

第十章　品牌资产管理 …………………………………………… 180

第一节　品牌资产的涵义 ………………………………………… 180
第二节　品牌资产的构成 ………………………………………… 185
第三节　品牌资产的评估 ………………………………………… 190

第十一章　品牌维护管理 ………………………………………… 197

第一节　品牌的防御与保护 ……………………………………… 197
第二节　品牌危机管理 …………………………………………… 205

参考文献 …………………………………………………………… 213

第一章 品牌概述

第一节 国内外品牌管理兴起的背景

一、国外品牌管理兴起的背景

关于品牌,早在1955年,美国学者加德纳(Gardner)和列维(Levy)就在《哈佛商业评论》上发表论文《产品与品牌》,提出了品牌和产品的差异,[①] 然而实际上一直到20世纪70年代,人们仍很少谈及和注意品牌,偶尔提到,往往也和商标等概念不做区分。20世纪80年代是品牌管理发展的分水岭,此后在全球兴起了品牌管理热。之所以品牌会引起企业、营销领域的极大关注,是因为80年代发生了几次著名的并购案。例如1985年,英国食品和烈性酒企业大都会公司以55亿美元收购了皮尔斯伯瑞公司,大都会公司出的收购价比皮尔斯伯瑞公司本身的股市价值高50%,更是它有形资产价值的7倍。1988年,瑞士雀巢公司以50亿瑞士法郎的价格收购了英国郎利·麦金塔什公司。这个收购价格是郎利·麦金塔什公司股市价格的3倍、公司资产总额的6倍。[②] 1988年,美国菲利普·莫里斯公司为扩大市场收购卡夫食品公司,莫里斯公司总计花费了129亿美元,这个收购价是卡夫公司有形资产的4倍。同年,法国食品巨头BSN以250亿美元购买了RJR Nabiso公司,这笔巨资几乎是后者市值的2倍。[③]

这几次巨额的并购案震动了企业界,人们惊奇地发现,在这些大规模的并购案中,企业收购价格远远超过了被收购企业的账面价值,而这样的兼并收购案还在欧美各国盛行。无论企业界和营销学界都在思考:到底是什么使这些被收购企业卖出这么高的价钱?得出的结论是品牌。例如,皮尔斯伯瑞公司之所以被大都会公司高价收购,是因为它旗下拥有皮尔斯伯瑞、绿巨人、汉堡王等著名品牌;被雀巢公司高价收购的郎利·麦金塔什公司旗下拥有奇巧、八点以后、宝路等著名

---

① Gardner B B, Levy S J. The Product and the Brand[J]. Harvard Business Review, 1955, 33(2): 33-39.
② 何佳讯. 品牌形象策划——透视品牌经营[M]. 上海:复旦大学出版社,2000:104.
③ 余伟萍. 品牌管理[M]. 北京:清华大学出版社,北京交通大学出版社,2007:33.

的糖果点心品牌。谜底揭晓后,美国著名的未来学权威学者阿尔文·托夫勒在其著作《权力的转移》中指出:公司实际资产已经不如以往那么重要,取而代之的是关系和沟通。"没有人是冲着苹果电脑和 IBM 公司的硬件设备来买它们的股票的,真正值钱的不是公司的办公大楼或设备机器,而是其营销业务兵团的交际手腕、人际关系、实力与管理系统的组织模式。"[①]从此,"品牌是企业最重要的资产"的观点逐渐被人们所熟知,并且得到越来越广泛的认同。

《广告研究》杂志的编辑向美国著名的广告研究专家拉里·莱特请教他对于未来 30 年里营销的看法。访谈中莱特说的一段话现在已成经典:"未来营销之战将是品牌之战,是为获得品牌主导地位而进行的竞争。企业和投资人将把品牌视为企业最有价值的资产。品牌是至关重要的概念。……拥有市场比拥有工厂更重要。而拥有市场的唯一途径就是拥有占据市场主导地位的品牌。"[②]全球著名的管理大师彼得·德鲁克也指出:"21 世纪的组织只有依靠品牌竞争了,因为除此之外它们一无所有。"

今天所有这些大师的预言都已成为现实。当前,企业的市场竞争经过产品竞争、价格竞争、服务竞争之后,进入了品牌竞争阶段。在信息爆炸的 21 世纪,产品极度丰富,竞争已呈白热化,消费者的注意力成为最稀缺的资源,强势品牌也就成为争夺消费者的最有力武器。

然而创造品牌却是一个耗时耗力、风险很高的系统工程。当前市场竞争呈白热化,企业创造一个品牌的成本越来越高。在大品牌已经居于市场领导地位的时代,创造一个新品牌风险很高,一旦不能获得消费者的认同,投入到品牌的定位、设计、传播等方面的巨额资金将付诸东流。因此,在西方发达国家,开始奉行"创造一个新品牌不如购买一个老品牌"的观念——买到一个好品牌,就等于买到一个市场,同时消灭了一个竞争对手,一举两得。因此从 20 世纪 90 年代开始,品牌并购成为一种最具有影响力的全球性风潮。从 1991 年到 2000 年间,欧美有案可查的兼并数量几乎翻了一倍,同时期的交易额在欧洲增加了 8 倍,在美国增加了 20 倍,[③]品牌兼并规模在急剧地增长。

目前无论是企业界还是学术界,品牌都受到前所未有的重视,品牌管理已经成为市场营销最热门的显学。

---

① [美]阿尔文·托夫勒.权力的转移[M].北京:中信出版社,2006.
② [美]戴维·阿克.管理品牌资产[M].北京:机械工业出版社,2006.
③ 余伟萍.品牌管理[M].北京:清华大学出版社,北京交通大学出版社,2007:33.

二、我国品牌管理兴起的背景

(一) 改革开放以来的"品牌教训"

1. 中外企业合资过程中中国品牌被消灭

20世纪80年代末、90年代初,中国加快了改革开放的步伐,随着国门的打开,外国企业的产品大批进入中国。当外国品牌进入中国的时候,他们面临的是中国市场上早已存在的本土品牌。怎样以最快的速度、最小的成本打开中国市场,跨国公司很快就找到了一条捷径:利用合资、买断中国品牌。当时中国经济发展严重缺乏资金,而且历经几十年的计划经济发展模式,中国企业没有任何现代营销管理经验,又根本不熟悉国际市场竞争的游戏规则。于是在引进外资、与外资企业合作的过程中大量本土品牌被消灭。例如1996年,著名洗衣粉品牌"活力28"与德国美洁时公司合资,美洁时提出沙市日化一分钱都不要出,只要把"活力28"的牌子给他们使用50年就行了,并且承诺前3年将投入1.84亿元用于"活力28"的广告宣传,然而当美洁时买下"活力28"品牌使用权后,立刻把它打入"冷宫"、雪藏起来。一夜之间,全国所有商场的货架上"活力28"洗衣粉消失得无影无踪,全部是外国的品牌,中国消费者想买国产洗衣粉都买不到。"活力28"就这样被消灭了。同样是另一个洗衣粉知名品牌,北京日化二厂的"熊猫"洗衣粉,在1994年与美国宝洁公司组建合资公司,北京日化二厂以品牌、厂房参股35%,宝洁公司以65%的股份控股合资公司。当然,合资以后,"熊猫"洗衣粉消失了,大量的汰渍、碧浪等宝洁公司洗衣粉占据了超市的货架。

除了洗衣粉,本土品牌消失的戏法在饮料市场也频频上演。20世纪80年代中国本土有八大知名饮料品牌,包括重庆天府可乐、广州亚洲汽水、北京北冰洋饮料、山东崂山可乐、河南少林可乐、沈阳的八大寺、天津的山海关、上海的正广和。除了正广和之外,其余七家饮料品牌均以非控股的方式与可口可乐和百事可乐合资了。合资后的命运惊人一致:外资对原来的本土品牌采用雪藏的方式冻结起来,使其在市场上消失,最终在消费者的记忆里消失。外国企业就是用这样的方式毫不留情并且轻而易举地铲除了竞争对手,为他们自己的产品进入中国市场扫清了道路。当时这样的合资案例比比皆是。中国企业还没反应过来就被清除出局,教训极其深刻。

案例 1-1

"美加净"为何要"回娘家"?

上海家化是具有90年历史的我国最老的化妆品民族企业,其"美加净"产品的开发开始于20世纪50年代。1989年,家化销售4.5亿元,利税1亿多元。其中"美加净"品牌占全国化妆品销售总量的1/10。

1991年初,上海家化与美国庄臣公司合资。上海家化厂以三分之二的固定资产、大部分骨干职工及"美加净""露美"两个著名品牌与美国庄臣父子公司合资组建了上海庄臣公司。在合资公司的决策班子里,只有葛文耀一位中方副总经理。

根据合资协议,"美加净""露美"两个商标归合资企业独家使用30年,30年后中方如要收回,需要至少交纳1 000万元的赎金。然而合资后,一夜之间,中国商店的货架上"美加净"和"露美"消失得无影无踪,取而代之的全部是美国庄臣的化妆品,美国人轻而易举地为自己的产品打入中国市场扫清了道路。

到这时候,上海家化才大梦初醒,但为时已晚。1992年底,原上海家化的一班人马从合资企业中分离出来,重新回到母体——上海家化,但此时他们手里只有一个由原来"美加净"小摩丝改名的品牌"明星"。

其后,经过一年艰苦的谈判,上海家化不惜耗费巨资,终于在1994年7月1日赎回了"美加净"品牌。面对历经劫难的企业,家化总经理葛文耀不禁感叹"品牌是企业的灵魂"。他把这段经历镌刻在家化市场部的墙上,让全体员工记住这用巨资买回来的教训!

资料来源:何佳讯.品牌形象策划——透视品牌经营[M].上海:复旦大学出版社,2000,第35-36页.

2. 中国品牌被恶意抢注

由于缺乏品牌意识,中国很多企业好不容易辛辛苦苦打造出了知名品牌,却在走出国门时遇到了障碍,这就是品牌商标被抢注。国外企业视品牌为生命,非常重视品牌商标的保护,而中国很多企业缺乏包括商标保护在内的国际知识产权保护知识,有近5万个商标由于没有及时注册而失去了商标专用权。据不完全统计,中国有15%的品牌商标被外国恶意抢注,其中80个商标在印尼被抢注,近100个商标在日本被抢注,近200个商标在澳大利亚被抢注。"五粮液""红星""杜康""浏阳河"等白酒品牌都已被外国抢注。2005年3月,包括"海信"在内10

多个家电商标被西门子公司在欧洲抢注。

企业创造出一个品牌往往要凝聚几代人的心血和汗水,中国企业要迈出国际化步伐,首先必须具有品牌保护意识,一旦品牌被他人抢注,就意味着企业通往该国的大门被关上,辛辛苦苦创建的品牌不属于自己,要想进入该国市场就必须从头做起。所以,海信为了走出国门,不得不花费数百万欧元从西门子手中买回原本属于自己的海信商标。如果海信一上来就有品牌保护意识,就不会花这么一笔冤枉钱。

正是由于改革开放以来,中国企业在国际市场竞争中吃了太多的亏、有了太多的教训,因此20世纪90年代以后品牌管理在我国也越来越引起企业界和理论界的高度重视。

(二) 近年来的"贴牌生产"和国外反倾销

重视品牌管理,并不意味着目前我国企业品牌已经进入世界先进行列。恰恰相反,与中国经济飞速发展、中国国际经济地位提高形成鲜明对比的是,中国企业仍然被关在国际品牌俱乐部的大门之外。中国是"制造大国",却是"品牌小国"。根据全球知名的Interbrand公司2015年公布的"世界最佳品牌100强"排行榜,直到2014年底,中国唯一入围的品牌是华为,位居第94名,此前中国企业从来都是榜上无名。中国产品在欧美市场上始终是"价廉""质次""地摊货"的代名词。

"制造大国、品牌小国"的概念意味着:

第一,中国产品的利润极其稀薄。据中国纺织进出口商会的统计显示,美国从意大利进口服装平均单价22.84美元,而从中国进口服装的单价只有2.84美元,还不到国外一张电影票的价钱。中国是世界第一制鞋国,全球68%的各类鞋来自中国,同样都是在中国生产,青岛双星运动鞋和国内企业生产后贴上耐克牌子的运动鞋,价格相差整整5倍。中国生产着全球80%的玩具,一个芭比娃娃在美国市场卖9.9美元,而生产芭比娃娃的中国玩具厂只能得到35美分的加工费。中国手表产量占全球的80%,平均出口价1.3美元,而瑞士手表平均出口价却高达329美元。中国制造的产品价格低、利润薄,不仅仅是服装、鞋、玩具、茶叶、钟表、家电、陶瓷、文具等等,几乎所有的产品都是如此。

第二,中国经济发展的代价太大。由于中国制造依靠的是中国廉价劳动力,中国消耗着宝贵的资源和能源,环境遭到极大的破坏和污染,却所得甚少。据统计,中国单位GDP消耗的能源是美国的6倍、日本的11倍。更有甚者,中国付出如此高昂的代价,苦苦挣到一些加工费,却还经常因为廉价被送上世界贸易的被告席,遭遇外国"反倾销诉讼",真是"欲哭无泪"。

第三,由于没有自己的品牌,大部分中国企业靠给外国品牌做贴牌生产,如格兰仕作为全球最大的微波炉生产商,生产的微波炉占全球微波炉产量的50%以上,但大部分微波炉并没有采用格兰仕的品牌,而是以西门子、三星、伊莱克斯等品牌的名义在国际市场上销售;同样,美的电器在国内市场虽然使用自己的品牌,但在国际市场上却都是给伊莱克斯、西门子等品牌企业做贴牌生产。

由于贴牌生产只能赚取微薄的加工费,没有产品定价权,也没有营销与销售的主动权,产品销售的大部分利润被委托方(即品牌所有者)赚取,不仅企业没有市场主动权,整个国家经济发展也非常脆弱,国际市场一有风吹草动,国内企业就损失惨重。2008年金融危机,国际市场订单大幅取消,直接导致浙江、广东大量企业破产倒闭,老板"跑路",工人失业。

(三) 外国品牌几乎占领中国所有市场

在国际市场上,中国品牌无立足之地不说,就在中国自己的市场上,本土品牌也是丢盔弃甲、溃不成军,洋品牌一路高歌猛进、所向披靡,牢牢占据中国市场。大部分中国人买进口汽车,喝可口可乐,吃肯德基、麦当劳,用宝洁公司的洗化用品,最受女性青睐的服装、箱包、化妆品都是国际品牌,儿童食品、奶粉更是雀巢、达能、卡夫、吉百利、好丽友等外国品牌一统天下,甚至马桶盖、电饭煲也要跑到日本去疯抢。

中国经济的增长速度和成就举世瞩目,但如果不能转变目前这种经济增长模式,仍然依靠高投入、高消耗、高排放、低产出、低效益的粗放模式,经济增长是不可能持久的。

因此,创建强势品牌已经是时代的课题和任务。自20世纪90年代以来,历届中国领导人都高度重视品牌建设。前国家主席胡锦涛指出:"要拥有我们自己的核心竞争力,拥有民族品牌、核心品牌。"前总理温家宝也曾说过:"我们要从实现国家繁荣昌盛和民族伟大复兴的战略高度出发,鼓励我国的优秀企业争创世界顶级品牌。"国家"十一五"规划明确把"形成更多的拥有自主知识产权的知名品牌"写入纲要之中。2016年1月6日新年伊始,全国政协就在俞正声主席的亲自召集和主持下召开"全国品牌建设"座谈会,召集各方人士探讨创建中国自主品牌的路径,显示了本届政府对创建自主品牌的高度重视。

第二节 品牌的涵义

一、品牌的归属

在确定"什么是品牌"之前,我们必须首先来思考并回答"品牌属于谁"。这个问题看上去很简单,其实却很深奥。这个问题如果处理不好,企业的品牌战略就会误入歧途。

(一) 第一种观点:品牌属于企业

这种观点认为,品牌(尤其是自主品牌)就像是企业的孩子,是由企业一手养育的。美国西北大学凯洛格商学院副教授、先知品牌咨询公司合伙人斯科特·戴维斯在《品牌资产管理》一书中指出,每一位管理者甚至雇员的行为举止、活动交际都会影响消费者对品牌的认知和理解。[1] 企业的每一位员工都在参与品牌的塑造和管理,都应该是品牌的拥有者。品牌是在管理者和员工的精心培育下茁壮成长的,帮助企业获得市场的青睐,获得溢价的高额销售;而且管理者也有权利将已经长大的品牌转卖给其他公司。企业在法律上对品牌拥有经营权、处置权,品牌理所应当属于企业。

(二) 第二种观点:品牌属于消费者

有学者认为,品牌根本就不属于企业,品牌从本质上来说是属于消费者的。支持这一观点的理由是每年有大量的企业投入巨资打造品牌,他们做广告、搞公关,信誓旦旦号称自己的品牌是一流的,但消费者却根本不认账。比如中国的国产奶粉,无论是企业自己做广告,还是政府相关部委一再发布公告或相关数据证明国产奶粉的质量是可靠的,国产奶粉的各项质量指标比外国奶粉还要严格,但还是挡不住中国人在世界各地大肆抢购外国奶粉;国内媒体再怎么强调日本的马桶盖都是中国生产的,但中国游客还是到日本抢购马桶盖。所有这些现象都说明一个问题:即品牌不是以企业的意志为转移的,品牌不会因为企业想怎样就怎样,品牌是存在于消费者的认知里的:消费者认为品牌是什么样,品牌就是什么样。不管中国企业怎么宣传,消费者就是认为外国奶粉是好奶粉,中国奶粉就是低劣奶粉。正因为如此,国际广告教皇大卫·奥格威说"品牌存在于消费者的认知里";联合利华前董事长迈克尔·佩雷直截了当指出"消费者拥有品牌";营销学者科波-瓦尔格雷、努贝尔、唐苏等人指出,"品牌是一个以消费者为中心的概念。如果品牌对消费者来说没有任何意义,那么它对于投资者、生产商或零售商也就没有任何意义了"。[2]

"品牌属于消费者"的观点告诉企业经营者一个非常残酷的事实:不要以为自己可以一厢情愿地打造品牌,离开了消费者,你啥也不是。

---

[1] [美]斯科特·戴维斯.品牌资产管理[M].北京:中国财政经济出版社,2006.
[2] Cobb-Walgren C J, C A Ruble, N Donthu. Brand Equity, Brand Preference, and Purchase Intent[J]. Journal of Advertising, 1995, 16(3): 25-40.

案例 1-2

可口可乐的品牌失误——新可乐的经典失败

1985年4月23日,可口可乐公司为了应对百事可乐的挑战,决定推出新可乐,为了不同自己的老可乐进行自相残杀的竞争,公司宣布停止生产老配方可乐。消息一传出,舆论大哗,人们纷纷抗议,许多人连夜到各大超市抢购老可乐。美国人立即决定抵制新可乐,公众因为买不到老可乐而到处抗议,愤怒的情绪持续高涨,新可乐因消费者抵制而无人问津。不到3个月,可口可乐只好宣布放弃新配方,重新生产传统口味的可乐。时任公司首席执行官的唐纳德·基奥后来这样说:"事实再简单不过,我们在新可乐的消费者研究方面所投入的所有时间、金钱、技术都没有估量到许多人对传统可乐的那种深切、持久的感情。这种对传统可口可乐的激情让我们非常吃惊,这是一个奇妙的美国之谜,一个可爱的美国之谜,它就像爱、尊严或爱国精神一样是无法衡量的。"早在二战期间,可口可乐作为军需物资供应前线,远在欧洲、大西洋上浴血奋战的美国士兵喝到可乐就想到家,可乐对于他们来说就意味着家乡、亲人,所以可乐成了美国的象征。1973年,阿波罗宇航员登月回来,人们在欢迎标志上写的是"欢迎回到地球——可口可乐的故乡!"

可以说,到这时,可口可乐公司才认识到品牌比产品本身更重要。此前在它所进行的数亿次测试中,品尝者都是在不知情的情况下进行的,因此得到评价的唯一依据是口感,即产品,而当人们一旦知情,那种对传统可口可乐的爱和依恋是无法放弃的。因为可口可乐对他们来说意味着美国、美国文化、美国精神、美国人的价值观等等,并不仅仅是一杯饮料。

正如杰克·特劳特所说:"在营销世界里,没有客观的现实,也没有最好的产品,只有一样东西——现有的、潜在的顾客心智中的认知。"品牌就是消费者心中的认知,而不仅仅是产品,它比产品的内涵丰富得多。

资料来源:根据网络文章《新可乐的沉浮》改编。

(三) 第三种观点:品牌归企业和消费者共同拥有

美国品牌咨询顾问弗朗西斯·麦奎尔指出,一个好的品牌是来自企业的好想法与顾客心灵契合的产物。英国品牌咨询顾问彼得·威尔士和提姆·赫里斯的观点更加全面,他们认为,营销者并没有控制品牌,而是为品牌提供了成长的前提条件,在品牌成长的过程中,营销者和消费者都参与其中,品牌是企业和消费者共同创建的。这个观点其实反映了品牌归属的三个角度:①从法律的角度看,品牌属于企业,企业拥有对品牌的各项法律权利;②从心理的角度看,品牌属于消费者,只有被消费者认知和认同的品牌才能为企业带来利益;③从管理的角度看,品牌属于企业和消费者共同拥有,企业只有将消费者的需求融入到品牌的规划中并且不断地加以推广传播,品牌才能基业长青。

二、品牌的定义

提到品牌,人人都可以说长道短,似乎是一个很简单的问题,许多人生活中也经常用这个词,但真正研究品牌,人们才发现根本不是这么简单。品牌最早是烙在动物身上以示区别的标记,随着商品经济的发展、企业竞争的加剧、消费者购买理性的成长,品牌逐渐负载了越来越多的内涵。正如凯文·凯勒教授所言,品牌已经成了一个复杂的、多面性的概念,甚至每个国家对于品牌内涵在理解上都有所不同。直到目前为止,国内外理论界对品牌的涵义始终没有形成一个统一的、权威的解释,众说纷纭、盲人摸象,各人从各自不同的角度进行阐述,并没有一个公认的全面的概念界定。大致归纳一下,目前学界对品牌的定义可以分为四类:

(一)品牌是区隔符号

荷兰学者里克·莱兹伯斯认为品牌最原始的涵义就是区隔的工具,英语中"品牌"(Brand)一词起源于中世纪古挪威词语"Brandr",意思是"烙印",是指烙在动物身体上以区分所有权的标记。[①] 中世纪时,西方游牧部落在牛马背上打上烙印,用来区分不同部落之间的财产,上面写着一句话:"不许动,它是我的",并且附上各个部落的标记。这就是最初的品牌标记和口号。另一种比较流行的说法是,"品牌"一词源于19世纪早期英国生产威士忌酒的生产商,在装酒的木桶上打上标识,用来表明酒的生产商,[②]是商人用作质量、信誉保证的标识。不管哪种说法,品牌都是产品符号的标记。可见,早期的品牌是厂商区隔的标志,类似于今天的商标(Trademark)。

1960年,美国市场营销协会(American Marketing Association,AMA)在《营销术语词典》中提出:"品牌是一种名称、术语、标记、符号或设计,或是它们的组合运用,其目的是借以辨认某个销售者或某群销售者的产品或服务,并使之同竞争对手的产品和服务区别开来。"

美国营销学大师菲利普·科特勒也为品牌下过类似的定义:"品牌是一个名字、称谓、符号或设计,或是上述的总和,其目的是要使自己的产品或服务有别于

---

① [荷]里克·莱兹伯斯,等.品牌管理[M].北京:机械工业出版社,2006.
② [美]凯文·莱恩·凯勒.战略品牌管理[M].北京:中国人民大学出版社,2006.

其他竞争者。"①

上述定义反映了这样三个事实：①品牌与符号有关。品牌的外在表现就是一个名称或符号，名称或符号就指代了品牌。②品牌是一种区分的工具。可以用来区分不同的产品和生产者。③企业和消费者以不同的目的使用品牌。消费者利用品牌来辨认不同的产品或厂家，企业则利用品牌来和竞争者形成区隔。

总之，把品牌界定为用来区隔不同产品或生产者的符号这种定义实际上是从最直观、最外在的表现出发，而人们今天仅仅用来区隔不同产品，有一个更确切、更具法律效力的词，就是"商标"，所有的产品都有商标（除非会被工商局查扣的"三无"产品），但并不是所有有商标的产品都是品牌。品牌用作识别和区隔的符号，是品牌必须具备的基本条件，却不是全部的条件，不能涵盖品牌所包含的全部内涵。

（二）品牌是信息载体

随着社会经济的迅猛发展，市场上的商品越来越丰富，可供人们选择的同类产品越来越多，人们需要了解更多的产品信息来帮助自己进行购买决策，比如产品的质量、性能、特色等等，满足自己的功能性和精神性需求。于是，品牌不光要能使消费者识别，还必须承担起更多的使命，即传递生产者提供给消费者的各种信息和承诺，成为消费者一系列联想的载体。比如海飞丝去头屑，万宝路显示豪迈粗犷的男子汉气概，蒂凡尼精致优雅，奥妙洗衣粉强力去污，沃尔沃是最安全的汽车，佳洁士防止蛀牙，帮宝适让宝宝干爽舒适，等等。

正因为品牌承载了非常丰富的意涵，因此不少学者把品牌定义为企业传递给消费者的全部信息的载体。1955年，美国广告大师大卫·奥格威对品牌作了定义："品牌是一种错综复杂的象征，它是品牌的属性、名称、包装、价格、历史、声誉、广告风格的无形组合。品牌同时也因消费者对其使用的印象及自身的经验而有所界定。"②

美国品牌学者 Lynn B. Upshaw 在谈到品牌时说："从更广的意义上说，品牌是消费者眼中的产品和服务的全部，也就是人们看到的各种因素集合起来所形成的产品表现，包括销售策略、人性化的产品个性及两者的结合等，或是全部有形或无形要素的自然参与，比如品牌名称、标识、图案这些要素等。"

美国营销大师菲利普·科特勒认为品牌包含六个方面的内容③：①产品的属性；②产品提供给消费者的功能性或情感性利益；③生产者的价值观；④产品背后的文化；⑤品牌代表的个性；⑥产品的使用者。

---

① [美]菲利普·科特勒.营销管理(第11版)[M].上海：上海人民出版社,2003.
② [美]大卫·奥格威.一个广告人的自白[M].北京：中信出版社,2008.
③ [美]菲利普·科特勒.营销管理(第11版)[M].上海：上海人民出版社,2003.

把品牌当作传递信息、产生联想的载体,这种定义貌似面面俱到,但这种简单罗列的做法实则让人一头雾水、不得要领,不能让人明确了解品牌究竟是什么。

(三) 品牌是关系集合

有学者认为,品牌是企业和消费者共同拥有的,一个品牌的成功实际上是企业和消费者共同努力的结果。因此,奥美广告公司把品牌定义为:"品牌是一个商品透过消费者生活中的认知、体验、信任及感情,挣到一席之地后所建立的消费者与产品间的关系。消费者才是品牌的最后拥有者,品牌是消费者经验的总和。"[①]

亚马逊公司的创始人及首席执行官杰夫·贝佐斯说:"品牌就是指你与客户之间的关系,说到底,起作用的不是你在广告或其他宣传中向他们许诺了什么,而是他们反馈了什么以及你又如何对此作出反应。"

上海财经大学教授王新新认为:"品牌是一种关系性契约,品牌不仅包含物品之间的交换关系,而且还包括其他社会关系,如企业与顾客之间的情感关系;企业之所以要建立品牌,是为了要维持一种长期、稳定的交易关系,着眼于与顾客未来的合作。"

"关系说"强调了品牌创建过程中消费者的作用以及企业创建品牌的目的就是建立品牌与消费者的关系,但却实在不能表达品牌的概念。

(四) 品牌是无形资产

1992年,美国学者贝尔认为:"品牌资产是一种超越生产、商品及所有有形资产以外的价值。品牌带来的好处是:其未来的品牌价值远远超过推出具有竞争力的其他品牌所需的扩充成本。"法国品牌专家 Jean-Noel Kapferer 认为,品牌对于公司来讲代表了一份价值连城的合法的财产。这份财产能够影响消费者的行为,并且在它被购买和出售的过程中确保它的主人以后会有源源不断的收入。[②] 美国著名的广告代理商 BMP 执行董事费尔德·维克也对品牌做过这样的解释:品牌是由一种保证性徽章创造的无形资产。

《大营销世纪营销战略》一书对品牌这样定义:"品牌是一种独立的资源和资本,它是能够进行营运的……品牌是一种知识产权,也可以像资本一样营运,实现增值。"

把品牌定义为一种无形资产,是站在经济学和会计学的立场,说明了品牌作为一种无形财产能够给企业带来可观的财富和利润,它强调了品牌对于企业的价值和意义,但本身却没有解释什么是品牌,显然,拿它作为品牌的定义也是不妥的。

[①] 宋秩铭,庄淑芬,白崇亮,等.奥美的观点[M].北京:中国经济出版社,1997.

[②] Kapferer Jean-Noel. The New Strategic Brand Management: Creating and Sustaining Brand Equity Long Term(4th ed.)[M]. London: Kogan Page Limited, 2008.

第三节 品牌的类型

品牌可以从不同的角度、采用不同的标准进行分类。可以按照品牌的市场地位分,也可以按照品牌的影响辐射范围分,还可以按照品牌化的对象分、按照品牌的权属分、按照品牌之间的关联情况来分等等。本书主要从品牌化的对象和品牌的权属这两个视角对品牌进行分类介绍。

一、按照品牌化的对象进行分类

从品牌化的对象视角来划分,品牌可以分为产品品牌、服务品牌、组织品牌、个人品牌、事件品牌、地点品牌等六种类型。

(一)产品品牌

产品品牌是指运用在有形产品上的品牌。例如,可口可乐、宝马、劳力士、康师傅、美的等等。产品品牌是人们在日常生活中最容易接触到的品牌,这类品牌通常跟特定的产品联系在一起。比如"白加黑"感冒片、佳洁士牙膏、海飞丝洗发水、邦迪创可贴等等。产品品牌可以分为两大类:消费品品牌和工业品品牌。

消费品是最早引入品牌理念的行业。有学者认为,如果以品牌对企业销售或利润所做的贡献大小来衡量,品牌在消费品领域的贡献是最大的。英国著名的Interbrand公司每年公布的品牌100强排行榜中,消费品品牌占据的比例最大,2014年这一比例达到60%以上,包括苹果、三星、可口可乐、奔驰、路易威登、本田、丰田、耐克等,都属于消费品品牌。

工业品属于B2B行业,工业品的顾客都是公司客户,采购者具有丰富的产品知识和行业经验,因此以前普遍认为工业品不需要做品牌。但近年来这种情况有了很大的改变,许多B2B公司也针对公众开展营销与推广工作,致力于创建品牌,利用品牌的知名度和美誉度帮助企业开拓公司客户和政府采购。像英特尔、IBM、思科、3M、埃哲森、美孚、卡特彼勒、立邦、波音等这些工业品品牌,在世界品牌排行榜中影响力非常显赫。

(二)服务品牌

服务品牌是以服务产品为主要特征的品牌,例如麦当劳、星巴克、联邦快递、中国的顺丰快递、德邦物流、希尔顿酒店、迪士尼、维萨卡、中国银联等。相对于有形产品,服务产品是无形的,服务产品的质量具有无形性、多变性和不稳定性,顾客在购买时面对无形和抽象的服务产品,选择起来难度更大。因此大力创建服务品牌,通过品牌传递服务企业的质量、特色、理念和文化,让顾客感知,就变得特别重要了。例如,星巴克着力打造的"第三空间"品牌理念和文化,使得星巴克在众多的咖啡馆中瞬间脱颖而出,获得巨大的成功,今天已成为全球最大的咖啡连锁店。Interbrand 公司的约翰·墨菲说:"过去 30 年里,最成功实现品牌化的例子出现在服务行业。"[①]

(三)组织品牌

组织品牌是运用在公司或非营利性组织整体层面上的品牌。例如,三星、西门子、联想、索尼等。对于企业来说,有些企业采用了公司名称和产品名称保持一致的品牌策略,如三星、西门子等;也有些企业采用了公司名称与产品名称不一致的策略,如宝洁公司、联合利华、莫里斯公司等等。前者属于典型的组织品牌,后者分为两种情况:一种是同时打造组织品牌和产品品牌,即既宣传企业也宣传产品,如宝洁公司和联合利华;另一种则专门打造产品品牌,公司名称却刻意低调,如生产大名鼎鼎万宝路香烟的莫里斯公司,生产康师傅方便面、饮料的顶新集团。

采用组织品牌最大的优势在于可以在公众心目中树立专业的、有实力的、可信赖的组织形象,使得在这一品牌旗下推出的所有产品都得到顾客的青睐。例如海尔作为中国人比较信赖的家电品牌,海尔公司生产的所有产品电视机、洗衣机、冰箱、空调、微波炉等都得到市场上顾客的信任,有利于公司不断延伸推出新产品。此外,许多非营利性组织也致力于打造组织品牌,以期得到社会各界的支持,例如哈佛、牛津、剑桥、国际奥委会、红十字会、中华骨髓库等。

(四)个人品牌

个人品牌是指以个人作为品牌化对象的品牌。现在,对个人进行营销、建立个人品牌已经逐渐被社会大众所接受。采用个人品牌以下列两种情况最为常见:

1. 公众人物

公众人物本身就是广义概念上的产品,如政治家、演艺人员、体育明星等,他们要想赢得公众的接纳和支持,就必须打造符合公众愿望的理想形象,只有获得了知名度和美誉度,他或者他背后的组织才可能由此而获益。2012 年中国品牌研究院专业评估发布的"2011 年中国个人品牌价值百强榜"中,李娜以 1.8 亿元的个人品牌价值排名第一,姚明位居第二,林志玲第三,身价都超过了 1 亿。

2. 企业 CEO

现在有些高科技企业或者互联网企业,由于专业技术性过强,如果对外宣传产品,一般民众很难理解产品的特色和优势,也无法判断产品的质量和性能,而借用 CEO 的名字,着力打造成功的 CEO 个人品牌,通过 CEO 个人品牌的传播和宣传,其影响效果会大大超过常规的营销传播效果。有时候一个成功的 CEO 甚至能够引起粉丝疯狂的追捧和崇拜,他所在公司的产品自然受到市场的热捧。比

---

① [美]凯文·莱恩·凯勒.战略品牌管理[M].北京:中国人民大学出版社,2006.

如,苹果公司的乔布斯、微软公司的比尔·盖茨、阿里巴巴的马云、脸书(Facebook)的扎克伯格等,都是通过打造成功的个人品牌,吸引了大批的追随者。

(五) 事件品牌

事件品牌是指以事件为载体的品牌。所谓"事件",可以包括体育、会展、节庆、演出等,如奥斯卡颁奖、戛纳电影节、奥运会、世博会、F1方程式、环法自行车赛、达沃斯经济论坛、乌镇戏剧节、汉诺威工业展、足球世界杯、G20峰会等。当下公众的注意力是个稀缺资源,企业或组织者举办的活动越来越多,主办者希望能够吸引更多的参与者参加进来,从而获得举办事件的社会效益或经济效益,因此,打造事件品牌就成为必然。例如,足球世界杯不仅获得全世界足球迷的支持和疯狂关注,而且每次都可以获得丰厚的收入,包括电视转播收入、赞助收入、标识许可使用收入、门票收入、纪念品收入等。

(六) 地点品牌

地点品牌是指以地理位置作为对象的品牌。凯文·凯勒说过:"如同产品和人一样,地理位置也可以品牌化……它的功能就是让人们认识和了解这个地方,并对它产生一些好的联想。"①城市、地区和国家可以通过广告、邮件和其他方式向外界推销自己,以提高自己的知名度,塑造积极的品牌形象,吸引外来的个人或公司来此旅游、居住或投资。目前我国不少地方都在刻意以自己的某种特色为定位,打造专属自己的城市品牌、地区品牌,比如"最美乡村婺源""时尚之都大连"等。国际上,许多国家也都在着力打造自己的地点品牌、城市品牌,比如澳大利亚的大堡礁、音乐之都维也纳、浪漫之都巴黎等。至于打造整个国家品牌,最不遗余力、也最成功的就是韩国。韩国三四十年前还给人一种封闭保守、国民性格倔强、农耕落后的不良印象,近年来韩国政府通过韩剧等方式,大力向全世界传递他们的价值观,显示自己作为儒家文化的正宗传承者,既文化传统深厚,又开放现代、引领时尚潮流,成功地在全世界刮起"韩潮"风。

案 例 1 - 3

韩国"国家品牌总统委员会"

韩剧、韩国料理、韩国三星、韩国明星、韩国鸟叔江南Style……为什么韩国能涌出如此之多能影响世界的流行品?韩国在迈向民主、自主、富裕的现代化发达国家的同时,特别重视打造国家品牌形象,以期能影响世界和人类文明。

---

① [美]凯文·莱恩·凯勒.战略品牌管理[M].北京:中国人民大学出版社,2006.

> 　　为了提高韩国的国家形象和国际地位,韩国于2009年1月22日成立"国家品牌总统委员会",简称"韩国国家品牌委员会",它是由总统李明博亲自设立和直接领导的直属委员会。该委员会的主要任务是:通过大力开展海外服务、发展韩国尖端技术、促进韩国科学技术的世界化、开发保护韩国文化遗产和观光资源,来提高韩国的世界影响力。从国家战略层面成立总统直管的国家品牌打造机构,在世界恐怕只有韩国这一特例。
>
> 　　韩国国家品牌委员会非常重视国家形象的推广。这个委员会建立了国家形象总纲领,推出了代表国家形象的象征物,推出韩国国家形象标语;借举办大型国际活动(如奥运会、亚运会、世界杯、世博会、G20峰会等),增强韩国对世界的影响力。韩国国家品牌委员会还针对不同地区,采取各有侧重和差异化的国家形象推广策略:对美国,强化宣传韩美同盟;对亚洲,大力推广韩国流行文化形成"韩流";对欧洲,展示韩国作为科技强国的实力和韩国独特的文化传统;对中南美,提高韩国经济发展的知名度和美誉度;对阿拉伯地区,增进韩国与阿拉伯国家之间的理解与合作,为韩国"能源外交"和"资源外交"服务。

资料来源:季萌,韩国国家品牌委员会的启示.对外传播,2012(11).

二、按照品牌的权属进行分类

按照品牌的权属来划分,品牌可以分为自主品牌、特许品牌和联合品牌三种类型。

(一) 自主品牌

所谓自主品牌又称自有品牌,是指企业自创的品牌,企业对品牌标识、名称等系列符号拥有排他性的使用权。根据品牌产品在生产经营环节的不同,自主品牌又可以分为生产商品牌和中间商品牌两大类。

1. 生产商品牌

生产商品牌是指生产产品的企业自己创建的品牌。在日常生活中人们接触到的品牌绝大多数是生产商品牌,如索尼、三星、百事可乐、英特尔、苹果、华为、联想、欧莱雅等。

2. 中间商品牌

中间商品牌是指中间商根据市场上消费者对某种产品的需要,自设生产基地或者委托某个生产企业根据自己的要求生产产品,然后冠以中间商的商标将产品出售。在中间商品牌中最常见的就是零售商品牌。某些零售企业,利用自己在市场上的知名度以及消费者对自己的信任,用自己创建的零售企业品牌推销产品,吸引一些市场知名度或影响力比较低的生产企业将自己的产品卖给它,然后用零售商的品牌把商品卖出去,从而获得更多的收益。20 世纪 80 年代以来,中间商品牌得到了很快的发展,欧美许多国家的大型超市、连锁店、百货商店几乎都出售标有零售商自有品牌的商品,比如在欧尚超市经常可以看到的用欧尚品牌标示的商品、苏果超市的苏果商标产品,宜家家居、无印良品、英国马斯百货等企业门店销售的商品都不是品牌企业自己生产的,而只是冠以品牌所有者(如宜家、无印良品、马斯)的品牌标识。

(二)特许品牌

所谓特许品牌是指有些企业经过申请得到许可,使用其他生产商已经创建起来的品牌,企业只要向品牌所有者支付一笔费用,就可以使用其品牌符号和标识,这些生产企业使用的品牌就是特许品牌。如世界上有许多企业获得迪士尼的许可,使用迪士尼的商标、符号以及米老鼠标志等卡通形象。有的企业干脆就是贴牌生产,按照品牌企业的订单组织生产,如耐克运动鞋、芭比娃娃、恒源祥服装等,包括前述的中间商品牌,严格来讲也是一种贴牌生产。目前中国大部分中小企业都从事贴牌生产。

走遍全球的米老鼠

沃特·迪士尼公司创始之初,一位男子找到沃特说:"我是一个家具制造商,我给你 300 美元,你让我把米老鼠的形象印在我的写字台上可以吗?"沃特当然答应,这笔钱也就成为迪士尼公司收到的第一笔商标使用费。此后,迪士尼公司所创造的大量卡通形象如米老鼠、唐老鸭、白雪公主等,被广泛授予许可证,印制在各种商品上,如服装、玩具、皮包、文具等,深受全世界消费者和儿童的喜爱。正是这种经营模式造就了这家美国公司成为全球著名的跨国公司。到今天,迪士尼公司在全球已经拥有 4 000 多家商标授权企业,其产品从最普通的圆珠笔到价值 2 万美元的手表。利用许可证贸易方式,迪士尼公司获得了巨大的成功。

资料来源:根据网络资料编写。

(三)联合品牌

联合品牌是指两个已经创立了不同品牌的企业把品牌名称用在同一个产品上。联合品牌的优点很明显,由于两个品牌在各自的产品种类中往往占据统治地位,因此联合起来的品牌可以强强联合,具有更强的吸引力和更高的品牌价值;还可以使企业把已有的品牌扩展到依靠自己原有品牌难以单独进入的领域中去。如"索尼"和"爱立信"联合推出"索爱"品牌手机,就是充分利用了爱立信作为全球知名通信设备生产商和索尼具有设计、创新特点的品牌声誉优势。

第四节　品牌与相关概念的关系

一、品牌与产品的关系

(一) 品牌与产品的相互关系

关于品牌和产品的关系,现在学界有两种观点:一种是传统的以美国品牌权威学者凯文·莱恩·凯勒为代表,认为产品是主体,品牌只是产品的标识。凯文·凯勒教授指出,品牌就是产品,但它是加上其他各种特性的产品,以便使其以某种方式区别于其他用于满足同样需求的产品。另一位美国营销学者阿尔文·阿肯保也认为,能够将一个品牌与其未品牌化的同类产品相区分,并且赋予它资产净值的是消费者对该产品的特性、功能、品牌名声及相关企业的感受与感觉。[①]我国学者武汉大学黄静教授也坚持认为,产品是品牌的主体,品牌依附于产品,因为品牌利益由产品属性转化而来,品牌核心价值是对产品功能性特征的高度提炼,品牌借助产品来兑现承诺。产品质量是品牌竞争力的基础。[②]

另外一种观点以美国现代企划鼻祖史蒂芬·金为代表,认为品牌是主体,产品只是品牌的载体。史蒂芬·金这样说道:"产品是工厂里生产出来的东西,品牌是由消费者带来的东西;产品是可以被竞争者模仿,品牌却是独一无二的;产品极易过时落伍,但成功的品牌却能持久不衰。"世界著名的品牌标识设计与咨询公司浪涛公司总裁华尔特·浪涛有过一句非常经典的名言:"产品是工厂里制造出来的,品牌则是消费者心智里创造出来的。"我国大部分学者均支持这种观点,认为品牌是主体,产品仅仅是品牌的载体,品牌甚至可以脱离产品独自运行。

上述两种观点其实都承认品牌跟产品密切相关,品牌的概念范畴远远超出产品的概念范畴,所不同的是两者谁为主、谁为辅的问题。本书作者认为两种观点都有失偏颇。我国品牌实战专家张正、许喜林对品牌和产品关系的分析最为精到准确。他们认为,任何一个成功的品牌都历经了品牌成长的两个阶段,先是捆绑,品牌与产品紧紧联系在一起,相辅相成,共同成长,品牌定位、品牌个性通常在这一时期形成;第二个阶段是松绑,即品牌与具体产品分离,品牌不再专门指向某一产品、某一类别,而是脱离原来具体的产品为企业业务的延伸提供支持,即品牌延

---

① Achenbaum Alvin A. The Mismanagement of Brand Equity[C]. ARF Fifth Annual Advertising and Promotion Work-shop, 1993.

② 黄静,王文超.品牌管理[M].武汉:武汉大学出版社,2005.

伸。这一阶段企业不仅借用原来品牌的信誉带动新产品入市,而且还要赋予品牌更多的新的内涵,使品牌核心价值进一步丰富化,以适应新产品、新业务领域对品牌的要求①。

由此,本书作者认为品牌和产品究竟谁为主、谁为辅取决于企业品牌建设的过程之中。在创建品牌之初,产品是核心,品牌就是产品的标识,产品的性能、功效决定了品牌的价值,品牌对于消费者的承诺也是通过产品得以实现。例如瑞士的劳力士、欧米茄手表,德国的奔驰、宝马,瑞典的沃尔沃,美国的苹果手机,无一不是靠卓越的品质、精良的设计、先进的技术工艺得到消费者的青睐,然后才被消费者视为知名品牌的。

然而,当品牌建立起来之后,尤其是当它有了强大的市场影响力和号召力,培养了一批忠实顾客之后,品牌就可以渐渐脱离原来的产品,独立运行。企业可以用这个品牌延伸推出新的产品,比如"康师傅"原来只是方便面,后来"康师傅"有饮料、有糕点。海尔原来只是冰箱,后来海尔还有电视机、洗衣机、空调、微波炉等等。

品牌不仅可以与它所代表的产品或服务分开,甚至可以与创建它的企业分开,进行独立运作。说品牌可以与产品分开,举个例子:中国广东东莞一家鞋厂生产的一双运动鞋,当它是为德国"阿迪达斯"贴牌生产,贴上"阿迪达斯"的商标标识时,这就是一双"阿迪达斯"品牌的鞋;要是该企业收到"耐克"的订单,为"耐克"贴牌生产,这双鞋就变成了"耐克"品牌的运动鞋。鞋还是这双鞋,产品没变,品牌却不一样。如果越南人也给"耐克"做贴牌,那么很有可能,同样是"耐克"鞋,有可能是越南生产的,也有可能中国生产的,还可能是印度生产的,同样一个品牌,产品却完全不是一个产品。

品牌不光可以脱离产品,品牌还可以脱离企业。如"劳斯莱斯"原来是英国维克斯集团的品牌,1998 年该品牌卖给了德国大众,现在属于德国大众。"中华牙膏"也不是上海日化的品牌了,它现在的主人是英国联合利华。瑞典的"沃尔沃"在 1999 年被美国福特收购,2010 年 8 月又被中国吉利集团收购,因此现在吉利总裁李书福是沃尔沃品牌的主人。

当然,并不是所有的品牌都可以脱离产品成为主体独立运行、而让产品成为载体的。品牌能否跟具体的产品松绑甚至脱离企业,首先取决于品牌的强度,只有强势的品牌才能够赢得顾客,才能够具有价值进行出售。其次,品牌能否脱离产品还取决于品牌的内涵。品牌内涵越是丰富就越容易脱离产品,反之,就只能跟具体的产品紧紧地捆绑在一起,一旦产品消失只能黯然退出市场。比如柯达胶卷、施乐复印机、三株口服液、健力宝饮料以及一些消失的中华老字号,都是因为这些品牌只是产品的标识、产品的载体,产品一旦被市场淘汰,品牌也就寿终正寝。

---

① 张正,许喜林.品牌与产品的离合之道[J].市场观察,2003(10):74-75.

（二）品牌与产品概念的区别

三瓶矿泉水

中欧国际工商管理学院副院长张维炯在由《北大商业评论》主办的"2006年中国高端品牌管理峰会"上问现场的几百位听众："三瓶矿泉水：一瓶娃哈哈，一瓶依云，一瓶来自喜马拉雅山的世界上最纯净的矿泉水，它们分别卖多少钱？"

答案是：娃哈哈1.10元，依云6.50元，喜马拉雅山矿泉水2.50元。张维炯解释说："其实这三瓶水的水质区别微乎其微，之所以出现这样大的价格差异，主要在于每个品牌的价值不同，不同的品牌能够收取的品牌溢价也各不相同。"

可见，品牌的差异不等于产品的差异，品牌差异往往跟产品无关。

资料来源：根据2006年6月《第一财经日报》报道编写。

品牌与产品两者概念的区别，主要表现在以下三点：

第一，产品是具体的存在，而品牌存在于消费者的认知里。产品是物理属性的组合，具有某种特定功能来满足消费者的需求，产品可以是有形的，也可以是无形的，但它一定能够满足消费者某一方面的需求，具有功能利益；而品牌是消费者使用了产品后所形成的想法和情感，是消费者心中想法、情感、感觉的总和。例如，提到"高露洁"，人们会联想到美国牙膏、质量好、防蛀牙、价格合理等信息。

第二，产品生成于工厂，而品牌形成于整个营销环节。每个品牌下面必定有个产品，但不一定所有的产品都成为品牌。产品在工厂中生产出来，但它会成为怎样的品牌却完全取决于整个营销环节。比如定个高价，人们就会认为它是高档产品，价格定得比较低，顾客必定认为它是一般性产品；企业选择的销售渠道也会影响消费者对品牌的认知，消费者一般都会认为专卖店卖的产品一定比较高档，地摊和超市卖的产品一定比较低档。除此之外，广告宣传、促销方式、代言人等也会影响到人们对品牌的感受和认知。

第三，任何产品都会有生命周期，而强势品牌却可以脱离具体的产品基业长青，甚至可以反过来主导产品。比如，现代科学技术的迅猛发展使得企业产品的更新越来越快，旧的产品不断被淘汰退出市场，新的产品不断被研发出来，一个成功的优秀品牌不仅可以继续代表新的产品，而且可以反作用于产品：它使得新产品按照它所蕴涵的品牌价值和品牌个性进行产品的设计和生产。

由此可见，品牌的概念与产品的概念虽然密切相关，但品牌的概念远远超出产品概念的范畴。品牌除了包含产品本身所具有的基本特性以外，还包括品牌使用者形象、原产地、组织联想、品牌个性、品牌符号、品牌与顾客关系、品牌的自我表现性利益和情感性利益等丰富内涵。图1-1和表1-1清楚地展示了品牌和产品两个概念之间的区别和联系。

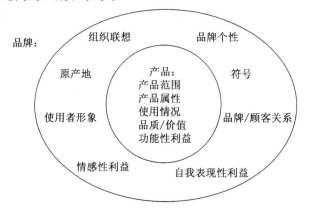

图1-1　产品与品牌概念的范畴

表1-1　产品与品牌的区别

产　品	品　牌
1. 依赖制造商、中间商、服务商	1. 依赖消费者
2. 具体的(包括有形商品、服务、人、组织、观念等)	2. 既具体又抽象,具有综合性
3. 是实现交换的东西	3. 是与消费者沟通的工具
4. 五个层次(核心产品、基础产品、期望产品、附加产品、潜在产品)	4. 除了产品识别要素外,还包括其他非产品识别要素
5. 提供功能性利益	5. 除提供功能性利益外,更多的是提供自我表达利益和情感性利益
6. 具有功能意义	6. 具有功能意义,更具有象征意义
7. 实实在在的	7. 具有个性,活生生的
8. 注重价格	8. 注重价值,提供附加值
9. 有形的	9. 既是有形的,也是无形的
10. 可以仿造,容易模仿	10. 仿造侵权,具有独特性
11. 有生命周期	11. 可以经久不衰、世代相传
12. 只属于某一类型	12. 可以扩展、兼并、延伸
13. 随消费而消失	13. 可以积累品牌资产
14. 营销策略工具	14. 具有战略价值

资料来源:卢泰宏,邝丹妮.《整体品牌设计》[M].广州.广东人民出版社,1998.

二、品牌与商标的关系

很多人分不清商标（Trademark）和品牌（Brand）之间的关系，错误地把商标和品牌混为一谈。其实，两者虽然具有共同点，都是用名称、图案区别自己产品和他人产品的可视性标识，具有识别和区隔的功能。但商标和品牌显然是两个完全不同的概念。

首先，商标是法律概念，品牌是营销概念。商标是一个法律概念，强调的是法律保护。任何一个企业只要到工商管理部门对自己的商标进行了注册，它就拥有了对商标的所有权，别人再使用就会构成侵权。而品牌则是一个营销概念，是产品拥有市场影响力和号召力、赢得消费者青睐、具有经济价值的标志，强调的是市场效应。比如，化妆品"霞飞"、自行车"永久""凤凰"、剪刀"王麻子"等都是商标，但却没有市场效应。

其次，商标是静态的概念，品牌是动态的概念。说商标是一个静态的概念，是指企业只要依法对商标进行了有效注册，在有效期内，它一直享有对商标的所有权，不管注册企业有没有使用这个商标以及这个商标有没有市场效应，别人都不能再使用。而品牌是一个动态的概念，品牌可以扩展、可以延伸、可以收缩，品牌存在于消费者的心智中，当消费者对该品牌的产品或服务不满意，他可以轻而易举地在脑海中把这个品牌的烙印清除掉，而商标依然存在。

第三，商标是单一的概念，品牌是多元的概念。商标仅仅是企业或产品的识别符号，它包括文字、图案、字体、颜色等具象的形式，是可视的；而品牌则既包括商标等可视性符号，还包括产品的质量、特色、形象、个性、使用者、文化、价值主张等抽象性内容，品牌的内涵多元而且丰富。

第四，商标的使用范围相当规范，品牌的使用范围却很不规范。商标在使用上有严格的规范，只有产品（实体产品或服务产品）才能使用商标，但品牌的使用范围却很不规范。有时一个地名也会成为一个品牌，比如北京中关村、美国硅谷；一个艺名"papi 酱"、一个电视栏目"非诚勿扰""中国好声音""爸爸去哪儿了"，都可以成为品牌。

三、品牌与名牌的关系

20 世纪 90 年代，"名牌"一词广泛出现在各种媒体报道、政府相关文件、各种会议和社会企业大量的评选活动中。但是很多学者反对使用"名牌"的概念，他们认为，名牌一词的说法不科学、不严谨，而且政府和媒体大力倡导使用这个词还会产生一定的弊端。早在 1997 年，中山大学的卢泰宏教授就在《人民日报》上撰文反对使用"名牌"的概念。卢教授认为，"名牌"的提法从字面上强调企业的知名度，这就有可能误导企业家，认为只要出名，就可以成为强势品牌。确实当年有很多企业根本不理解什么是品牌,误把名牌当品牌,盛行炒作、造势、进行广告轰炸,品牌建设误入歧途。最典型的一个例子就是秦池酒厂,为了出名,不惜代价砸了几个亿成为中央电视台广告标王,虽然短期内名满天下,但终究由于没有内涵、缺乏深度,最后一败涂地。所以只有切实区分品牌和名牌的不同概念,企业才会真正认识到品牌塑造不是一朝一夕的事情,需要长期精心的培育和积累。

当然也有学者认为,所谓"名牌"就是指知名的品牌,名牌不光是指知名度,同样包括美誉度。名牌一定是品牌,是有强大社会影响力的品牌,不应该排斥名牌概念的使用。[1] 但大多数学者还是认为不应该使用"名牌"一词,理由是:①"名牌"不是国际通用语言;②"名牌"是个相对的、模糊的概念,难以科学地衡量;③使用名牌概念,容易误导企业只注意品牌知名度,而忽视品牌在知名度以外更复杂、也更重要的其他内涵,比如品牌联想、品牌个性、品牌关系等。

案例 1-6

秦池:明星变流星

秦池酒厂原是山东省临朐县的一家名不见经传的县属小酒厂,固定资产不到1亿元,1995年,秦池以6 666万元中标成为央视广告"标王"而一举成名。"标王"的称号给秦池带来了"品牌、形象、市场、价格、利润"等方面的竞争优势。一时间,全国各地的商家纷纷慕名而来,秦池迅速形成了宏大的全国市场格局。1996年,秦池销售额从之前的3.2亿元猛增到9.5亿元,取得了全面的胜利。初尝广告甜头的秦池于1996年以3.2亿元再次蝉联央视广告"标王"。当年,秦池号称"每天往央视开进一辆桑塔纳,从央视开出一辆豪华奥迪"。实际上,1997年的秦池已经是内忧外患了。患的是,许多竞争对手如雨后春笋般涌现,纷纷效仿秦池;忧的是,秦池的产能并没有得到根本改善。因此,这一决策的结果直接激化了秦池酒厂的内在矛盾:为了从利润中获取3.2亿元弥补广告支出,秦池必须完成产销量6.5万吨以上、15亿元的销售额,而这远远超出了秦池酒厂的产能以及市场对秦池酒的需求量。为了解决产能不足的燃眉之急,秦池只好收购其他企业的白酒进行勾兑。但不久,媒体便披露了秦池的实际产能和它勾兑川酒的事实,秦池的市场形势全面恶

---

[1] 余明阳,梁锦瑞,吉赞锋,等.名牌的奥秘[M].武汉:武汉大学出版社,1999.

> 化,1997年的销售收入由1996年的9.5亿迅速下降到6.5亿。1998年3月,秦池的主要经营者姬长孔黯然离职,曾经辉煌一时的"秦池模式"转瞬即逝。

资料来源:陈朗.企业市场营销广告标王"流星雨现象"透析[J].商业经济文荟,2006(5);中国教学案例网《秦池酒厂的黄粱一梦》。

第五节 品牌的作用

品牌作为企业的一种无形资产,越来越受到企业的重视。美国品牌专家Chernatory和Macdonald指出,一个企业的品牌是其竞争优势的主要源泉和富有价值的战略财富,在未来,谁拥有了品牌,谁就拥有市场;谁拥有了强大的品牌,谁就将成为市场的主导者。随着市场竞争越来越激烈,品牌在现代市场竞争中已经起到了决定性的作用。

一、品牌对消费者的作用

(一)识别产品来源,简化购买决策

品牌首先就是一个标识,具有识别功能。品牌是产品的标识,代表着产品的品质、特色、承诺。品牌经过国家有关部门登记注册后,成为企业的代号,代表着企业的经营特色、质量管理要求、产品形象等。随着社会生产力水平和人民消费水平的不断提高,市场上的商品越来越丰富。但消费者的认知容量以及搜寻信息的时间和能力是有限的。尤其是一些高科技产品,面对扑面而来的规格参数和专业术语,消费者往往很难搞懂,而不同的制造商提供的产品在技术上又难以区别,为了节省时间,降低搜寻产品的成本,最经济合理的办法就是根据品牌进行取舍。根据市场调查发现,消费者"认牌购买"已经成为一种极其普遍的现象,尤其是价格较高、技术含量较高的产品消费者更是依据品牌进行选择。在人们生活越来越复杂、节奏越来越快的现代社会,品牌简化了购买决策、降低了搜寻成本,成为消费者作出购买决定的线索和信号。

(二)追溯生产者责任,降低购买风险

品牌作为一种产品的标记,代表着产品的生产者。当产品出现问题的时候,消费者可以追溯到产品的生产者进行解决,从而保障自己的权益。产品一旦打上品牌标识,就意味着生产者给了消费者一份承诺、一种保证,必须对产品的所有方面承担责任。

有学者认为,消费者在消费过程中可能遭遇到6种风险:①功能风险。即产

品的性能没有达到生产者的承诺或者消费者的预期。②生理风险。即产品对消费者或其他人的身体健康和安全造成了损害。③财务风险。产品本身并没有物有所值。④社交风险。产品导致消费者在众人面前难堪(比如由于质量不好,裤子突然炸线;一个演唱会上,话筒音响突然失灵;一次婚宴客人吃了不洁食物导致生病等等)。⑤心理风险。即产品使用不良给消费者带来精神烦恼或精神伤害。⑥时间风险。即产品未能满足消费者的需要,导致消费者不得不重新寻找或重新购买另一更满意的产品所花费的时间上的机会成本。

消费者要想降低这些购买风险,最简单的办法就是选择知名度高、信誉好的品牌。对于消费者来讲,品牌就是生产者提供给消费者的一种责任、一种承诺,这是以品牌宣示的价值、利益和特征为依据的,品牌为消费者提供优质的产品和服务的保障,满足消费者的需求和欲望。法国学者卡普菲勒教授认为,消费者的不安全感是品牌产品存在的基础,一旦不安全感消失,品牌也就不再发挥效力。由此可见,品牌作为一种契约,对消费者起到了强大的保护作用,降低了消费者的购买风险,提高了消费者在购买决策时的安全感。

(三) 反映文化价值取向,满足情感需求

随着人们生活水平的提高,很多人购买产品不仅仅是为了获得功能利益,更主要为了获得一个表达自我的途径,即表达自我、满足情感需求。有道是"我消费,故我在","我消费什么样的品牌,反映出我是一个什么样的人"。消费已经成为人们表达一种生活方式的重要形式了。而品牌具有象征功能,富有情感性利益和自我表现性利益,可以满足消费者表达自我的情感需求。

每个成功的品牌都代表着一种个性、一种文化、一种价值追求,具有丰富的内涵,很多消费者通过购买与自己的个性、气质和理念相吻合的品牌来展现自我。如万宝路香烟代表了自由、粗犷、豪放、英雄气概的美国文化和美国精神,吸引了许多欣赏、追求这种男子汉气概的消费者;许多年轻人喜欢"耐克",就是源于耐克"想做就做(Just Do It)"这种不被羁縻、不受约束、自由自在的口号与他们的价值追求非常一致;戴上劳力士手表的男人对外传递成功男人的信息;蒂凡尼的服饰传递优雅、高贵、淑女的生活理念……生活就像一个舞台,人们根据自我形象和个性来选择契合自己形象和理念的品牌,而品牌具有的象征功能恰恰能够完美地满足人类物质和精神的需要。

二、品牌对企业的作用

(一) 区隔竞争对手,保障公司权益

品牌在法律上属于品牌主。经过商标注册的品牌是一种知识产权,具有法律上的排他性,任何公司未经许可都不得仿冒本品牌的标识设计、专利技术和外观

设计。企业由此保证自己提供给消费者独特的产品特征、个性和文化内涵,跟竞争对手的产品形成有效的区隔。如可口可乐波浪纹的手写体标识、细腰身的瓶子外观设计就归可口可乐公司所独有,任何仿冒行为都属违法。2007年,德国宝马公司和中国比亚迪公司发生商标之争,宝马汽车的标识是蓝白黑圆形车标,比亚迪的车标则为蓝白黑椭圆形车标,宝马公司认为比亚迪的车标跟他们的车标过于相似,容易在消费者中造成混淆,是一种侵权行为,于是向比亚迪公司提出抗议。经过长时间的交涉,终于迫使比亚迪修改车标,成功维护了自己的权益。

(二)提高产品竞争力,获得市场优势

品牌一旦具有了一定的知名度和美誉度后,企业就可以利用品牌优势占领市场进而扩大市场,形成强大的市场竞争力。具体来说,品牌可以给企业带来以下利益:

首先,品牌可以给企业造就忠诚的顾客。根据顾客忠诚理论,企业80%的收益来自于20%的高贡献度顾客,而且企业吸引一个新顾客的成本是留住一个老顾客成本的5倍。品牌的认可度和偏好一旦形成,顾客就会对品牌产生忠诚。品牌有了忠诚度,企业不需要花费太大的市场营销费用就可以收到很好的效果,降低了经营成本。

其次,品牌代表了一种偏见。一种产品一旦成了知名品牌,即使是没有用过的消费者都会固执地认为该产品就是精品。比如很多人并没有开过奔驰车,但他们都坚定地认为奔驰是质量好、性能好的车,就是因为奔驰是知名品牌。品牌不光能够留住老顾客,还能吸引新顾客,企业由此节省了大量的市场推广费用。

第三,品牌增强了企业的渠道谈判力。品牌意味着消费者对企业及其产品的认知与认同,意味着消费者的接纳,可以说谁拥有了品牌谁就拥有了市场。在销售渠道,品牌产品因为能给零售企业带来稳定甚至高额的利润,受到零售商的追捧,所以强势品牌为企业增加了渠道谈判力,企业可以顺利进入任何一家它理想的销售场所。反之,如果不是品牌产品,企业要想进入诸如沃尔玛、家乐福、苏宁等强势零售渠道则非常困难,即使勉强进入,条件也相当苛刻。生活中,我们经常可以看到大型超市洗发用品货架上最好的位置摆放的都是美国宝洁公司的产品,很多不知名企业的产品要么根本进不了这种大卖场,要么被弃置在最不起眼的角落里,根本引不起消费者的注意,销售状况可想而知。

(三)增加产品附加值,赚取高额溢价

品牌可以满足消费者的心理需要和自我实现的需要,由于优秀品牌具有独特的个性和形象涵义,消费者乐意为自己心仪的品牌多付出代价,因此,强势品牌比无品牌或弱势品牌附加价值高,企业可以溢价销售,这就是所谓"品牌溢价"。品牌溢价给企业带来了更大的利润收益。正如我们经常可以看到的,中国丝绸服装

每年大量出口到美国,贴上国内企业的品牌商标,每件售价仅 20 美元,但如果换上美国一家公司的品牌标志,售价立刻达到 300 美元;在我国同一个工厂、同一条生产线、同一批生产工人、同一用料、完全相同的款式生产出来的运动鞋,采用自主品牌,每双国内售价 120 元,贴上耐克标志则每双价格 560 元;华伦天奴一件衬衫卖到 800 多元,LV 一个钱包卖到人民币 2 000 多元,都蓬一只打火机价格 6 000 元以上,这都是品牌溢价在起作用。

(四)形成独特优势,阻击竞争对手

良好的品牌资产可以设置竞争壁垒,可以为企业面对竞争对手的威胁赢得反应的时间,提高企业竞争力。

现在市场竞争激烈,但凡某一种新产品在市场上取得成功,模仿的竞争者就会蜂拥而来。然而技术可以模仿,渠道可以模仿,甚至经营模式也可以模仿,品牌却难以模仿。一个品牌一旦成为某一领域的强势品牌,它独有的品牌个性、形象、广泛的知名度和美誉度、忠诚的顾客,会成为这个企业的灵魂,这些是任何竞争者偷不走、拿不掉而又难以逾越的一道鸿沟,会有效地吓阻竞争者的进入。

上世纪 80 年代,肯德基进入中国市场,当时许多中国企业不服气,"中华餐饮名满全球,还怕弄不过这么简单的炸鸡?"于是北京搞了个"王府鸡"、上海搞了个"荣华鸡",誓与外国洋鸡争高下,结果不出一年,肯德基连锁店越开越多,我们这两只"国产鸡"溃不成军、落荒而逃,原因就在于光是模仿别人的产品和经营模式没有用,更深层次的企业文化和品牌文化是无法模仿的。这就是强势品牌、深度品牌的力量,这种通过品牌建立起来的竞争壁垒才是最牢固、最持久的。

(五)造就无形资产,助力企业业务扩展

品牌是一种重要的无形资产,它不仅自身有价,更可贵的是,它还能够创造更多的价值。在西方,一些投资者把强势品牌公司的股票作为最主要的投资对象。一些著名企业品牌资产的价值,比其有形资产的价值还要高,尤其是一些世界顶级品牌,其资产价值已经高达数百亿美元,富可敌国。

美国桂格燕麦片公司总经理约翰·斯图亚特曾经说过:"如果公司被拆分,我愿意给你厂房、设备等有形资产,而我只需要品牌和商标,但我相信我一定经营得比你好。"

可口可乐公司前董事长罗伯特·士普·伍德鲁夫也曾经骄傲地说:"即使有一天可口可乐公司在大火中全部烧成灰烬,凭着这块牌子,我敢担保,第二天全世界新闻媒体的头条消息就是各大银行争着向可口可乐公司贷款。"这就是说,可口可乐公司凭借着这块金字招牌,哪怕一夜之间它在全球的工厂全部化为灰烬,也能够迅速从银行获得贷款,东山再起,重振雄风。

表 1-2 全球知名的 Interbrand 公司公布的"2019 年世界最佳品牌 100 强"排行榜前 10 名的品牌价值表

（单位：百万美元）

排名	品牌名称	国家	品牌价值
1	Apple 苹果	美国	234 241
2	Google 谷歌	美国	167 713
3	亚马逊	美国	125 263
4	Microsoft 微软	美国	108 847
5	Coca-Cola 可口可乐	美国	63 365
6	Samsung 三星	韩国	61 098
7	Toyota 丰田	日本	56 246
8	奔驰	德国	50 832
9	McDonald's 麦当劳	美国	45 362
10	迪士尼	美国	44 352

资料来源：https://top.askci.com/news/20191128/0905551155042.shtml.

由于品牌代表信誉，代表企业对消费者的一致性承诺，因此强势品牌可以让消费者产生一系列联想，使消费者对原有品牌的好感转嫁到新产品上，这就为企业扩大经营范围、促进业务增长提供了有利条件。

由此可见，品牌是比工厂、资本、技术更加重要的无形资产，它可以促进企业的业务进一步扩展，给企业带来更加持久的竞争优势和经营业绩。

（六）吸引优秀人才，化解各类风险

品牌企业有着良好的社会声誉，其优秀的业绩、稳定的发展吸引着各方优秀的人才。一个拥有优秀品牌的企业意味着员工具有良好的发展空间、职业前景和社会地位。因此品牌企业往往比一般企业拥有更多优秀的人才，员工职业忠诚度更高，企业竞争实力更强，企业经营由此也进入一种更好的良性循环。

另外，当今市场竞争激烈，信息传播迅速，企业要想不出一点危机几乎不可能，然而消费者显然对于自己熟悉或喜爱的品牌会给予更多的宽容和谅解，即使出现问题，品牌企业也更容易从危机中解脱出来。比如，同样遭遇碘超标事件，一个普通的中国奶粉企业很可能从此一蹶不振、黯然倒闭，而历史上雀巢曾经经历过数次风险，每次都能安然过关；1999 年 6 月比利时 120 多人饮用可口可乐后中毒，其中还有 40 多个是学生，原因查找出来后公司声誉未受任何影响，而中国的三株口服液遭人恶意举报称服用者死亡，官司尽管打赢了，企业却没能再赢回消费者信任，最后只好破产关门；麦当劳多次被中央电视台曝光使用过期或已经被污染牛肉、肯德基被查出使用苏丹红，这些知名企业每次都一边被曝光、一边顾客

盈门,消费者根本不在乎,甚至表示知名品牌再有问题也肯定比杂牌产品好;丰田汽车刹车设计存在缺陷,引发全球轩然大波,但它仍然是消费者最喜欢的日系车。显然,强势品牌使消费者形成的情感和偏见成为企业遭遇危机时有力的防波堤,帮助企业安然渡过惊涛骇浪,大事化小、小事化了。

三、品牌对国家的作用

品牌不仅是一个企业开拓市场、战胜竞争对手的有力武器,同时也是一个国家经济实力和形象的象征。日本前首相中曾根康弘曾经说过:"在国际交往中,索尼是我的左脸,松下是我的右脸。"美国的苹果、波音、可口可乐、麦当劳等世界大牌,携带着美国文化的威力传播到世界各地,影响着世界各国人民的生活方式甚至价值观;德国的奔驰、西门子、博世等品牌代表着德国先进的工业制造能力,令世界各国肃然起敬;日本的丰田、索尼、松下等品牌使日本成为高质量产品的代名词;而韩国的三星、现代、LG又令全体韩国民众在全世界获得了强烈的民族自豪感。可见,民族品牌不仅代表着一个国家产业发展的水平,而且代表着国家的国际形象,承载着构建民族自尊心和自豪感的历史责任。具体来说,品牌对于国家具有以下两点重要作用:

第一,品牌的多寡,影响到一个国家的经济发展水平。据联合国工业计划署的不完全统计,当今世界共有品牌产品约8.5万种,其中90%以上的品牌属于发达国家或亚太新兴国家。品牌的多寡、尤其是世界级品牌的多寡,成为一个国家或地区综合经济实力的重要标志。一般来说,一个国家的经济越发达、经济实力越强大,其拥有的品牌也就越多,品牌的地位也就越高。在当今世界经济全球化时代,如果一个国家没有优秀的民族品牌,它可能永远只能充当发达国家的贴牌生产基地,耗费大量的人力、物力和资源赚取一点可怜的加工费。从Interbrand公司、福布斯等各类机构对全球最有价值的品牌和最大企业业绩的排行榜来看,一个国家的经济实力和地位,与品牌的多和寡、强和弱有密切的关系。

第二,品牌的发展状况跟国家的形象相辅相成。品牌与国家形象之间存在着相互作用的关系,一个国家在国际上拥有的品牌数量和品牌声誉反映了该国的国家形象和经济实力;反过来,一个国家的整体形象又影响着该国品牌在国际上的地位和声誉。一般来说,人们对一个国家品牌的评价跟这个国家的经济实力成正比。比如,发达国家的品牌就很容易被视作高质量产品,而发展中国家品牌就很容易受歧视、被怀疑,如人们一般都会主观地认为日本的产品比韩国好,韩国产品又比马来西亚好,越南或泰国生产的产品就更糟糕。这种情况与其说是对一国产品的评价,还不如说是对该国国际经济地位的评价导致的结果。在这种偏见影响之下,中国作为一个发展中国家,市场秩序尚不完善,假冒伪劣产品充斥,这些负面信息使得中国企业在国际市场创造知名品牌的道路变得格外艰难。

第二章 品牌管理概述

第一节 品牌管理的涵义

现代社会由于经济的发展,企业的竞争由原来的产品竞争、服务竞争越来越多地转为品牌竞争,正如美国著名的广告研究专家拉里·莱特说的:"未来营销之战将是品牌之战,是为获得品牌主导地位而进行的竞争。企业和投资人将把品牌视为企业最有价值的资产。……拥有市场比拥有工厂更重要。而拥有市场的唯一途径就是拥有占据市场主导地位的品牌。"[①]品牌是企业最重要的无形资产这一观念已经成为学界和企业界的共识。正因为品牌的重要性日益突出,因此品牌管理已经成为当今企业管理领域非常重要的一个部分。

所谓品牌管理,就是企业为了创建、培育品牌并且不断维护并提升品牌价值、累积品牌资产而开展的管理活动。

过去人们在表述品牌管理时,采用的术语往往比较随意,如品牌建设、品牌经营、品牌运营、品牌塑造、品牌化等,其实这些概念都仅仅反映了品牌管理的一个方面,并没有涵盖品牌管理的全部内容,如品牌建设与品牌塑造、品牌化意思比较相近,都是指品牌的创建;品牌经营和品牌运营则是指品牌建成后对于品牌价值的进一步利用和增值。品牌管理是一个比较大的概念,它涵盖品牌从创建、维护、发展到更新的全过程,贯穿企业经营活动的始终。在品牌学者凯文·莱恩·凯勒、戴维·阿克等学者的大力倡导之下,品牌管理已经从企业营销管理的战术层面上升到了战略层面,成为企业既包括战略性规划又包括策略性活动的一项管理工作。

第二节 品牌管理的内容

品牌管理包括品牌的创建、品牌的运营以及品牌的维护三个部分,从时间顺序上来讲这也是品牌管理的三个阶段。

---

① [美]戴维·阿克.管理品牌资产[M].北京:机械工业出版社,2006.

首先,在品牌的创建阶段,企业必须规划、设计并且建立一个完善的品牌识别系统,这一识别系统包括涉及品牌的产品范围、产品属性、产品品质/价值、产品用途、产品原产地等内容的产品识别要素;包括涉及企业文化、企业领袖、企业创新能力、企业地位等内容的企业识别要素;还包括品牌的个性识别要素和符号识别要素,并且提炼出品牌的核心价值。企业只有首先建立起一个清晰、独特的品牌识别系统,才能够吸引消费者的注意,引发人们对品牌的美好联想和喜爱。

规划、制定出品牌识别之后,管理者还必须进行两项工作,即品牌的定位和品牌的设计。只有将品牌的核心价值、品牌内涵等无形要素转换成可视的、可以感知的、可以传播的符号,企业才能够去跟消费者沟通,消费者才能够知晓进而了解品牌。在品牌的各项基本元素设计出来之后,品牌的传播工作就可以开展了。因此在品牌的创建阶段,品牌管理工作包括品牌的识别、品牌的设计、品牌的定位和品牌的传播这些内容。

第二个阶段是品牌的运营阶段。品牌创建成功后,作为企业重要的无形资产,企业必须充分发挥品牌资产的作用,一个最常用的经营策略就是进行品牌延伸。所谓品牌延伸就是利用品牌在市场上已经确立起来的知名度和美誉度不断推出新产品,使品牌价值得到更充分的利用;同时给品牌注入更丰富、更具活力的元素,延续品牌的寿命,进一步提升品牌的价值。

随着企业的进一步成长和发展,企业内部品牌越来越多,这些品牌怎样通过科学合理的组合,形成一个有机协调的整体,发挥品牌集团的综合作用,在市场竞争中跟竞争对手展开较量,这就涉及品牌组合管理的问题。品牌组合管理就是从战略的角度解决如何整合企业内部资源、处理好品牌之间的关系,发挥 $1+1>2$ 的效力,取得品牌价值的最大效益。

品牌创建成功后并不是一劳永逸的,正如所有的事物一样,随着社会的发展、市场的变化,品牌会老化、会衰落。为了使品牌充满活力、永葆青春、维持品牌的市场份额和销量,管理者还必须对品牌进行更新。通过科学的更新管理,使品牌持续辉煌。因此在品牌的运营阶段,品牌管理工作包括品牌的延伸、品牌的组合、品牌的更新这些内容。

第三个阶段是品牌的维护阶段。品牌管理工作包括对品牌资产的管理问题和品牌权益的保护问题。品牌资产管理包括进一步提升品牌资产价值、评估品牌资产等工作;品牌维护管理涉及两项工作:一是当品牌权益受到侵害时,如品牌被抢注、品牌被假冒等,企业必须采取一系列管理措施来维护自身品牌的权益;二是当品牌遭遇危机时,企业必须采取危机管理手段,使品牌能够化危为机、化险为夷,走出困境,基业长青。因此在品牌的维护阶段,品牌管理工作包括品牌资产管理、品牌防御管理和品牌危机管理这些内容。

本书正是以企业品牌管理的关键节点作为基点,构建品牌管理的主体知识框架。根据品牌管理过程的基本顺序,本书从三个部分来进行阐述:第一部分是品牌的创建,第二部分是品牌的运营,第三部分是品牌的维护。

第三节 品牌管理面临的困境

品牌管理虽然越来越受到各界重视,但近年来市场环境的发展和变化使得品牌管理的难度越来越大,企业在品牌管理方面面临着非常严峻的挑战,深陷各种困境。美国权威学者对品牌管理面临的各种困难及其原因进行了非常全面的概括和研究,但对于如何解决这些难题却束手无策,至今没有提出一个令人信服并且行之有效的解决办法,这也使得人们更加认识到品牌管理的难度之大,由此加速品牌管理的研究也就变得愈加迫切和重要。目前美国学者对品牌管理面临的困境研究情况大致可以归纳有以下观点:

一、卡尔金斯的调查结果

2003 年,美国西北大学凯洛格商学院的营销学者蒂姆·卡尔金斯做了一个调查。他访问了 360 个各个行业的品牌管理者,每个被访者都至少有 5 年以上的品牌管理经验。访谈的结果是,品牌开发所面临的核心挑战主要有三个:短期业绩目标、内外一致性和传播混乱。[①]

1. 短期业绩目标的挑战

或者说是处理短期财务问题,是品牌管理者们所面临的最大挑战。一方面,管理者需要考虑企业的短期财务业绩;另一方面,培育品牌是一项长期的工作,而且品牌的价值显示出来并且发挥作用也要在未来很长一段时间之后。这就使得管理者必须在培育品牌和追求短期业绩两者之间做出选择。遗憾的是,现代企业经理人制度以及激烈的市场竞争压力往往迫使管理者放弃培育品牌,选择后者,即追求短期经营业绩。因此,企业开始了恶性循环:为了追求经营业绩,企业不惜采用一切有损品牌形象的营销手段,比如降价促销;而品牌形象差,产品价格低,导致企业的市场竞争处于更加不利的地位,于是更进一步加大各种伤害品牌的营销手段。恶性循环导致企业的品牌建设陷入困境。

2. 内外一致性的挑战

品牌管理中的一致性问题是指品牌开发是否得到了公司上下一致的理解和支持;随着时间的推移,品牌的承诺是否始终如一获得一致的履行;品牌的营销组合是否能始终保持步调一致。要保证所有这些要素持之以恒、长期不变实属不易,其中只要一个小小的品牌接触点出现问题,都足以使企业长期累积起来的品

---

① [美]艾丽丝·泰伯特,蒂姆·卡尔金斯.凯洛格品牌论[M].北京:人民邮电出版社,2006.

牌形象毁于一旦。比如,中国某个航空公司的行李装卸员在飞机装载行李时野蛮抛掷乘客的行李箱被网友拍到,视频上传到网上,引起公众愤怒,该公司优质服务的企业形象荡然无存。

3. 传播混乱的挑战

媒体的发达使得消费者每天都处在信息爆棚的状态。现在媒体形式不仅多元化,而且媒体的数量惊人,消费者接受信息的渠道非常之多。媒体的受众呈现碎片化的现象,这就给品牌管理者带来一个很大的难题就是媒体的选择,管理者很难找到一个影响力特别大的媒体来传播自己的品牌信息。各个媒体对信息的传播经常出现观点的多元甚至对立,这就加重了观众认知的混乱,企业塑造统一的品牌形象、传播一致的品牌理念变得愈加困难。

二、凯文·凯勒对学者观点的归纳

比起卡尔金斯来,美国另外几个营销学者对品牌管理面临的困境问题的研究和归纳更加全面,1994年,肖克、斯瑞瓦斯塔瓦和鲁科特发表文章认为,品牌管理一共面临16个挑战,包括精明的消费者、更加复杂的品牌家族和组合、成熟的市场、更加复杂和激烈的竞争、差异化的困难、品牌忠诚度降低、自有品牌的增加、贸易权力的增长、分离的媒介、传统媒介有效性的消失、新出现的传播选择、促销开支的增加、广告预算的缩减、产品导入和支持成本的增加、短期业绩导向、工作轮换的增加。[①] 凯文·凯勒在其品牌权威著作《战略品牌管理》一书中将他们的观点进一步归纳为以下六个方面[②]:

(一) 精明的消费者

如今的消费者与以前相比有了很大的改变,例如对大众媒体广告信任度降低、对品牌的忠诚度降低、产品知识更丰富等。导致这些变化的原因是商品极度丰富、媒体高度发达、产品网络论坛盛行、消费者消费经验不断增加、企业营销水平不断提高等等。这种营销环境以及消费者的变化,使得原来行之有效的营销方法现在未必仍然可行。以前靠广告轰炸也许就能够打动消费者,现在即使产品知名度很高,消费者依然嗤之以鼻,这样的"知名"产品市场上不计其数,但消费者就是不为所动。正如萨奇广告公司的凯文·罗伯特指出的,仅仅让消费者对品牌注意是不够的,还必须让消费者对品牌信任、并且上升为喜爱。消费者对传统的营销手段已经产生免疫力,必须另辟蹊径。

---

① Shocker D A, Rajendra K S, Robert W R. Challenges and Opportunities Facing Brand Management: An Introduction to the Special Issue[J]. Journal of Marketing Research, 1994(31): 149-158.

② [美]凯文·莱恩·凯勒. 战略品牌管理[M]. 北京:中国人民大学出版社,2006.

（二）品牌延伸和组合

无论从降低经营风险还是增加利润的角度来看，企业拓宽和延长产品线都有其必要性。不仅如此，随着生产工艺技术的进步，产品线拓宽和延伸的速度还在不断增加，随之带来的就是如何处理产品和品牌的关系问题。是采用新品牌还是沿用老品牌？新老品牌之间的关系如何处理？每个品牌在品牌家族的图谱中各自承担什么角色等等，管理者都必须做统一的规划和部署。

（三）媒体集中度越来越低

由于新媒体的发展以及媒体技术的大幅度进步，使得现在社会上的媒体眼花缭乱，令人目不暇接，消费者每天可以接触到数不清的媒体。媒体行业内部的竞争使得各类媒体的制作水平越来越高，内容越来越精彩，消费者的注意力被众多的媒体所吸引，媒体的集中度大大下降。受众的分散使得企业要想选择一家理想的、传播效果好的媒体难度极大，企业品牌建设与传播的成本无疑也大大增加。

（四）竞争的加剧

随着当代科学技术的迅猛发展以及经济全球化的形成，现在企业之间的竞争包括品牌竞争，越来越激烈。一些曾经有效的或者独创的营销手段很容易短时间内就伴随着互联网迅速被全球同行企业所效仿，品牌建设的各种手段因此越来越雷同，极大地加大了品牌创建的难度。企业很难做到花很长时间采用自己独到的营销手法耐心打造一个基业长青的强势品牌，于是被迫投入短期的市场销量大战中，广告轰炸、低价促销、大肆甩卖，不要说塑造品牌了，原有的产品形象都荡然无存！更严重的是，除了生产商同行之间进行品牌的竞争，大量的零售商也采用自有品牌的方式加入到市场竞争的行列中来，使得现在企业品牌竞争的广度和烈度都达到前所未有的程度。

（五）成本增加

如今品牌竞争不仅在于难度加大，而且经营成本也居高不下。由于人才、原料、设备、媒体等各项成本增加，使得企业研发和推广一个新产品的成本本身就非常高昂，在这种情况下想要再给新产品打造一个新品牌，对于企业来讲成本压力真是难以承受之重，这种情况也抑制了企业创建品牌的激情和动力。

（六）强大的利润压力

企业经理人通常面临一个两难的选择：一方面要实现品牌的短期利润目标，以证实自己的管理能力；另一方面又要维护品牌的长期形象，持续投入建设经费。为了保证自己的饭碗不被董事会"炒鱿鱼"，绝大多数企业经理人会被迫放弃长期目标，转而追求短期绩效，不惜采用促销、降价等饮鸩止渴的方式来获得销量的上升,最终的结果自然导致品牌建设中途夭折,即使勉强创建起来也都是短命的、缺乏深厚内涵的品牌,更谈不上建立品牌文化了。

三、戴维·阿克的概括

美国著名的品牌研究专家戴维·阿克在他著名的"品牌三部曲"系列作品《创建强势品牌》一书中也对品牌创建面临的困境进行了归纳总结,他把造成企业创建品牌困境的因素概括为八个方面[①]:①价格竞争的压力;②竞争者的扩张;③市场和媒体的分割;④复杂的品牌战略和关系;⑤对改变战略的偏好;⑥对创新的偏见;⑦对其他领域投资的压力;⑧短期压力。

第四节 品牌管理的模式

一、业主负责制

业主负责制是指品牌的决策乃至组织实施全部由企业的高层领导承担,只有具体的执行工作才授权下属完成的一种高度集权的品牌管理制度[②](见图2-1)。这种制度在20世纪20年代以前是西方企业品牌管理的主流模式。之所以会采用业主亲自全权管理的模式,是因为当时品牌经营还比较简单,高层管理者自己就能够应付,而且品牌与产品直接捆绑在一起,一个品牌就是指代一种产品,因此品牌管理与产品管理两者并无区别。例如,福特汽车公司的亨利·福特、麦当劳的克罗克、可口可乐公司的坎德勒等都把品牌的创建和发展作为毕生的使命,亲自参与品牌决策的制定和品牌活动的开展。

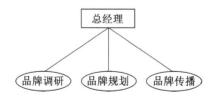

图2-1 业主负责制品牌管理模式

业主负责制模式的优点是:①决策迅速,有利于整个组织资源的整合;②每个品牌都带有鲜明的创始人个性,因此品牌的个性特征非常突出,各企业品牌之间的差异性比较强。该模式的不足之处是:一旦企业规模扩大,管理者个人没有精力再处理所有品牌的相关事宜,这就不利于品牌价值的进一步拓展利用和品牌的发展。

---

① [美]戴维·阿克.创建强势品牌[M].北京:中国劳动社会保障出版社,2005.
② 周志民.品牌管理[M].天津:南开大学出版社,2008:47.

二、职能管理制

职能管理制是将品牌管理的职责分解到各个职能部门中分头进行管理的一种品牌管理模式①(见图2-2)。例如,市场部门主要承担品牌的调研工作,宣传部门承担品牌的传播工作等等。在20世纪20~50年代这种管理模式非常普遍。至今,我国企业大部分仍然采用这种分工管理的品牌管理模式。

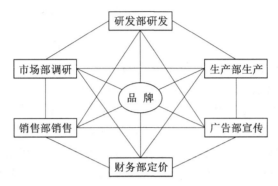

图2-2 职能管理制品牌管理模式

职能管理制模式的优点是:①高层管理者摆脱了某个品牌建设与维护过程中具体事务的纠缠,集中精力从事整个企业的长远战略规划;②职能分工提高了品牌管理的专业化水平,使得品牌在日益复杂的市场竞争环境中得以成长。该模式的不足之处是:各职能部门职权相等,各自为政,缺乏沟通、协调,难以以一个共同的诉求和声音向外展示品牌的形象、定位和特色;而且容易出现推诿、扯皮的现象,使品牌管理最终陷入无人负责的"三不管"境地。

三、品牌经理制

品牌经理制是美国宝洁公司在1931年首创的一种品牌管理模式,当时一经采用立刻获得巨大成功,成为品牌管理的经典模式,从而也开创了真正意义上的现代品牌管理。所谓品牌经理制是指公司为每一个品牌专门设置一个品牌经理,由他全面负责该品牌的策划、生产、创建、维护和发展各项事宜。

在品牌经理制管理模式下,每个品牌除了设有一名品牌经理之外,在他手下还配备了几个品牌助理,再加上分别来自财务、研发、制造、市场推广、销售等企业各个职能部门的人员,共同构成了一个品牌管理小组,全面管理该品牌的全部工作,品牌经理制实际上是一种矩阵型的组织结构②(见图2-3)。

---

① 周志民.品牌管理[M].天津:南开大学出版社,2008:48.
② Low George S, Ronald A Fullerton. Brands, Brand Management, and the Brand Manager System: A Critical-Historical Evaluation[J]. Journal of Marketing Research,1994,31(5):173-190.

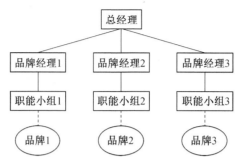

图 2-3　品牌经理制品牌管理模式

品牌经理制模式的优点是：①每一个品牌都有一个专职的管理者，负责品牌分析、规划和活动的全过程，从而为品牌的成长提供了组织上的保证。②加强了公司内部各个品牌之间的竞争，优胜劣汰，品牌更加具有活力。③品牌经理负责指挥由公司各个职能部门人员组成的品牌管理小组，小组成员既各司其职，又由经理统一协调指挥，保证了品牌管理各项工作齐头并进、有条不紊、统一协调。④为企业培养了具有综合管理能力的高级管理人才。每个品牌经理都是独当一面的管理者，他必须全面负责品牌从策划、生产、推广、发展的全部决策和执行，而且掌握调度了涉及该品牌的所有职能部门的管理人员和管理工作，事实上成为一个总经理式的综合管理人员，为企业源源不断地培养和输送高级管理人才。历史上，开创了"品牌经理制"模式的麦克埃罗依后来成为宝洁公司的总裁，"二战"以后还被任命为美国的国防部长。

品牌经理制的不足之处在于：①对品牌管理人员的素质要求很高。如前所述，每个品牌经理实际上就是一个独当一面的综合管理人员，而一个公司要具备足够多的综合性管理人才显然不切实际。一旦某个品牌的品牌经理能力不足，就会直接影响到该品牌的创建与发展。②品牌管理成本比较高。每个品牌管理小组里面都涵盖了企业各个职能部门的管理人员，导致组织机构重叠、人员众多，品牌管理成本高昂。③企业内部各个品牌之间是一种竞争关系，优胜劣汰，优点是加强了品牌的活力，但同时也造成了企业内部各个品牌之间自相残杀、内斗严重。④各个品牌由不同的品牌经理自主策划、管理，导致整个公司的品牌形象杂乱无章，不能对外树立统一的品牌形象、发出一致的品牌声音。这就导致整个公司品牌数量很多，却多而不强。几乎没有一个真正能够对外一剑制胜的超强品牌。近年来宝洁公司除了打造各个产品品牌之外，也着力宣传打造"宝洁"的公司品牌，原因就在这里。

案例 2-1

宝洁公司品牌经理制的由来

1926年,尼尔·麦克埃罗依刚从哈佛大学毕业,被宝洁公司指派负责宝洁第二个香皂品牌"佳美"的广告活动。在随后的工作中,麦克埃罗依发现,"佳美"的广告及市场营销部都太过于像"象牙"香皂,不同程度上成了"象牙"的翻版。作为宝洁的第一个香皂品牌,"象牙"自1879年诞生以来,通过印刷广告等形式,已经成为消费者心目中的名牌产品,销售业绩一直很好。而"佳美"和"象牙"面对同一消费群体,又被规定不允许与"象牙"进行自由竞争,自然成为宝洁公司避免利益冲突的牺牲品。1930年,宝洁决定为"佳美"选择新的广告公司,并且向这家广告公司许诺,绝不为竞争设定任何限制。这之后,"佳美"的销售业绩随之迅速增长。于是,麦克埃罗依萌生了"一个人负责一个品牌"的想法,并于1931年5月31日起草了一个具有历史意义的文件——《品牌管理备忘录》。麦克埃罗依的构想得到了醉心于改革的宝洁公司总裁杜普利的赞同,从此宝洁公司以"品牌经理"为核心的营销管理体系逐步建立。对此,美国《时代》杂志称赞道:"麦克埃罗依赢得了最后的胜利。他成功地说服了他的前辈们,使宝洁公司保持高速发展的策略其实非常简单:让自己和自己竞争。"

"品牌经理制"管理模式,对当时的美国工业界来说是一个全新的概念,在此之前没有任何一家美国公司鼓励旗下的品牌互相竞争。而如今,宝洁的品牌管理模式已经被全世界很多企业继承和演绎,美国强生公司、美国家用品公司、法国娇兰公司、美国福特公司、美国通用公司等都先后采用了这一制度。中国90年代引进品牌管理,许多企业诸如广东健力宝、江苏森达、上海家化等知名企业都相继采用这一模式进行品牌管理。

资料来源:韦桂华.21世纪:品牌经理跃上前台[EB/OL].中华企业内刊网 http://www.neikan.com/,2001-08-21.

四、品类经理制

1994年,英国《经济学家》杂志发表了题为《品牌经理制的终结》一文,对品牌经理制的弊端进行了尖锐的批评。而早在1990年代初,宝洁公司也在反省是否有一种更好的品牌管理模式,这就是品类经理制管理模式的由来。品类经理制也称为"品牌事业部制",是指为多个品牌构成的一个产品类别设置一名经理,由其负责该品类的管理和盈利[①](见图 2-4)。

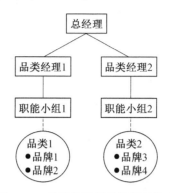

图 2-4　品类经理制品牌管理模式

品类经理制和品牌经理制本质上是一样的,都是设置专职的管理人员来负责管理品牌,而且品牌经理也都是通过手下由各职能部门人员共同组成的品牌管理小组进行管理,是一种矩阵型的组织结构形式。所不同的是,品牌经理制仅仅负责管理一个品牌,而品类经理制则同时负责一个品类里面若干个品牌的品牌管理。比如,美国纳贝斯克公司实行的品类经理制,该公司把所有的产品分为三个品类:成人饼干、营养饼干和儿童饼干。每个品类里面都有若干个品牌,每个品类经理就负责管理该品类下面的所有品牌,对该品类里所有品牌的成长都负有责任。

品类经理制的优点是:①协调品类内各个品牌之间的相互关系。因为一个品类的目标顾客基本就是同一个群体,由一个经理来统一负责品类里所有品牌的管理,可以有效协调好各品牌之间的相互关系,避免自相残杀。②一个品类用一个经理来负责管理,既可以减少机构重叠的数量、降低管理成本,又可以提高品牌管理的专业化水平,提高企业在该产品行业中的地位和影响力。该模式的不足之处仍然是品牌经理制的老问题,即企业整体品牌形象不统一,各个品类之间彼此的竞争大于整合协调。不过这种情况比起品牌经理制来严重程度下降很多了。

五、品牌管理委员会

21 世纪初,一些跨国公司的品牌管理又出现一种新的模式,即"品牌管理委员会"。这种模式由企业高层管理者直接担任品牌负责人,各职能部门和各品类负责人担任委员,注重各品类以及各职能部门的协调,称为"品牌管理委员会"。这种管理模式实际上是更加注重品牌管理在整个企业管理中的战略地位,弥补了

---

① [美]大卫·A·艾克.品牌领导[M].北京:新华出版社,2001.

上述品牌管理模式下沉在企业管理的策略层面的不足[①]（见图 2-5）。比如，美国的 GE、3M、惠普等跨国公司都成立了品牌管理委员会，其主要职责是在公司层面上建立整体的品牌战略，确保各个事业部之间品牌的沟通与整合。由此品牌不再隶属于某个营销部门管理，而是直接归最高管理层决策。一些企业甚至设立首席品牌官（chief brand officer，CBO）一职来主持品牌管理委员会的工作。这也就是进入 21 世纪后品牌管理已经从企业管理的战术层面上升到了战略层面，成为凯文·凯勒、菲利普·科特勒等营销大师一再倡导的战略品牌管理。

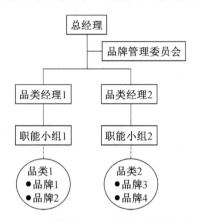

图 2-5　品牌管理委员会的品牌管理模式

采用"品牌管理委员会"这种管理模式的优点是：①能够有效协调各个品类以及各个品牌之间的关系，统一企业的整体形象；②能够有效协调各个职能部门之间的关系，因为公司内部每一个职能部门的主管都是品牌管理委员会的成员；③有助于树立品牌在整个企业发展战略中的地位，形成以品牌为中心的行动导向，因为品牌管理委员会处于公司最高管理层级，该委员会作出的决策对整个公司产生作用。

品牌管理委员会这种管理模式同样存在不足之处：①高层管理者身居高位，远离市场，对各品牌、品类以及竞争对手的品牌发展情况了解不足，有时难免做出一些脱离实际、过于主观的品牌管理决策；②品牌管理不同于一般的企业管理，它的专业性比较强，有时高层管理者并不具备丰富的品牌管理专业知识与经验，决策时容易出现一些专业性的错误。

---

① ［美］艾丽丝·泰伯特，蒂姆·卡尔金斯.凯洛格品牌论［M］.北京：人民邮电出版社，2006.

第三章 品牌识别管理

第一节 品牌识别的概述

一、品牌识别概念的由来

品牌识别概念最早来自于 1986 年,法国 HEC 商学院营销战略教授、品牌权威学者卡普菲勒在他的代表作《新战略品牌管理》中首次提出了品牌识别的概念。品牌识别理论的形成很大程度上受到此前已经风靡企业管理学界的企业形象识别的影响,可以说,企业形象识别系统的成功推广给了品牌学者很大的启发,它的基本概念和构成要素为品牌识别理论的建立提供了基本思路和参考方向。

企业形象识别系统,简称 CI(Corporate Identity System,CIS),最早在企业中得到应用,是建筑史上赫赫有名的建筑家佩特·奥伦斯,他受聘为德国 AEG 电气公司的设计顾问,为 AEG 公司设计商标,设计完之后他把这些商标顺便应用到该公司的便条纸和信封上,这可以看作是视觉识别设计的开始,但这时候还不能称为严格的 CI 设计。[①]

CI 的正式发端是在 20 世纪 50 年代的美国。当时美国高速公路网已经形成,为了适应高速行车和复杂的路径环境需要,美国政府对所有的道路交通标志做出了统一的规定,新设置的交通标志识别符号统一、简洁、醒目,对高速公路网的顺利运行、汽车的安全行驶发挥了极大的作用。这一做法迅速启发了美国市场学研究人员,他们认为消费者犹如高速公路上行驶的司机,面对复杂的市场环境,企业要想战胜竞争对手,就应该采用一种统一简练的符号迅速抓住公众的注意力,于是这一新的理念很快转移使用到商业领域。所以说美国视觉识别的兴起,是受到了"汽车文化"的影响。

1956 年,美国计算机公司巨头国际商业机器公司(International Business Machines Corporation),旧译万国商业机器公司,用公司名称的首字母 IBM 设计了企业新的标识,开展 CI 设计和推广工作,很快在美国众多的计算机企业中脱颖而出,成为首屈一指的霸主。随着 IBM 公司导入 CI 的成功,美国的许多公司纷

---

① 周安华,苗晋平.公共关系——理论、实务与技巧[M].北京:中国人民大学出版社,2004:275.

纷效仿,如东方航空公司、西屋电气公司、3M公司等,很多导入CI的企业纷纷刷新经营业绩,有些公司已经濒临破产,导入CI战略后居然起死回生。1970年,可口可乐公司导入CI,统一革新了全球各地的可口可乐标识,把CI的浪潮推向了世界。1971年,日本第一银行和劝业银行合并,导入CI计划,取得了巨大的成功,引来其他日本企业纷纷仿效,结果都获得了良好的效益。[①] 日本工商界在CI战略的实施过程中创造性地有所发挥,不仅深化了CI战略的内涵,而且成为CI的一个重要流派。

欧美国家的CI战略跟日本的CI有所不同。欧美国家的CI战略注重与市场营销和竞争导向的视觉传达与运用,尤其是美国,特别注重CI的视觉识别。它们认为,如果一个企业能够设立一种标志,使人很容易就辨别出来,就能够为企业扩大影响奠定基础,就能达到促销的目的。[②] 如麦当劳的标识统一采用黄色拱形的M,这一标记无论在世界的哪一个角落出现,人们都会一眼就认出这是麦当劳。

日本型CI不像美国那样停留在标识、标准色及相关设计系统上,而是深入企业经营的价值观深处,尤其强调企业文化与企业的价值理念。他们认为完整的CI战略应该由三个方面构成:①理念识别(Mind Identity,简称MI);②行为识别(Behavior Identity,简称BI);③视觉识别(Visual Identity,简称VI)。

理念识别(MI)是指企业对当前及未来一个时期的经营目标、经营思想、营销方式及企业精神所做的总体规划与决策。MI是企业识别系统的核心与原动力,通过内在的理念塑造个性化的企业形象。如沃尔沃的核心理念"安全"、同仁堂的"诚信"、日本松下的"产业报国"、韩国三星的"创新"等。

行为识别(BI)是指以企业理念为核心,对企业经营的规范作业标准与服务方式作统一的规划。如企业内部的管理、教育、行为及社会公关活动等方面的识别形式。如"沃尔沃"的核心理念是安全,在企业行为上就表现为"沃尔沃"公司拥有全球最先进的汽车安全实验研究机构,以及世界上最大最先进的汽车安全试验场地,沃尔沃还云集了世界一流的汽车安全工程师和设计师。正是由企业经营理念的不同而产生的一系列企业经营行为上的差异化,使得企业在激烈的市场竞争中能够独树一帜。

视觉识别(VI)是以企业的名称、企业标识、标准字体、标准色彩等为基本因素,进行一体化的总体设计,并贯穿于企业文化与经营过程中。VI最能直观地体现差别化的企业特征。它以一体化的视觉符号为原则,使公众快捷而准确地达到了解与识别的目的。比如麦当劳的金色拱形M、苹果公司被咬掉一口的苹果等。

正是CI战略在全球工商企业界的成功运用,20世纪90年代这种营销战略

[①] 周安华,苗晋平.公共关系——理论、实务与技巧[M].北京:中国人民大学出版社,2004:275.
[②] 周安华,苗晋平.公共关系——理论、实务与技巧[M].北京:中国人民大学出版社,2004:276.

被品牌管理学界借鉴引用,形成一个新的品牌识别理论。

二、品牌识别的涵义

品牌识别的英文是 Brand Identity,根据著名的《韦氏大词典》的解释,"Identity"一词有同一性、个性、一致性、恒等式等意思,中国有些学者把"Brand Identity"翻译为"品牌特性"、"品牌特征"、"品牌认同"、"品牌身份",但大多数学者基于 Corporate Identity 企业形象识别的翻译,把"Identity"翻译为识别。

关于品牌识别的涵义,很多品牌学者从多方面进行过不同的表述。卡普菲勒在《新战略品牌管理》中提出:"品牌识别属于品牌设计者的业务范畴,目的是确定品牌的意义、目的和形象,品牌形象是这一设计过程的直接结果。"[1]我国品牌专家翁向东在《本土品牌战略》一书中认为:"品牌识别是指对产品、企业、人、符号等营销传播活动具体如何体现品牌核心价值进行界定从而形成了区别竞争者的品牌联想。"[2]美国品牌研究权威戴维·阿克认为:"品牌识别就是指品牌战略者渴望创造或保持的一系列独特的品牌联想。这些联想代表着品牌所表达的事物和理念,暗示着品牌对顾客的承诺。"[3]比较起来戴维·阿克的观点最有代表性和影响力。

上述学者观点在提法上尽管有所出入,但有几个关键点是共同的:第一,品牌识别是品牌管理者所做的设计规划工作,而不是消费者对品牌的实际印象;第二,品牌识别包括内在的品牌核心价值和外在的品牌联想物;第三,建立品牌识别的目的是希望消费者对品牌产生认同。[4]

三、品牌识别和品牌形象的关系

谈到品牌识别,很多人把它与品牌形象(Brand Image)混为一谈,其实两者是不同的概念。品牌识别与品牌形象之间既有联系又有区别。

(一)两者的区别

1. 品牌形象是消费者对品牌的整体印象,是针对品牌信息的接收者来谈的。品牌形象是指消费者对于自己接触到的品牌信息,经过自己的理解和加工,在大脑中形成的对品牌的总体印象。品牌形象是指现实中人们如何看待品牌。而品牌识别是针对品牌信息的发送者来谈的,是品牌管理者主动设计、创造、建立的,

---

[1] Kapferer Jean-Noel. The New Strategic Brand Management: Creating and Sustaining Brand Equity Long Term(4th ed.)[M]. London: Kogan Page Limited, 2008.
[2] 翁向东.本土品牌战略[M].杭州:浙江人民出版社,2002.
[3] [美]大卫·阿克,爱里克·乔瑟米赛勒.品牌领导[M].北京:新华出版社,2001.
[4] 周志民.品牌管理[M].天津:南开大学出版社,2008:55.

是他们借此来诱导消费者如何看待他们的品牌。正如卡普菲勒在《新战略品牌》一书中指出的：品牌识别属于品牌设计者的业务范畴，目的是确定品牌的意义、目的和形象，而品牌形象是这一设计过程的直接结果。

2. 品牌识别是主动的、积极的、着眼于未来，反映了品牌管理者为品牌设定的联想，是企业的一种战略性行为；而品牌形象是被动的，着眼于过去，是过去所有品牌信息在消费者大脑中留下的印记。如果说品牌识别是"企业希望消费者认为品牌是什么样的"，那么品牌形象就是"消费者实际上认为品牌是什么样的"，品牌形象是品牌在消费者心中的感知。品牌形象和品牌识别有可能会有出入，因为"公司希望消费者感知的"和"消费者事实上感知到的"之间总会有误差。品牌管理者需要尽力去做的，就是缩小两者之间的这个误差，尽可能让消费者感知到企业希望他们感知到的东西。

（二）两者的联系

品牌识别与品牌形象紧密联系，企业构筑品牌识别的重要目的之一就是向消费者顺利地传达企业的品牌形象，一套优异的品牌识别系统可以使企业在消费者心目中建立起正面的、强大的品牌形象。品牌识别与品牌形象的关系见图 3-1 ①。

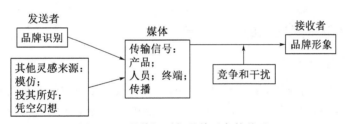

图 3-1　品牌识别与品牌形象的关系

四、建立品牌识别的意义

首先，建立清晰、独特的品牌识别系统，能够使品牌在令人眼花缭乱的品牌丛林中独树一帜，彰显鲜明的个性，在激烈的竞争中制造市场区隔，创造和保持品牌领先的地位。同时，品牌识别还能引起人们对品牌的美好联想、信赖和忠诚，有助于消费者在琳琅满目的品牌中用最短时间找到自己中意的品牌。比如，可口可乐鲜艳的红色、醒目的波浪形条纹、充满活力的代言人、独特的产品包装……这一系列极具冲击力的识别系统震撼着人们的视听，使人们感受到自由、热情、积极向上的美国文化，也奠定了可口可乐品牌价值的基础。

其次，打造品牌的中心环节是提炼品牌核心价值，但品牌核心价值仅仅是一

---

① 资料来源：Kapferer Jean-Noel. The New Strategic Brand Management：Creating and Sustaining Brand Equity Long Term(4th ed.)[M]. London：Kogan Page Limited，2008.

个抽象的概念,要使消费者在心理上真正认同一个品牌,还需要有产品特色、价格定位、外观设计、企业实力等实实在在的认知和联想。因此,以品牌核心价值为中心的品牌识别系统,可以将品牌核心价值实实在在地分解落实到企业经营活动中的各个环节,使这个抽象的概念能和企业日常经营活动有效对接,具有实际可操作性。

第三,品牌识别系统界定和规范了企业营销传播活动的标准和方向,它犹如一部企业品牌宪法,制约和引领着企业的日常经营活动,使企业一切经营活动有法可依、有章可循,避免了企业行为偏离品牌核心价值轨道的可能性。

第二节 品牌识别系统的构成

根据戴维·阿克的品牌识别系统模型,品牌识别是一个系统结构。一个完整的品牌识别系统可以由12个品牌识别要素来组成[①]。当然,并不是所有的品牌识别系统都必须具有12个品牌识别要素,只从一个角度来构建品牌识别系统也是可以的。只不过品牌识别系统的构成要素越多,品牌识别就会越明确、丰富,差异性也会越强。

一、品牌识别系统的构成要素

(一) 产品识别要素

产品是品牌的载体,是影响顾客品牌购买决策和品牌体验的直接对象,因此,品牌的产品识别就是与产品相关的联想,是品牌识别的重要组成部分。品牌的产品识别要素包括产品范围、产品属性、产品品质/价值、产品用途、产品使用者、产品原产地六个方面。

1. 产品范围

产品范围或产品类别是品牌的产品识别的核心要素,因为它能影响品牌识别所联想的类型。品牌如果能够与产品类别建立起牢固的联系,那么当某种产品被提及时,顾客就会回想起这个品牌,这种状况是品牌建立者梦寐以求的目标。一些世界著名品牌就与某些产品类别建立起了牢固的联系。如可口可乐与软饮料、IBM与电脑、麦当劳与快餐店、米其林与轮胎、劳力士与名表、迪士尼与儿童乐园、邦迪与创可贴等就是如此。因此当人们提到软饮料时,就会想到可口可乐;提到电脑,就会想到IBM;提到快餐店,就会想到麦当劳;提到轮胎,就会想到米其林;提到名表,就会想到劳力士;提到儿童乐园,就会想到迪士尼;提到创可贴,就会想到邦迪。

---

① [美]戴维·阿克.创建强势品牌[M].北京:中国劳动社会保障出版社,2005.

将品牌与产品类别建立起联系,最好的情况是在人们提到某种产品时,能够很快地回想起某品牌,而不是在人们提到某品牌时,想起该品牌是某一类产品。这两种结果有很大的区别。比如,提到电脑想到 IBM 与提到 IBM 想到电脑有本质的区别。前者意味着品牌与产品类别建立了牢固的联系,在顾客心目中,IBM 就是电脑的代名词;后者意味着品牌与产品类别建立了一定的联系,但并不是牢固的联系。从实际情况来看,品牌要与产品类别建立起牢固的联系非常不容易,它需要品牌围绕某一核心理念和某类产品进行长年累月地打造。因此,从经营范围来看,要打造强势品牌,最好是专业化经营,而不是搞多元化经营。从多年来"世界最具价值 100 品牌"的排行情况来看,80%以上的品牌都是搞专业化经营的。①

2. 产品属性

产品属性反映了产品所具有的特点和优势,能带来优于竞争者的利益。例如,立白洗衣粉"不伤手"、云南白药牙膏"有效治疗牙龈出血"、沃尔沃汽车"最安全"、海飞丝"去头屑"、舒肤佳"有效去除细菌"等等。产品属性越明确,品牌往往越容易成功。

需要指出的是,强调产品的属性或产品特色主要适用于品牌产品线比较单一的情形。如果品牌有延伸的计划或该品牌旗下产品比较多时,就不适宜突出产品的属性和特色,否则就会使品牌的延伸力大打折扣。比如,海飞丝"去头屑"的功能深入人心,但如果用海飞丝品牌再做润肤霜或其他化妆品,就很难成功。

3. 产品品质/价值

产品质量是品牌建设最根本的基石。所有世界知名品牌的质量都是卓越的、无可挑剔的,劳斯莱斯汽车、星巴克咖啡、欧米茄手表、佳能相机……无一不是品质卓越的优秀产品。

需要指出的是,质量是一个企业的产品成为品牌的必要条件,却不是充分条件。换句话说,一个产品并不是质量上无可挑剔就能成为品牌。这里所说的产品品质,是一种消费者认可的产品品质,即消费者感知的质量,而不是产品技术上的客观质量。比如,美国吉列品牌刀片,锋口打上一道蓝色的光,顾客就觉得吉列比其他品牌的刀片锋利,其实这道蓝光并没有什么功能性价值;飞机的椅套破旧,乘客就会对这架飞机的安全性产生疑虑;……消费者感知的质量,意味着某种产品的品质从技术上来讲非常不错,但如果得不到消费者的认可,这样的品质也不能成为品牌识别的要素。因此,产品品质的好坏,要以得到消费者的认可为最终标准。

---

① 祝合良.品牌创建与管理[M].北京:首都经济贸易大学出版社,2007:56.

4. 产品用途

一些品牌通过强调产品的使用场合来建立品牌的识别要素，使得消费者在类似的场合就会想到该品牌。比如，脑白金通过广告宣传"送礼就送脑白金"，让人们需要送礼时就想到该品牌；"吃火锅，没川崎怎么行"的广告词使"川崎"一下成为吃火锅的标配；雀巢咖啡广告都出现在办公场合，暗示人们工作时可以喝咖啡提神；白加黑感冒药直接把药分成白天用的和晚上用的；邦迪创可贴用一个木工做广告，使很多消费者把邦迪当成家中必备的备用品。

5. 产品使用者

把产品的使用者作为品牌识别的要素，就是将品牌与产品使用者有机地结合起来，让使用者产生一种感觉"这是我自己的品牌"。例如，"欧莱雅，专为优雅女士打造"，顾客如果希望自己优雅，就会选购欧莱雅的产品。

明确了产品的使用者群体，看起来缩小了市场规模，实际上为自己的品牌准确地找到了目标顾客，更加有利于企业品牌的推广以及营销活动的开展。

6. 产品原产地

当品牌与产地联系在一起的时候，人们通常会把对产地的评价直接带到这个品牌上。很多品牌往往不需要做太多的宣传，只要突出它的产地，就会受到消费者的青睐。如法国的香水、葡萄酒；德国的啤酒、汽车；意大利的时装；日本的电器；瑞士的手表；美国好莱坞的电影。把产品的原产地作为品牌的识别要素，效果也很好。

（二）企业识别要素

品牌的企业识别是指将品牌识别建立在组织属性的基础上，而不是产品和服务属性上。与品牌的产品识别相比，品牌的企业识别通常更持久、更有竞争力。这是因为：

第一，产品容易被模仿复制，但生产产品的企业却很难被复制。例如，中国企业要生产出类似"海飞丝"这样具有去头屑功能的洗发液并不困难，但要成为像宝洁公司那样拥有雄厚的科技实力（拥有17个科研机构，8 000多个科学家为其服务）、极其丰富的品牌管理经验的全球化企业就非常困难了。因此，从企业组织的层面可以更好地规划出差异化的品牌识别，成为企业竞争的有力武器。

第二，企业作为一个组织，是一个整体，其特性可以涵盖多种产品类别，因此，从企业层面规划品牌识别有利于打造出整体品牌形象，提升品牌的信誉度，形成一个强势的主品牌，并且使其光芒惠及旗下的所有产品。用组织属性做识别要素最大的好处在于可以帮助旗下所有产品建立良好的"出身"和"靠山"，做到"系出名门""子承父贵"。如三菱、索尼、西门子、飞利浦、通用等企业都是全力打造企业品牌，突出企业识别要素。不过，有些公司如果产品品牌的风头胜过组织品牌，那么组织属性就要靠产品来建立了，这叫"父承子贵"。比如，乐百氏产品品牌的名气要远远大于其背后的公司今日集团,后来今日集团干脆把公司名字改为乐百氏集团。

第三,从企业层面规划品牌识别有助于提高品牌的延伸能力,从而提高品牌的规模经济和范围经济效应。如西门子品牌,通过建立组织层面的品牌识别,形成了强大的延伸能力,目前旗下产品有10万多种,销往100多个国家和地区,产生了巨大的经济效益。品牌的企业识别之所以比产品识别具有更大的延伸能力,是因为品牌的企业识别比产品识别所引发的联想更抽象、更主观,与具体的产品种类联系不那么密切,因而具有更大的包容性和延伸能力。因此,品牌的企业识别通常比产品识别具有更大的影响力。

构成品牌的企业识别要素有:

1. 企业文化

企业文化是企业核心价值观的体现,也是品牌价值观最深层的来源。强大的企业文化可以激励员工,并且通过员工的一致性行动增强品牌的稳定性,提高投资者和顾客对品牌的信任度,从而提高品牌的表现水平。因此,选择品牌的企业识别要素,首先要考虑企业文化。

2. 企业领袖

企业领导人是企业品牌价值观的高度浓缩,是品牌的感性体现。像通用电器的杰克·韦尔奇、微软的比尔·盖茨、苹果的乔布斯、联想的柳传志、华为的任正非、香港长江集团的李嘉诚、阿里巴巴的马云、万科的王石等等,他们的言行举止直接代表企业的品牌形象,反映企业品牌的价值观,对企业的品牌联想起着不可估量的引导作用。在西方国家,企业领袖比影视明星、体育明星、国家领导人更受人尊敬,因此,有个性、有魅力的企业领袖应该成为品牌企业识别的重要元素。

3. 企业创新能力

消费者的需求是不断变化的,为了适应市场的变化,企业必须具有创新性,给人以一种有活力、时尚、现代、进取的品牌联想。如果企业没有创新能力,老是一副老面孔,给人一种"吃老本"的不良感觉,品牌的寿命也就不长了。我国很多"中华老字号"就是缺乏创新性,从产品到包装、理念等等从来不变,一提"老字号",就给人一种老气横秋的印象,年轻人都不肯用。其实,当今世界所有知名品牌,除了极个别企业如微软,大多数都有上百年的历史,通用、福特、可口可乐、宝洁、耐克、西门子、奔驰,甚至有的有将近400年的历史,但至今活力四射,原因就是这些企业始终紧跟时代的步伐,有很强的创新意识和创新能力,不断推出新产品、新理念。

4. 企业地位

企业的地位就是指企业在市场中所处的位置。企业处在不同的地位,其品牌给顾客带来的感受是不同的。在市场中处于领先地位的企业,其品牌往往也容易受到顾客的青睐。在现实生活中，大多数消费者对一些品牌的企业文化、企业领导人、企业历史与传统并不是很了解，但一旦耳闻这些企业在行业中的地位和影响力，就愿意接受它们的品牌。比如，很多人并不一定了解微软、麦当劳、雀巢等企业的文化、历史、价值观、领导人，但鉴于这些企业在全球IT行业、快餐业、食品业的领导地位，使得人们对这些品牌十分忠诚。中国改革开放以来，大批世界著名品牌进入中国市场，很多品牌事先并没有在中国做大量的宣传，但由于它们在全球市场上如雷贯耳的巨大声望，一进来就受到了中国消费者和经销商的热烈追捧。所以突出企业在行业中的领先地位也可以用作品牌的识别要素。

5. 企业的成长性

有些企业现有的产品和技术在行业中并不领先，企业规模和实力也不突出，在这种情况下，强调企业的成长性，把企业行业排名的上升、产品销量的扩大等情况作为企业识别的要素加以利用，也不失为一种可行的选择。

6. 企业的社会责任感

今天，人们越来越注重企业的社会责任感，比如热衷于环境保护、关爱弱势群体、扶助文化教育事业等等，在公众看来，具有社会责任感的企业更值得尊重和信赖，因此越来越多的企业通过强调自己的社会责任感来引起公众的注意、获得公众的支持，从而打造品牌。

7. 企业的本土化与全球化

随着世界经济全球化和一体化的发展，很多企业都在走向国际化。如何处理好本土化和全球化的关系就至关重要，企业采取本土化战略还是全球化战略会直接影响到企业的品牌形象。处理好这一问题的关键是如何处理好品牌与当地文化的关系，企业的品牌价值诉求能否跟当地的文化相互融合。目前在中国市场上本土化策略最成功的是肯德基、家乐福；采用全球化策略的品牌迪士尼、微软、苹果、星巴克等也非常成功。

(三) 个性识别要素

品牌的个性识别是指从品牌人性的角度所创造的品牌联想。有学者认为，每个人都有自己的独特的性格，品牌也像人一样具有性格，品牌的这种性格称为品牌个性。在瞬息万变的世界里，随着越来越多的人追求个性化，与之相适应的是品牌也呈现出不同的个性。这是因为随着社会的发展，人们购买某一产品已经不仅仅是为了获得商品提供给他的功能性利益，而是为了追求情感性利益和自我表现性利益，即显示自己的经济地位和审美趣味、彰显自己的个性，所以，消费已经成为人们表达生活方式的一种手段，越是带有鲜明个性特征的品牌，越会受到同样偏向或喜爱这类个性特征的消费者的青睐。比如，中国移动的"动感地带"高喊"我的地盘我做主"就受到了一大群崇尚叛逆、追求个性自由、不愿被束缚的青少年的追捧。

当前品牌的竞争已经越来越变成个性的竞争。产品容易模仿,个性却无法复制。美国广告大师大卫·奥格威早在20世纪50年代就提出:"未来最终决定市场地位的是品牌总体上的个性,而不是产品间微不足道的差异。"[①]品牌个性的塑造要以满足目标顾客的需求为重点,品牌个性越是与消费者的个性相接近,消费者就越容易接受该品牌,产生购买行动,品牌忠诚度也越高。比如同样是汽车品牌,宝马的品牌个性是年轻、时髦、有点招摇过市;卡迪拉克的品牌个性是年老、权威、传统、保守;奔驰的品牌个性是成功、稳健、尊贵而低调;雪弗莱是轻柔、温和;甲壳虫则有点可爱和萌萌哒。不同的品牌个性适应了不同性格特征的消费者的心理需求,也显示出了品牌之间的差异性。

(四)符号识别要素

符号不仅仅能够区隔不同的品牌,更重要的它还是品牌的载体。符号具有象征性,通过符号的传载,消费者更容易感受和记住品牌到底是什么。戴维·阿克认为任何代表品牌的事物都可以成为符号。人们常见的品牌符号包括品牌名称、品牌标志、品牌口号、品牌音乐、品牌虚拟代言人、品牌外观、品牌传奇等。符号识别设计的关键在于符号必须要反映品牌的内涵,否则再漂亮的品牌符号也没有意义。比如,Benz在大陆译名为"奔驰",形象地展现出该车风驰电掣般的雄姿,而在港台地区译为"平治"或"宾士"则体现不出这种感觉;耐克的标识设计堪称经典,简洁的一勾把该品牌动感、速度和果敢展现得淋漓尽致;耐克的品牌口号"想做就做"充满自信、勇于进取、富有活力;米其林轮胎的"必比登"体现了该品牌轮胎的坚固耐用、迪士尼的米老鼠则充分显示了迪士尼童话般的神奇、快乐体验;大众甲克虫的外型设计独特而经典,可口可乐富有女性曲线美的瓶子,都使品牌具有令人难以忘怀的符号价值。

有关品牌符号识别的规划与设计将在第五章"品牌设计管理"中详加介绍,此处从略。

二、品牌识别核心要素的提炼

以上从四个方面对品牌识别要素的构成范围作了介绍,当然企业构建品牌识别系统不需要把所有的要素都囊括在内,可以根据实际需要选出适当的要素进行构建即可。企业构建品牌识别系统还有一项更重要的工作就是提炼品牌识别的核心要素,即发掘并确立品牌的核心价值。

(一)品牌核心价值的涵义

西方学者曾经用许多不同的词汇来表述品牌核心价值(Brand Core Value),

[①] [美]大卫·奥格威.一个广告人的自白[M].北京:中信出版社,2008.

如品牌精华(Brand Essence)、品牌咒语(Brand Mantras)、品牌代码(Brand Code)、品牌精髓(Brand Kernel)、品牌主题(Brand Themes)等等,对品牌核心价值的定义也不尽相同。比较起来,凯文·凯勒的定义最为精准,得到了品牌研究学界最广泛的认同。他认为:品牌核心价值是一组抽象的能够描述品牌最基本、最重要特征的产品属性或利益的组合。[①] 它能够使消费者清晰地识别并记住品牌的利益点与个性,是驱动消费者认同与偏好一个品牌的主要力量。核心价值是品牌的终极追求,是品牌营销传播活动的圆心,企业的一切品牌管理活动都必须围绕品牌核心价值展开,都应该是对品牌核心价值的体现与演绎。

(二) 品牌核心价值的构成

西方学者 Park、Jaworsk 和 MacInnis 认为,品牌给消费者提供了三种利益,即功能性利益、体验性利益和象征性利益,因此,品牌的核心价值也有三个部分组成:物理价值、情感价值和象征价值。

1. 物理价值

物理价值主要是指产品的物理效用和使用价值,它强调品牌的功能表现,如功效、性能、质量、便利等等。体现品牌物理价值的品牌核心价值有:

(1) 沃尔沃——"安全";

(2) 潘婷——"健康亮泽";

(3) 舒肤佳——"有效去除细菌,保持家人健康";

(4) 沃尔玛——"天天低价"。

物理价值是消费者对品牌的最基本印象,构成品牌核心价值最基础的部分。由于消费者体验品牌首先就是从体验产品开始,所以产品的物理属性直接决定了消费者对品牌品质的感受,企业首先要通过给消费者提供物理价值来证明品牌是货真价实的、有用的,让消费者从品牌中感到实实在在的利益。

通常情况下,在产品的生命周期初期阶段(导入期和成长期),品牌的物理属性价值非常重要。企业通常以产品独特的属性来吸引消费者,使其熟悉并满意品牌产品的特性和质量水平。但是,产品的物理属性容易被竞争对手模仿,所以当品牌的功能性利益让消费者熟悉并接受后,企业应该立刻强化品牌核心价值的其他部分,赋予品牌丰富的情感内涵和价值主张。

2. 情感价值

情感价值着眼于顾客在购买和使用产品过程中的感觉,强调品牌对顾客情感上的满足程度,从内心打动顾客,使顾客对品牌形成一种情感依赖。体现品牌情感价值的品牌核心价值有:

---

① [美]凯文·莱恩·凯勒.战略品牌管理[M].北京:中国人民大学出版社,2006.

(1) 宝马——"驾驶的乐趣";
(2) 戴尔比斯——"钻石恒久远,一颗永流传";
(3) 孔府家酒——"孔府家酒,叫人想家";
(4) 南方黑芝麻糊——"小时候的味道"。

情感价值是给消费者构建一个生活格调、文化氛围和精神世界,为消费者拥有或使用品牌赋予更深的意义,引导人们通过移情作用在产品消费中找到精神寄托或精神慰藉。同时,品牌有了情感价值,就使原先冷冰冰的产品有了生命力,成为活生生的、有性格、有情感、有魅力、能与消费者心灵相通的精神伙伴。

常见的品牌情感诉求一般集中在以下几个方面:①怀旧、乡愁,爱家乡,爱国家,如"长虹,以振兴民族工业为己任";②亲情、母爱,以人们最本真的家庭关系作为打动顾客的心,比如,帮宝适纸尿裤"宝宝舒适,妈妈更安心","小天鹅,献给妈妈的爱";③友情、爱情等,如雅芳"做女人的知己",等等。

3. 象征价值

人们都渴望有自己的个性,并且愿意对外表达自我,展示自己的个性,因此在购买产品时,消费者往往乐于购买那种能够体现他们个性或者契合他们价值观的品牌,这就是品牌的象征价值。品牌通过传达它的价值理念来赢得持有同样价值追求的消费者对它的追捧和忠诚。反映品牌象征价值的品牌核心价值有:

(1) 耐克——"Just do it",想做就做;
(2) 可口可乐——"激情、活力、自由自在";
(3) 百事可乐——"新一代的选择";
(4) 维珍——"反传统";
(5) 劳力士——"尊贵、成就、追求完美";
(6) 奔驰——"尊贵、成功、低调、严谨";
(7) 蒂凡尼——"高贵、优雅、有品位";
(8) 万宝路——"粗犷、潇洒、自由、勇敢、男子汉"。

品牌的象征价值可以是一种价值观、一种生活态度或者是一定的特性,以形成有血有肉的具体形象赢得消费者的认同,在消费者心中留下深刻的印象,成为消费者生活方式的一个表现形式,唯此,品牌才算真正抓住消费者的心,跟消费者共存共荣,消费者也就成为这个品牌的忠实拥趸。美国著名的品牌哈雷摩托之所以拥有一批狂热的哈雷迷,就是因为哈雷摩托的品牌个性深深吸引了美国崇尚潇洒不羁的年轻人。

4. 三种价值之间的关系

品牌核心价值的三个组成部分是一个有机的整体,它们互相匹配、相互协调,形成一个统一的、丰满的、明确的品牌核心价值。不过由于产品类别的不同,这三种价值在品牌核心价值中所占的比重会有所不同。一般日用品可能物理价值更突出,如"去头屑"就是海飞丝最重要的核心价值;而一般奢侈品可能突出品牌的情感价值和象征价值更重要,比如劳力士手表的核心价值就是显示它的使用者富有、成功、有实力,而不是强调该手表的计时精准。

(三) 提炼核心价值的原则

1. 核心价值要有鲜明的个性

正如个性突出的人容易给人留下深刻印象一样,品牌个性越是鲜明,就越能引起消费者的关注,吸引消费者的眼球,抓住消费者的心。因此,品牌管理者一定要认真挖掘自己品牌最独特、最突出的特点,提炼出来作为品牌的核心价值。

2. 核心价值要能契合消费者的心理

品牌的核心价值只有契合消费者的心理,才能打动消费者。所以,企业提炼品牌核心价值时,要认真揣摩消费者的内心世界及其价值观、审美观和喜好、愿望。有个例子颇能说明这个问题:力士香皂早在1986年就进入中国市场,而舒肤佳1992年才进入中国,但舒肤佳却后来居上,占据中国香皂市场的霸主地位。究其原因,就是因为联合利华一直把力士香皂的核心价值定为"高贵",并不断请来国际大牌影星演绎其高贵品质,而舒肤佳则请出医生、幼儿园老师或年轻的妈妈,不断强调"百分之百去除细菌",把"除菌"作为品牌的核心价值。显然,"除菌"更能打动中国消费者的心理,因为在中国人看来,香皂主要的功能就是去污除菌。

3. 核心价值要有一定的包容性

品牌的核心价值不能确定得太狭隘,要有一定的包容性,要能为以后企业发展延伸品牌提供足够的运作空间。一般来说,核心价值越是突出情感价值和象征价值,包容性就越强,品牌就越容易延伸覆盖旗下所有的产品,甚至跨行业覆盖。比如Gucci,从服装、箱包延伸发展到食品、巧克力,就在于它的品牌核心价值是"时尚、精致"。而偏向把物理价值作为核心价值的品牌,延伸起来困难就比较大,比如舒肤佳要想延伸到化妆品行业要比力士困难得多,因为力士的核心价值偏向象征性,比较抽象,容易延伸。

4. 核心价值要有稳定性

企业一旦选择了某一特性作为品牌的核心价值,就应该稳定下来,坚持从各个角度不断输送传递品牌的这一信息。由于核心价值代表了品牌永恒的本质,因此,核心价值必须具有长久性,不能轻易改变,更不能朝令夕改。即使当品牌进行延伸,跨越了新产品、新市场之后,品牌的核心价值也必须加以保留和坚守。

案例 3-1

沃尔沃——将"安全"进行到底

安全,是人最基本的需求之一,而"安全"也正是驾车的人最关心的问题了。为了响应人们的这一需求,沃尔沃公司将其品牌的核心价值明确为"安全"。在汽车的设计过程中,如果操纵性、舒适性等其他性能的强化会不得不降低安全性能时,就毫不犹豫地宁可降低一点别的性能指标来确保安全。

在品牌宣传时,沃尔沃的宣传重心也一直是"安全",从未听说沃尔沃头脑一发热去宣传"驾驶的乐趣"。但这不是说宝马就不安全,驾驶沃尔沃就没有乐趣,而是"安全"是沃尔沃在品牌宣传过程中的核心利益点。久而久之,沃尔沃的品牌核心价值在消费者大脑中就有了明确的印记,获得独占的山头。

沃尔沃能成为2000年全美销售量最大、最受推崇的豪华车品牌,与其对品牌核心价值的精心维护是分不开的,不仅投入巨资研发安全技术,在广告、事件公关上总是不失时机地围绕着"安全"的核心价值而展开。英国戴安娜王妃因车祸去世,《澳门日报》就刊登了一幅沃尔沃的广告,标题赫然写着"如果乘坐的是沃尔沃,戴安娜王妃会香消玉殒吗?",并且从技术上洋洋洒洒分析了一番后得出结论:"以沃尔沃的安全技术,这样的车祸戴安娜王妃能保全性命"。

"安全"构建了沃尔沃品牌的核心价值,而消费者也因为对其核心价值的认同,而产生对品牌的美好联想,对品牌有了忠诚度。沃尔沃凭借其比其他名车安全性高出的"一点点",造就了沃尔沃独具一格的个性化优势,人们提及"最安全的车",首先想到的总是沃尔沃。消费者安全需要的满足使沃尔沃成为2000年全美销量最大、最受推崇的豪华车品牌。

资料来源:翁向东.中国品牌低成本营销策略.重庆:重庆出版社,2003.

第三节 品牌识别管理的实施

一、品牌识别规划的原则

在规划品牌识别系统的时候,要遵循以下原则:

(一) 战略性原则

品牌识别系统的建立是品牌管理者对品牌在消费者心目中留下预期形象的规划,属于企业品牌管理的一种战略性行为,因此事先必须做好战略分析。这种战略性分析包括三个部分:一是顾客分析,包括对顾客购买倾向或市场动态、顾客购买动机、市场细分、未满足的需求进行分析。二是竞争者分析,包括对竞争者的品牌形象与定位、竞争者的优势与劣势分析。三是品牌自身分析,包括对现有品牌形象、品牌传统、品牌自身的优势与劣势、品牌灵魂、与其他品牌的关系进行分析。战略性品牌分析是进行品牌识别规划的前提。

(二) 全面性原则

品牌识别系统的建立要得到企业内部员工和外部公众的一致认同与理解。对于品牌的核心价值、品牌的内涵、品牌标识的涵义等品牌识别要素,企业内部从上到下全体员工都不仅要理解,更要以行动来体现,通过员工的行动把品牌的精神、品牌的价值主张传递给顾客,否则言行不一,建立起来的品牌识别系统也不能让公众产生企业预期的品牌形象。

(三) 层次性原则

有时构成品牌识别系统的要素很多,但并不是所有的识别要素分量都相等,各个识别要素之间是分层次的。有的要素直接反映了品牌内涵的本质,是品牌识别的核心要素,被称为品牌精髓,品牌精髓是品牌识别中最中心、最持久的要素。如果把品牌比作一个地球仪,品牌精髓就是地球仪的轴心,不管地球仪如何转动,轴心是始终不动的。而有些品牌识别要素则相对灵活些,在整个识别系统中处在外围、延伸的位置,起着辅助和补充的作用,这些要素(如品牌代言人、标识物等)可以根据品牌形象传播的需要适时适度做些相应的调整。

(四) 稳定性原则

品牌识别系统一旦建立起来,在相当长一段时间内必须保持稳定。塑造品牌形象不是一早一夕的事,需要通过持久的努力、沟通,以一种滴水穿石般的耐心细细累积,才能最终使品牌形象深入顾客的心中。如果像"信天游"一样,今天倡导这个价值,明天主张那个精神,品牌标识动辄换来换去,不光造成企业品牌建设资金的巨大浪费,品牌形象也模糊不清,顾客根本无法记住这个品牌。

(五) 差异性原则

企业建立的品牌识别系统必须具有独一无二的鲜明特征,要能跟竞争者的品牌识别系统形成鲜明的区隔。如果跟竞争者的品牌价值、品牌内涵、品牌符号雷同,甚至故意效仿,没有差异性,就不能使本企业的品牌在众多的品牌中脱颖而出,一下吸引住顾客的目光,企业建立品牌识别系统的努力也就付之东流了。

二、品牌识别要素的调整

品牌识别要素的调整是指根据时间和市场的变化,适时地对品牌识别进行恰当的调整。一般来说,品牌的识别尤其是品牌的精髓和核心识别不要轻易变动,但在某些特殊的情况下,对品牌的识别进行适当的调整以保持品牌的生命力也很有必要。

(一) 品牌识别要素调整的原因

导致品牌识别要素调整有两个原因:一是随着时间的推移、技术的进步、社会形态和生活方式的转变,人们消费观念和审美心理也会发生变化。如果一个品牌的识别不能适时引入新的内容,赋予品牌时代的特征,就会显得老气、缺乏活力。这样的品牌很快就会被消费者淡忘,甚至被无情地抛弃。反之,适当地调整某些识别要素就可以保持品牌的生命力。例如,在青少年中"酷"文化盛行的今天,可口可乐不失时机地向其品牌识别中注入"酷"的元素,以张扬品牌的个性,强化品牌自由自在的核心价值,就很好地保持了品牌的生命力。

另一个原因是企业在发展过程中对品牌进行了延伸,原有的品牌识别不能适应新产品;或者品牌开展国际化营销之后,原有的品牌识别不能适应跨民族、跨文化的需要,这就需要对原有的品牌识别要素进行适当的调整。例如上世纪 80 年代南京长江电扇厂的知名品牌"蝙蝠"电扇,蝙蝠的"蝠"字在中国是"福"的谐音,寓意吉祥,但在欧美国家,蝙蝠是邪恶的象征,长江电扇厂只好将出口海外的电扇品牌名称改为"美佳乐";海尔集团的品牌标识海尔兄弟是两个裸露上身的小男孩,产品出口中东国家时,不符合伊斯兰教不允许裸露躯体的教规,于是将品牌标识改为英文字母标识"Haier";法国的人头马在欧洲品牌识别定位是"高雅、尊贵、有品位",到了香港,广告语就改为"人头马一开,好事自然来",以适应香港人喜欢发财、有好运的文化特征。

(二) 品牌识别要素调整的原则

1. 微调原则

品牌识别的调整要根据时机进行调整,而且应尽量以微调为主,切忌做外科手术似的大动作,使品牌识别面目全非。当然,如果原有品牌旗下的主营业务发生了很大的变化或原有的品牌识别证明是失败的,就必须进行大的调整,甚至要全部推倒重来。例如,万宝路原来的品牌识别是按照女士烟规划的,后来万宝路定位为男士香烟,品牌识别就彻底改头换面,树立了"阳刚、豪迈、勇敢、激情、进取的男子汉气概"的全新的品牌形象,并且大获成功。

2. 渐变原则

如果品牌识别确有必要做较大幅度的调整,应尽可能分阶段进行,减少每一阶段调整的幅度,避免让消费者感到过于突兀,一时无法接受。

3. 不抵触原则

不抵触原则是品牌识别调整最基本的原则。由于多种原因,对品牌识别进行适当的调整不可避免,但即便如此,构建新的品牌识别也不能与原有的品牌识别相冲突。"沃尔沃"近几年来不断为品牌识别注入一些新的元素,如时尚、美观、现代,但却始终强调"安全",从它最新的广告语"焕发激情魅力,安全始终如一"就可见一斑,所以沃尔沃在欧美市场上一直都很畅销。

4. 量力而行原则

量力而行原则是指引入新的品牌识别要有相应的支持条件,例如要有相应的资金、技术、人力资源等做支持。

总之,品牌识别的调整,要考虑企业自身的条件,做到与时(间)俱进、与市(场)俱进。①

本土品牌核心价值存在的问题

硬伤一:个性模糊,空洞无味

综观众多本土品牌,许多品牌缺乏明晰的品牌核心价值,有些企业甚至把企业的价值观、企业文化当作品牌核心价值。有的企业虽然确立了品牌核心价值,但却给人非常模糊的印象,令人不知所云。还有的品牌核心价值仅仅停留在广告语、口号的层面上,虽然口号朗朗上口,但内涵却空洞无物。

以洗发水为例,许多本土洗发水品牌缺乏对品牌核心价值的深刻理解,导致品牌严重空洞化。

蒂花之秀:"蒂花之秀,青春好朋友",洗发水的利益点在哪里?同其他品牌相比有什么特别之处?

---

① 祝合良.品牌创建与管理[M].北京:首都经济贸易大学出版社,2007:91-92.

巧巧:"巧取天地精华,滋润无限秀发",听上去气势磅礴,但品牌诉求是什么?

拉芳:"爱生活,爱拉芳",消费者为什么要爱拉芳?拉芳有什么特别的利益点让消费者去爱它?

好迪:"大家好,才是真的好,好迪真好",更是莫名其妙,好迪到底好在哪里?

飘影:"有飘影,更自信",飘影到底通过什么利益承诺能让消费者更自信?

以上案例不难看出,许多本土洗发水品牌很少深入市场了解消费者的真正要求,因而品牌核心价值大都大而无当,缺乏鲜明独特的个性,这种空洞的品牌很难获得消费者的心。

跨国公司绝对不会采用这种不知所云的品牌策略。美国宝洁旗下的五大洗发水品牌海飞丝、飘柔、潘婷、伊卡璐、沙宣,每一个品牌都有不同的诉求点,去屑的、柔顺的、营养的、天然草本的、有助发型的,个性鲜明,栩栩如生,满足了不同消费者的个性化需求,再加上宝洁娴熟的品牌运作手段,使每个品牌都有很强的竞争力。

硬伤二:醉心模仿,趋于雷同

模仿著名品牌的包装,模仿品牌的名字,你有麦当劳,我有麦肯劳、麦香那,连外国快餐店中的儿童乐园也模仿;模仿外国品牌的口号,耐克提倡"Just do it"(想做就做),李宁马上倡议"一切皆有可能"。

硬伤三:朝令夕改,信天漫游

许多本土品牌在核心价值的坚持上缺乏定力,品牌建设常常迫于市场压力或受短期利益诱惑而偏离品牌核心价值的轨道。

许多企业管理者在日常经营活动中十分关注提高产品销售量、应对竞争对手的进攻等,唯独忽略了这些具体的经营战术应该始终围绕品牌核心价值的中心展开。经常可以看到这些现象:"换个领导人,换个品牌战略"、"换个广告公司,换个品牌诉求"、"东点一把火,西烧一炷香",广告诉求朝令夕改,信天漫游。企业投入的巨额广告费不仅没有塑造出鲜明的品牌个性,反而使品牌形象日益模糊,让消费者不知所云,更谈不上有效积累品牌资产了。这种品牌建设信天游的现象,成为中国本土品牌短命的重要原因之一。

本土品牌核心价值朝令夕改、缺乏定力已成通病。那么是什么原因造成了"信天游"这一现象呢？

1. 缺乏对品牌核心价值的深刻认识

持之以恒地维护品牌核心价值，已成为创建百年金字招牌的秘诀。然而，国内许多企业家并未深刻地认识到这一点，所以在品牌建设中面对市场环境的变化，往往难以有"愚公移山"的精神、持之以恒地维护品牌核心价值，最终导致品牌形象朝令夕改，难以有效累积品牌资产。

2. 广告人、策划人的求新心理

许多专业的广告人、策划人在广告设计中常常标新立异，提出新的创意，以此来博得委托人的好感。用阿尔·里斯的话来说，"他们把广告当作一种艺术，以获得广告创意大奖为荣，而忘记了广告最根本的职责是帮雇主把东西卖出去。"很多企业为了尽快获得销售业绩，不是耐心累积品牌资产，而是病急乱投医，频繁更换广告公司，而新上任的广告公司为了显示自己技高一筹，往往对前任的广告策划方案全盘否定、另起炉灶。企业的品牌战略和品牌核心价值一次次被推倒从来，哪里还谈得到坚持和累积？

相比之下，自1954年以来，万宝路的广告一直锁定在"牛仔"系列，"阳光、豪迈、男子气概"成为万宝路始终不变的品牌识别，即使在香港，考虑到香港文化鄙夷干粗活的普通劳工，于是把牛仔改成西部的牧场主，威风凛凛，保镖前呼后拥，但还是西部牛仔，只不过变成发了财的牛仔。据说，有一天，万宝路的老板非常生气地对他的广告代理商说："我每年都付给你们几千万美元的广告费用，你们怎么策划出来的总是牛仔和那几匹马跑来跑去！"广告代理商意味深长地回答："坚持让牛仔和马在广告中跑来跑去，正是我们对你巨额广告投入的最大价值回报。"由此可见，万宝路的广告代理商深谙塑造品牌核心价值的真谛。

3. 缺乏品牌管理机构与人才的支撑

目前，绝大多数国内企业都没有设立专门的品牌管理机构，缺乏品牌专业人才。许多企业的品牌管理职责由销售总监和广告经理代理，而销售总监往往以短期销售业绩为主要目标和工作职责，广告经理又深陷广告创意、促销策划等战术工作，所以很难保证对品牌核心价值的长期坚持和维护。

4. 市场压力和短期利益诱惑,导致企业改弦易辙

许多国内企业在传播品牌核心价值的活动中是能够做到始终如一的,问题是在营销活动过程中往往因为市场压力或短期利益的诱惑,常常偏离核心价值的原有轨道。例如,康佳原来一直打的是"高科技"牌,但面对长虹的降价攻势没有沉住气,乱了阵脚,放弃自己的品牌识别,也打起了价格战,结果2000年惨败而归。

资料来源:杨兴国.品牌伐谋[M].北京:经济管理出版社,2008.

第四章 品牌定位管理

规划、制定出品牌识别之后,管理者就要通过恰当的途径将它传播出去,这是实施品牌战略的重要任务,也是制定品牌识别的意义之所在。企业的品牌识别要想获得有效的传播,首先就要完成两项任务:一是品牌的定位,另一个是品牌的设计。本章先介绍品牌的定位。

第一节 定位理论的由来

早期的品牌传播大多是通过广告来实现的,因此当时的品牌传播理论也多为广告理论。从演变过程来看,20世纪的广告理论发展经过了三个发展阶段:50年代的 USP 理论、60 年代的品牌形象理论和 70 年代的定位理论。①

一、USP 理论

USP(Unique Selling Proposition)意思是"独特的销售主张",指每一个广告都必须包含一个向消费者提出的不同于竞争者的销售主张。USP 理论由美国达彼思广告公司的董事长罗瑟·瑞夫斯于 20 世纪 50 年代首创。当时市场上还处在产品供不应求的卖方市场状态,竞争产品并不丰富,产品的同质化现象还不严重,人们对产品的购买主要还是受到产品功能以及质量的影响。因此,瑞夫斯根据他多年的广告界从业经验,认为在广告中要着力强调产品的功能性利益,通过广告让消费者明白顾客能够从产品中获得什么利益,以此来促进产品的销售。1961 年瑞夫斯在他出版的《实效的广告》一书中全面阐述了 USP 理论的观点。②

瑞夫斯的 USP 理论主要有以下三个要点:

(一)功效性

每一个广告都应该强调产品的一项功效以及它给顾客带来的利益,例如立白洗衣粉强调"不伤手"、海飞丝强调"去头屑"、佳洁士强调"防止蛀牙"等等。

---

① 卢泰宏,李世丁. 广告创意——个案与理论[M]. 广州:广东旅游出版社,1997.
② [美]罗瑟·瑞夫斯. 实效的广告[M]. 呼和浩特:内蒙古人民出版社,1999.

（二）独特性

独特性是指表现竞争对手所没有的功能利益，如摩托罗拉曾经推出世界上最薄的手机品牌"锋薄"，手机厚度仅有半英寸。还有一种情况也能表现出独特性，比如美国的喜力啤酒声称"我们的每一个啤酒瓶都经过蒸汽消毒"，尽管事实上所有的啤酒制造商都会对酒瓶进行蒸汽消毒，但消费者并不了解，喜力把这个业内常规的工艺流程拿出来作为卖点，确实出奇制胜、非常独特。

（三）相关性

瑞夫斯认为，品牌的销售主张不光要独特，更重要的是这种独特的功能利益必须与消费者的需求有关，只有对消费者有利，这种独特性才会有吸引力，才能产生作用。比如沃尔沃突出宣传自己汽车的安全性、立白宣称自己的洗衣粉不伤手，就满足了顾客追求安全、保护皮肤的需求。

USP 理论注重挖掘产品本身的特征，符合当时消费者注重产品实际功效的时代背景，因此对 20 世纪 50 年代的广告界影响很大。一些经典的广告创意都来源于这一理论的启发，如 M&M 巧克力的"只溶于口，不溶于手"、劳斯莱斯汽车宣称"在每小时 60 公里的劳斯莱斯车中，最大的噪音来自电子钟"等。

二、品牌形象理论

从 20 世纪 50 年代开始，产品的同质化程度开始加剧，要挖掘产品独特的功能特性变得越来越困难。而且消费者此时已经不满足产品仅仅能给他带来功能利益了，消费者希望通过产品的使用还能获得心理上的满足，如买手表并不完全为了计时的需要，买汽车不完全是为了代步，人们需要通过产品来表现自己的地位和个性，满足自己精神层面的需求。在这样的背景下，著名的奥美广告公司创始人大卫·奥格威在不同场合一再强调品牌的重要性，并且在 60 年代中期完整地提出了品牌形象（Brand Image）理论。品牌形象理论的主要观点是：①

（一）广告必须以塑造品牌形象为导向

奥格威认为，广告的目的就是"建立、培育和发展品牌"，而不是谋求直接的产品销售。1955 年他在对美国广告公司协会发表讲话时强调："那些竭尽全力用广告来为他们的产品品牌建立最有利的形象的生产厂商，最终将以最大的利润获得最大的市场份额；同样那些处于困境中的生产厂家则是目光短浅的机会主义者，他们把多数广告资金用于宣传便宜的价格。"奥格威提出了一句此后几十年一直在广告界广泛流行的名言："每一个广告都必须是对品牌形象长期的贡献。"

---

① ［美］大卫·奥格威.一个广告人的自白［M］.北京：中信出版社，2008.

（二）品牌形象比产品差异更重要

随着同类产品的差异性越来越小,品牌之间的同质性增大,而消费者购买产品时依靠理性思维进行决策的越来越少见,他们更多的是依据自己对品牌的感觉来进行选择,因此强调品牌的形象比强调产品的具体功能更重要。奥格威指出,企业必须要记住:"正是品牌的整体形象而不是琐细的产品差别,决定了它在市场上的最终地位。"

（三）心理利益的需求

一般消费者购买时追求的是"实质利益＋心理利益",对某些消费者来说心理利益的比重可能更大,因此,广告应该重视运用形象来满足其心理的需求。

品牌形象理论是广告创意策略理论中的一个重要流派。在此理论影响下,出现了大量优秀的、成功的广告。典型的成功案例是大家熟知的万宝路品牌形象。20世纪50年代中期,经过广告大师李奥·贝纳的策划,万宝路香烟开始和"牛仔""骏马""西部草原"的形象结合在一起,粗犷豪迈的品牌形象深入人心,万宝路由此成为世界第一的香烟品牌。

三、定位理论

随着传媒业的发展和企业广告意识的增强,消费者接受的产品和品牌信息越来越多,用一个形象的比喻,消费者的大脑像是一个浸满了水的海绵,再也吸不进去更多的水了。随着竞争的加剧,信息几乎处于爆炸状态,过多的信息形成相互干扰,即使依靠独特的销售主张和品牌形象理论也无法引起顾客的注意,因此一些广告专家开始考虑新的出路。

1969年6月,美国财经记者杰克·特劳特在美国《产业营销》杂志上发表了题为《定位:同质化市场突围之道》的文章,提出通过定位来突破同质化的瓶颈,但这一新思想当时并未引起人们的注意。1972年4～5月,杰克·特劳特和另一个年轻的记者阿尔·里斯合作,联名在《广告时代》杂志撰写了一系列名为"定位新时代"的系列文章,开始引起人们的关注。1981年,里斯和特劳特把他们在系列文章中的思想和观点加以整理,出版了《定位:攻占心智》(Positioning: The Battle for Your Mind)一书,该书一经出版,立刻在美国企业界引起巨大轰动,被翻译成14种文字,畅销全球。至此,定位理论经历十多年的不断实践和发展,终于趋于完善成熟,并且超越此前的USP理论和品牌形象理论,被奉为新时代的经典理论,标志着人类营销学历史上营销理念的又一次天翻地覆的变化。

1996年,特劳特和另一位学者瑞维金联手推出《新定位》,该书再次强调"定位不在产品本身,而在消费者的心底",同时产生新的研究成果:第一,消费者的心灵或知觉是营销的终极战场,营销人员对消费者心灵知道越多,定位就越有效;第二,指出了到达消费者心灵的几种方法。至此,特劳特为定位理论画上了圆满的句号,定位理论成为一个完整的理论体系。

定位概念最初提出来时,首先在广告界和营销界引起了巨大的反响,20世纪80年代迈克尔·波特将其引入到企业战略管理领域,开创了竞争战略的新天地。20世纪90年代摩根士丹利又将其引入到投资领域。直到今天,定位理论仍然被认为是营销学最有影响力的理论,其作用远远超出了最初的广告领域,成为继市场细分理论之后又一重要的营销战略思想。2001年,美国市场营销协会评选有史以来对美国营销影响最大的观念,结果既不是罗瑟·瑞夫斯的USP理论和大卫·奥格威的品牌形象理论,也不是科特勒的营销管理和顾客让渡价值理论、迈克尔·波特的竞争价值链理论,而是里斯和特劳特提出的定位理论。两个记者出身的年轻人一举超越有史以来所有营销学大师,奠定了他们在品牌传播与营销战略中的重要地位。

四、USP理论、品牌形象理论和定位理论的关系

从理论提出的时代背景来看,三个理论有一定的替代性:USP理论产生于产品功能性利益盛行的时代,所以关注产品本身;品牌形象理论产生于产品同质化严重、差异性功能难以挖掘的时代,所以关注品牌给消费者带来的精神上的满足;定位理论产生于信息爆棚的时代,所以强调占据消费者的心智。然而事实上,理论也在不断演变,如今的USP理论已经与过去不一样了,品牌形象理论也在考虑与消费者形象的一致性,因此这三个理论实际上处于并存的状态,而不是取代的关系。

以USP理论为例,初期的USP理论由于受到当时历史条件的限制,不可避免地带有自身的缺陷,主要表现在:注重产品本身,以产品及传播者为中心,很少考虑到传播对象;20世纪70年代,USP理论从满足基本需求出发追求购买的实际利益,逐步走向追求消费者心理和精神的满足;90年代后,USP理论的策略思考重点上升到品牌的高度,强调USP的创意来源于品牌精髓的挖掘,并把USP改为"独特销售个性"。可见,现在的USP理论和品牌形象理论已经差异不大了,甚至一定意义上说其范畴超过了品牌形象理论,因为USP理论除了涉及产品的实际功能,还包括品牌形象理论所关注的消费者心理和精神需求。尽管许多学者仍然坚持认为USP理论和品牌形象理论偏重于产品和品牌,定位理论偏重于消费者认知,但深圳大学品牌管理学教授周志明还是认为三者已经趋于统一了。[①]

---

① 周志民.品牌管理[M].天津:南开大学出版社,2008:123-124.

第二节 品牌定位的概述

一、品牌定位的涵义

(一) 定位的涵义

按照特劳特和里斯的说法,"定位是从产品开始的,可以是一件商品、一项服务、一家公司、一个机构,甚至于是一个人。但定位并不是对产品做什么事情,而是为产品在潜在消费者的脑海里确定一个合适的位置。产品的确需要配合定位来进行设计和生产,但其目的是在消费者心中得到有利的地位。""定位是你对未来的潜在顾客心理所下的工夫,也就是说把产品定位在你未来潜在顾客的心中。"[①]可见,定位的焦点是消费者的心智,所以里斯和特劳特把《定位》一书的副标题定为"攻占心智"。

(二) 品牌定位的涵义

关于品牌定位的涵义,有很多学者做出过界定,比较起来,特劳特(中国)品牌战略咨询有限公司总裁邓德隆给定位下的定义比较清晰明了。他认为,所谓定位,就是让品牌在消费者的心智中占据最有利的位置,使品牌成为某个类别或某种特性的代表品牌。当消费者产生相关需求时,便会将定位品牌作为首选。[②]

因此,品牌定位就是企业针对目标市场确定和建立一个独特的品牌形象并对其进行整体设计和传播,最终在目标顾客心中占据一个独特的、有价值的地位的过程或行动。

二、品牌定位理论的心理学基础

定位的前提是了解消费者的心智模式。1996年,特劳特和瑞维金在《新定位》一书中列出了消费者的五大心智模式[③]:

(一) 消费者只能接收有限的信息

哈佛大学心理学教授乔治·米勒研究表明,人类智力通常不能同时处理超过七件事情[④]。米勒曾经开玩笑说:"7是一个神奇的数字,所以一个星期只有7天,白雪公主只能和7个小矮人友好相处成为伙伴"。特劳特认为,消费者的心智中

---

① [美]阿尔·里斯,杰克·特劳特.定位:头脑争夺战[M].北京:中国财政经济出版社,2002.
② 邓德隆.2小时品牌素养[M].北京:机械工业出版社,2009.
③ [美]杰克·特劳特,史蒂夫·瑞维金.新定位[M].北京:中国财政经济出版社,2002.
④ Miller G A. The Magical Number Seven, Plus or Minus Two: Some Limits on Our Capacity for Processing Information[J]. The Psychological Review, 1956(63): 81-97.

最多只能容纳7个品牌,而最终能够记住的只有两个——这个原则叫"二元法则"[①]。例如快餐业的麦当劳和肯德基,饮料行业的可口可乐和百事可乐,智能手机的苹果和三星,飞机的波音和空客,德国汽车奔驰和宝马,中国通讯设备企业华为和中兴,运动品牌耐克和阿迪达斯,中国名校北大和清华,方便面"康师傅"和"统一"……行业中排名第三的品牌几乎很少有人能准确回答。"二元法则"现象普遍存在。里斯和特劳特在书中形象地说,在现代商业社会中,消费者的大脑像一块浸满了水的海绵,再也装不进任何东西,只有挤出一点水来才能装进新的东西。在纷繁的信息中,消费者会按照个人的经验、喜好甚至情绪来选择接受和记忆信息。

(二)消费者喜欢简单,讨厌复杂

由于各种媒体广告的狂轰滥炸,消费者没有时间处理长篇累牍的信息,所以最希望得到简单明了的信息。广告信息只有简明扼要,才能够集中力量将一个重点清楚地打入消费者心中,突破人们痛恨复杂的心理屏障。

(三)消费者缺乏安全感

根据行为学家的研究,消费者在进行购买决策的时候会面临六个方面的风险,即功能风险、生理风险、财务风险、社交风险、心理风险和时间风险。品牌定位就是要让消费者在广告信息的汪洋大海中能迅速发现并抓住一个可靠的锚柱,增强他在选择购买商品时的安全感。

(四)消费者对品牌的印象不会轻易改变

品牌一旦在消费者脑海中沉淀下来,该品牌的形象就会根深蒂固,所以,第一印象总是特别重要。康师傅最早推出"红烧牛肉方便面",至今还是消费者对康师傅品牌的第一印象,尽管该品牌早已进入了饮料、饼干等其他食品领域。定位就是要成功地在消费者大脑中牢固地植入第一印象。

(五)消费者的想法容易失去焦点

现在企业在业务经营过程中越来越多地采用一个品牌同时代表多个产品;有些品牌出于产品延伸的需要,不断变换品牌的诉求点,最终结果是消费者模糊了原有的品牌印象。所以里斯和特劳特坚决反对品牌延伸,他们认为品牌延伸会产生"跷跷板效应",延伸了新的产品,就弱化了品牌在消费者心智中原有的形象,最终使消费者心智失去焦点。

基于上述心理学认识,里斯和特劳特认为,消费者的心智模式直接限定了传

---

① Ries A. The 22 Immutable Laws of Marketing: Violate Them at Your Own Risk! [M]. Harper Collins, 1994.

播的模式,只有适当的定位才能够有效地解决这一问题。

三、品牌定位与市场定位、产品定位的区别

营销大师菲利普·科特勒在他的经典著作《市场营销学》中多次谈到定位问题,他说:"定位是公司设计出自己的产品、服务以及形象,从而在目标顾客心中确立与众不同的有价值的地位,定位要求企业能确定向目标顾客推销的差别数目及具体差别。"但科特勒在书中对"定位"一词的使用并不确定,有时是指产品定位,有时指市场定位,有时则是指品牌定位,导致许多人经常把这几个概念混淆在一起,其实这三者有明显的区别。

那么品牌定位与市场定位、产品定位有什么关系呢?清华大学出版社出版的《品牌管理》作者张明立、任淑霞认为,市场定位是企业对目标消费者的选择。产品定位是在完成市场定位的基础上,企业对用什么样的产品来满足目标消费者或目标消费市场的需求进行确定。从理论上讲,应该先进行市场定位,然后才进行产品定位。在实践中,也可以先完成产品定位,再补做市场定位。产品定位是对市场定位的具体化和落实,产品定位以市场定位为基础,受市场定位指导,比市场定位更深入和细致。一般来说,在完成市场定位和产品定位的基础上,才能顺利地进行品牌定位,市场定位和产品定位都是为品牌定位服务的。①

本书作者观点与此有所不同。笔者认为,产品定位是企业做的市场空间定位,具有客观性,也就是企业的产品事实上确实跟竞争产品具有差异性。而品牌定位是一种心理空间定位,是品牌管理者刻意在消费者心智中主动打造出一个空间,然后把企业的品牌强行植入进去,是一种主观性行为。品牌定位可以以产品定位为基础,也可以不以产品定位为基础。比如,雪碧号称"晶晶亮,透心凉",其实雪碧并不比其他软饮料更凉,产品在温度上与其他饮料并没有差异,但通过强有力的品牌定位,消费者在心智中果然留下雪碧是一种特别凉爽的饮料。同样的例子,农夫山泉定位"有点甜",该公司通过广告反复宣传"农夫山泉有点甜",其实它就是一种纯净水,并没有比其他纯净水特别甜,但该公司找到消费者心智中的这个空白点,定位成功,得到了消费者的认同。

所以,不同于上面张明立等专家意见,笔者认为产品定位并不是品牌定位的基础和前提,没有产品定位未必不能做出品牌定位;反之,有了产品定位未必一定能做到品牌定位。比如,中国河南张弓酒厂首创中国38°低度白酒,被称为中国低度白酒的始祖,而且首创瓶子盖防伪技术,可惜没有能进行品牌定位,它的广告语"东西南北中,好酒在张弓"没有标示出任何该品牌的定位是什么,跟其他白酒比起来它好在哪里,导致至今销量和知名度都不理想。

---

① 张明立,任淑霞.品牌管理(第2版)[M].北京:清华大学出版社,北京交通大学出版社,2014:96.

四、品牌定位的意义

品牌定位和品牌识别一样是企业品牌建设的基础，是品牌成功的前提，在企业的品牌经营乃至整个企业经营中属于战略性工作，起着不可估量的关键作用。

（一）品牌定位有助于品牌信息进入消费者的有限心智

现代社会是信息社会，消费者被各类信息围困，应接不暇。每天各种信息、资料、新闻、广告铺天盖地。以报纸为例，美国报纸每年用纸超过千万吨，这意味着每人每年消费94磅报纸。一般来说，一份大都市的报纸，如《21世纪经济报道》，可能包含有50万字以上，以平均每分钟读300字的速度计算，全部看完需要30小时。有人统计过，一个人终其一生，不吃不喝，不做任何事，也读不完全世界一天中发行的全部报纸！更何况在互联网时代，各种媒体工具种类繁多，网络、电视、杂志、广播……各种信息铺天盖地、泛滥成灾。如此多的媒体信息，消费者无所适从，企业巨额的促销努力更是付之东流，不光效果不理想，有时甚至涟漪都不泛起一个，广告信息如泥牛入海无影无踪。心理学家研究发现，人只能接受有限的信息，超过一定的范围，脑子就会一片空白，拒绝从事正常的工作。因此，在这个信息过量的时代，企业只有压缩信息，实施准确的定位，在消费者的脑海中像锚一样稳稳地扎下来，占据一片空间，才能够打动并影响消费者。定位是企业信息成功通向消费者心智的一条捷径。

（二）品牌定位是企业创建品牌成功的基础

企业要创建一个成功的品牌，必须经过品牌识别规划、品牌定位、品牌符号设计、品牌传播、品牌评估、品牌调整等一系列步骤。在这过程中，企业规划好了品牌的核心价值、品牌的特性等识别要素，怎样才能有效地把它传播出去，让消费者了解它、记住它？只有先进行定位，通过定位在消费者心智中占据一个独特的有价值的位置，才能够引起消费者的关注、赢得消费者的共鸣、获得消费者的认同与接纳，其他后续的品牌建设工作才能顺利开展。如果没有定位，企业的各项营销努力都会在竞争者信息的汪洋大海中淹没消失。

企业不仅需要定位，定位还必须正确。如果定位失误，对企业整个品牌建设工作都会产生传递效应，后续的各项环节会像多米诺骨牌一样连锁出现偏差和失误，最终品牌建设难以达到理想的效果。反之，如果品牌定位适当，即使后续的品牌建设工作出现失误，企业也可以通过品牌定位这个恒定的"锚"把品牌管理工作中的失误扭转回来。"品牌定位"就像大海中的航标灯，永远坚守着品牌的核心价值和独特个性，为品牌建设成功发挥关键性的作用。

(三) 品牌定位是传递品牌核心价值的有效途径

品牌核心价值是品牌向消费者承诺的核心利益,代表着品牌对消费者的终极意义和独特价值,是一个品牌最独一无二且最有价值的精髓所在。但是,光提炼出品牌核心价值是不够的,企业还必须以一种有效的方式把该核心价值传达给消费者并得到消费者的认同。品牌定位正是这样一种有效的传达方式,它通过寻找目标消费者心智模式中的空白区域,把品牌核心价值植入消费者的心智,在消费者的大脑中打下深深的烙印,进而建立起强有力的品牌形象。

(四) 品牌定位有助于突出品牌个性

目前科学技术的飞速发展使同类产品的质量和性能十分接近,同质化现象越来越严重,只有个性独特的品牌才能引起消费者的关注,那么如何凸显品牌个性?一个很显而易见的做法就是品牌定位。通过定位可以进一步突出品牌独一无二的个性和特点,强化消费者对本产品与竞争产品差异点的认知。实践证明,品牌定位越清晰,品牌个性就越鲜明;反之,品牌定位不明确,品牌个性就相当模糊。品牌定位是品牌个性得以确立与强化的重要手段。

(五) 品牌定位为消费者提供了一个明确的购买理由

企业要想竞争胜利,光靠差异化是不够的,还必须提供给消费者一个明确的购买理由,因为消费者本质上需要一个能够满足他们需求的产品。品牌定位就是在消费者心智中找到一个能打动消费者的位置,并通过各种传播手段告知消费者,从而为消费者购买行动提供一个充足的理由。如原本流行于中国南方两广地区的中药凉茶"王老吉"(后改名"加多宝"),之所以风靡大江南北,成为中国饮料第一大品牌,就得益于它成功的定位——预防上火。诚如该品牌在广告中所宣传的:"当你熬夜、吃火锅、工作紧张,那么喝点王老吉可以预防上火",这个理由一下子打动了很多消费者。

第三节　品牌定位的原则

一、品牌定位的原则

如前所述,品牌定位就是企业在消费者的心智中找到一个对自己最有利的空白区域,把自己的品牌深深植入进去,占据一个有利的位置。品牌管理者要想成功定位,就必须遵循以下原则:

(一) 深入了解消费者需求

品牌定位的成功源于对消费者的需求欲望深入分析和了解,因此品牌定位的首要原则就是要了解消费者的心理,这是品牌定位的基础。美国星巴克就是一个成功的例子。星巴克的品牌创建者舒尔茨通过市场调研了解到消费者对咖啡存在功能性和情感性两种需求,于是把星巴克成功地定位为"第三空间"。星巴克的口号是"如果你不想在工作单位,又不想回家,那么到星巴克来吧",通过对消费者需求的深切洞察,星巴克准确地锁定了许多消费者的需求,找一个地方,那里既有美味的咖啡又可以使自己得到彻底的休闲放松。星巴克通过自己给消费者提供一个满足他们心理需要的空间,成功地超越了许多号称自己的咖啡多正宗的咖啡馆,成为世界上最大的咖啡连锁企业。

(二)符合产品特点

品牌是产品的代表,产品是品牌的物质载体,尤其是品牌在刚开始创建时,一定是跟某种特定的产品联系在一起的,这也就是品牌学者所说的捆绑期。这个时期产品和品牌不可避免的紧密关系决定了企业在进行品牌定位时必须考虑产品的质量、结构、性能、款式、用途等因素,品牌定位时应该尽可能考虑产品的特点,符合产品本身的性质要求。比如,同样是汽车,沃尔沃定位"安全"、宝马定位"驾驶的乐趣"、奔驰定位"舒适"、劳斯莱斯定位"尊贵"、丰田定位"经济省油",每一个定位的诉求点都是产品本身的特色所在,也符合消费者对汽车产品的要求,只不过有的消费者更看重安全、有的消费者更在乎舒适、有的消费者追求社会地位和面子,需求不同而已。

(三)考虑企业的资源条件

品牌定位时,管理者一定要考虑自己的资源条件,即能不能兑现自己在定位时对消费者的承诺,因为一旦定位,企业把自己的特色或自己的定位点进行传播,就必须接受消费者严格的市场检验。例如,"王老吉"是不是真能去火,"奔驰"车坐起来是不是真的舒服,海飞丝"去头屑"效果是不是明显,等等。如果答案是否定的,品牌的命运可想而知,企业实在是自掘坟墓。因此,企业在定位之前,一定要认真考虑自己的资源条件,以能够优化配置并且合理利用企业的各项资源为宜,既不要定位不足,导致企业资源闲置、能力浪费;也不要超越现有的资源条件、追求过高的定位,导致心有余而力不足、失信于消费者。企业如果定位自己的品牌是尖端产品,就必须真的掌握尖端技术;如果定位是高端产品,就必须具备确保产品品质一流的能力;如果定位是全球性品牌,就需要具有全球化的运作能力与管理水平。总之,品牌定位要与企业的资源能力相匹配,"没有金刚钻,不揽瓷器活",既不好高骛远、盲目拔高,也不妄自菲薄、浪费资源。

(四)关注竞争者

竞争者是影响品牌定位的一个重要因素。定位是要在消费者的心智中找到一个空白的区域让自己占领下来。然而在现在市场竞争十分激烈的情况下,任何一个细分市场或多或少都存在着竞争者,要想找到一个尚未被开发的处女地几乎不可能。因此企业在定位之前必须认真研究竞争者的定位,采用与竞争者不一样的定位,以便跟竞争者形成差异,凸显自己的竞争优势。否则做得再好,也不过是"为他人作嫁衣裳",在消费者的眼里只是一个"超级模仿秀"。

百事可乐的新定位

百事可乐最初步入市场时,作为一个向可口可乐发起挑战的挑战者,它采用了"Me Too"的传播策略。言下之意,可口可乐宣称它是正宗可乐,"我也是"。这样的定位很容易给消费者一种模仿和山寨的不良印象。果然,可口可乐针对百事可乐的挑战,轻松地推出"只有可口可乐,才是真正的可乐"进行还击,强化了消费者对可口可乐的印象,显示了自己在可乐界不可动摇的正统霸主地位。一句广告词,给百事可乐迎头痛击,它点醒消费者,只有可口可乐才是真正的可乐,其他都是仿冒货。

在可口可乐的打击之下,百事可乐终于转变策略,重新定位,既然可口可乐宣称它是正宗、老牌、历史悠久,于是百事可乐找到自己的定位"新一代的选择",新一代的人,年轻、时尚、充满活力,百事可乐就属于这样的年轻人。新的定位一下子把百事可乐和可口可乐区隔开来,可口可乐不是宣称自己"正宗、老牌、历史悠久"吗,百事可乐的新定位正好反向给可口可乐贴上了"老迈、落伍、保守"的负面标签。百事可乐反败为胜,突飞猛进,超越美国市场上所有饮料企业,直逼可口可乐的龙头老大地位,弄得后来可口可乐被迫盲目冒进、改变配方、推出新可乐,结果导致更大的失误,成为营销史上经典的案例。正是因为百事可乐的成功定位,此后它成为和可口可乐平起平坐的大牌可乐。

百事可乐的故事充分说明,品牌定位一定要关注竞争者,跟竞争者拉开距离,突出差异化的竞争优势,只有这样才能在消费者心中占据一席之地。

资料来源:根据网络资料整理编写。

(五)简明扼要,抓住关键

简明扼要是指企业的品牌定位要让消费者一看便知,不需要费心费力就能领会并感受到。心理学研究表明,人的心智空间是有限的,这就决定了人的大脑不可能装载过多的信息。特劳特和里斯也一再强调,消费者不喜欢复杂的东西,没有兴趣去记忆很多有关品牌的信息,更不愿意动脑筋去想。有些企业在给品牌定位时,想想这个也是优点、那个也是特长,什么也舍不得放下,结果利益点繁多,消费者反而搞不清楚品牌的主要特点是什么。因此,在给品牌定位时,切忌定位目标太广,要学会取舍,懂得"少就是多,舍就是得"的道理,剔除掉所有与关键点无关的信息,抓住一两个独特点,用简单明了的方式表达出来,让消费者充分感知并且印象深刻,只有这样才能跟目标消费者进行有效的沟通。世界著名品牌的定位大多只集中在一个词上,如佳洁士——防止蛀牙;沃尔沃——安全;海飞丝——去屑;王老吉——预防上火。当然,简单的定位并不意味着佳洁士牙膏就没有清洁功能,沃尔沃的汽车造型不时尚、乘坐不舒适。这些品牌之所以只强调一个定位点,是因为只有简单再简单,才能成功进入消费者的心智和记忆中定位成功。

二、品牌定位要注意的问题

(一)定位要保持相对稳定

品牌定位以后,为了在消费者心智上打上坚实的烙印,管理者要持之以恒地坚持把品牌定位传递出去。除非原来的定位不合时宜,否则不要随意更改。当然随着时间的推移,品牌会需要做一些改变,但通常改变的不是品牌定位,而是外在的传播方式,比如广告语、代言人等等。而且即使外在的部分调整了,其内涵依然应该反映原来的定位。美国通用磨坊公司早在1921年就虚构了一个名叫"贝蒂·克罗克"的美国妇女形象来推广产品。为了体现时代的社会理想心理特征,"贝蒂·克罗克"的容貌、服饰和发型在1936年、1955年、1965年、1968年、1972年、1980年、1986年、1996年经过了8次修改。然而不管怎么变,在消费者心目中,贝蒂·克罗克永远是"一个蓝眼睛的美国女子、一个慈祥的母亲、一个烹饪专家、一个无所不能的治家典范、一个关心公益、乐于助人的热心人"。沃尔沃长期不懈坚持"安全",佳洁士始终宣称"没有蛀牙",都是定位稳定的表现。

(二)定位要能与目标消费者进行积极的沟通

品牌的定位要能贴近消费者的心理需求,才能被消费者接受、认可和喜爱;定位不准,就会事与愿违,被消费者拒绝。

1986年,国际品牌力士进入中国,很快便称雄香皂市场。然而,6年之后,舒肤佳进入中国市场,立刻后来居上,成为中国香皂市场的新霸主。论品牌背后的企业,力士是全球500强排名第54位的联合利华,舒肤佳背后是排名第75位的宝洁;论营销手段,双方都是品牌高手,产品包装、品牌宣传无可挑剔;论产品质量,双方也是旗鼓相当、不分伯仲。

经过深入研究,人们终于发现,问题出在品牌定位上。力士定位是"滋润、高贵",70年来一直坚持不懈地邀请光彩照人的国际影星演绎其"滋润、高贵"的核心价值定位,舒肤佳则定位"除菌",他们在广告中请来医生、老师、年轻的妈妈,反复强调"使用舒肤佳,没有细菌"。显然对于香皂使用者来说,"除菌"的定位更符合他们的内心诉求、更让其信服,因为人们并不期望几块钱的香皂能给他带来高贵的感受,而除菌倒是人们对于香皂最真实的需求,舒肤佳的定位符合了消费者的期待,因此获得了成功。

另一个有趣的故事是:20世纪70年代,宝洁推出纸尿裤"帮宝适"(这是品牌后来的中文译名),刚开始产品定位"方便",解除妈妈为孩子换尿布、洗尿布之苦。产品上市之初,宝洁公司雄心勃勃,花了1亿美元进行品牌推广,原以为这种新产品会大受市场欢迎,结果出乎意料地产品备受消费者冷落。宝洁百思不得其解,经过深入的市场调查,发现问题出在定位上,纸尿裤定位"方便",使很多人认为使用这种纸尿裤的妈妈是偷懒的、缺乏爱心的妈妈,光图自己方便,有些人即使买了也是偷偷使用,见到熟人立刻会藏起来,唯恐使人认为自己偷懒、没有母爱。发现这个问题后,宝洁公司立刻改变策略,把品牌定位为"有利于孩子健康",广告词也相应改为"宝宝皮肤干爽,没有红屁股""宝宝更舒服,妈妈更安心""一夜金质睡眠,妈妈好开心",这一定位符合了消费者的心理,立刻获得了成功,纸尿裤在全世界风行起来。"帮宝适"的中文品牌名正是根据这一新定位采用的绝妙的翻译。

(三)为未来的发展留出空间

品牌刚建立时,往往跟某一具体的产品或者具体的消费者、具体的情形联系在一起,因此,企业往往采用这些相关因素定位,比如"康师傅"是方便面,"娃哈哈"是儿童营养口服液,"金利来"是男士服装等。根据这些产品直接具有的特性进行定位,优点是定位清晰、准确,直接得到消费者的认同,不足之处在于一旦以后企业想要发展品牌、延伸品牌,定位过窄就会影响到消费者的认知。

心理学家研究发现,人的心智认知一旦建立起来,就很难对其加以改变。如金利来定位"男人的世界",后来推出女装就始终不成功;雕牌洗衣粉推出雕牌牙膏就不能被消费者接受,最后牙膏只好采用新品牌"纳爱斯";施乐在消费者心目中是复印机的代名词,后来向电脑领域发展,但消费者就是不能认可施乐电脑,施乐公司几十亿美元的投资打了水漂。

因此,品牌初始定位时不宜太窄,要为以后的发展空间留出余地,但如果定位宽泛,又有定位不够精准清晰的缺点,难以一下子抓住消费者的注意力、快速成功植入消费者的心智。两者如何平衡,至今仍是一个不容易把握的难题。

第四节 品牌定位的方法

品牌定位的方法是指品牌管理者挖掘品牌定位时所采取的视角。品牌定位的方法有很多,不同学者的提法也都不一致。本书简单归纳了八种常见的定位方法,但需要说明的是这八种方法并没有涵盖所有的品牌定位方法。而且本书作者认为,品牌定位本身就是一种创新性的品牌建设行为,管理者越是另辟蹊径、独出心裁,采用前人还没有用过的方法进行定位,就越容易成功。相反,如果定位思路始终局限在前人已有的方法中进行寻找,无非又掉入模仿前人的陷阱,有违品牌定位的本质追求,难以在目标消费者已经填充得满满的心智中再找到空白的区域植入进去。

一、首席定位

首席定位,也称第一定位,是指树立品牌在同行业或同类产品中处于第一地位的一种差异化定位方法。也就是在消费者心目中争取"第一"的位置。"第一"显然与众不同,例如在品牌定位中强调自己"正宗""原创""第一家""第一种"等等,就是首席定位策略的运用。比如,双汇宣称自己"开创中国肉类品牌"、美国电报电话公司AT&T号称是世界上首家电话公司、某个餐馆宣称自己是最正宗的川菜等,都属于首席定位。

采用首席定位,以新概念、新产品、新的利益点进入消费者的心智形成第一品牌会有很大的优势。心理学上有个概念叫首因效应,即人们总是记住第一的人,如第一个登上珠穆朗玛峰的人、第一个登上月球的人、美国第一任总统,但第二、第三个人往往不容易被人记住。确定自己是第一品牌,可以起到先入为主的作用,后来者往往难以超越。如前所述,消费者的心智很难改变。即使后来其他品牌做得比它更好,但在消费者的心智中,后来者仍然只是个模仿者,只有第一品牌才是最专业、最正宗。本书前面提到的百事可乐的例子就是这样。百事可乐在找到自己准确的定位之前,跟美国其他品牌可乐一样,都生活在可口可乐的阴影里,每一次的传播无非都是强化可口可乐老大的地位。直到百事可乐找到新的定位,才总算摆脱老大的阴影,跟可口可乐开始分庭抗礼。此外,处于第一地位的品牌还有一个优势,即往往容易成为某个品类的代名词,从而牢固占据消费者的心智。比如,邦迪发明了创可贴,邦迪就成了创可贴的代名词;可口可乐开创了可乐软饮料,便成为可乐饮料的代名词;施乐第一个推出普通纸复印机,它就成了复印机的代名词。由此可见,一步领先并占据领导地位之后,往往可以长期领先。首席定位这种定位策略具有非常大的影响力。

二、反向定位

如上所述,如果现有的领先品牌已经占据了第一的位置,后进的品牌要想超越它将非常困难。那么其他品牌应该怎么办呢?对此,杰克·特劳特和阿尔·里斯给出了一个很好的建议,那就是"如果你不能成为某类产品中的第一,你就应该创造一个新的品类,成为新品类的第一。"这就是反向定位。

例如,在可口可乐、百事可乐牢固把持可乐市场的情况下,七喜通过"非可乐"的品牌定位,创造了"汽水"这个新的饮料品类,使七喜成为美国第一个汽水饮料品牌。同样的反向定位有:在"康师傅""统一"等品牌牢牢占据大陆方便面市场的情况下,"五谷道场"首次提出了"非油炸、更健康",成为第一个不采用油炸工艺的方便面品牌;20世纪90年代,在所有的营养保健品都大力宣扬自己的产品补钙、补血、补气、养生、壮骨等,上海交大的"昂力一号"反其道而行之,不仅不说自己补什么,反而提出昂力一号专门"清除体内垃圾",一下子抓住了消费者,成为经典的反向定位成功案例。

三、比附定位

比附定位是指攀附知名品牌、比拟知名品牌来给自己的品牌定位,以沾名牌之光来使自己的品牌生辉。也就是自己做不了第一,就想办法跟第一挂上钩。比附定位主要有四种策略:

1. 跟随策略

也称甘居第二策略,即明确承认同类产品中有更负盛名的品牌,自己只不过是第二而已。这种策略给人以一种诚实、谦虚的印象,从而让消费者觉得该公司真实可信。跟随策略最成功、最经典的案例是美国安飞士出租车公司1963年做的一个广告,面对美国最大的出租车公司赫斯公司的强大实力,安飞士打出了这样的口号:"因为我们是老二,所以我们更努力。"(We are No. 2. We try harder.)当时安飞士公司已经连续亏损十年多,并不是行业第二,但它这个广告一经推出,其低调、自谦、诚恳立刻赢得了消费者的赞扬和信任,公司业绩直线上升,不久还真的成了行业老二。这个广告更聪明的还在于它不光展现了自己对待消费者的谦卑态度,还暗示老大赫斯公司是"傲慢自大",不如安飞士对待顾客更加细心周到,可谓"一石二鸟"。

2. 超越策略

这种策略拉第一品牌做垫背,通过一系列传播手段显示自己比第一品牌还要好。20世纪90年代由中国著名影星葛优、徐帆做的保暖内衣电视广告"南极人不怕冷",第一次在中国市场上建立了一个保暖内衣品牌"南极人",不久之后另一个企业推出"北极绒"品牌保暖内衣,他们采用"超越策略"进行定位。电视荧屏上,第一品牌"南极人"刚刚宣称"南极人不怕冷",紧接着出现赵本山代言的"北极绒"声称"怕冷就穿北极绒",由此后起的"北极绒"踩着"南极人"的肩膀一举成名。

3. 攀龙附凤策略

这种策略是把自己的品牌跟消费者公认的知名品牌挂上钩,利用知名品牌来提升自己在消费者心目中的地位。例如,"塞外江南",把西北水土丰美的地区跟江南联系起来;"苏州——东方的威尼斯";内蒙古的"宁城老窖——塞外茅台";"哈根达斯——冰淇淋中的劳斯莱斯";"中关村——中国的硅谷";"某某学校——创业者的黄埔军校";这些都属于攀龙附凤策略。

4. 高级俱乐部策略

这种策略适用于企业在既不能攀附第一、又不能比附其他知名品牌的情况下,借助群体的声望打出一个高级俱乐部的牌子,把自己归为这个高级群体中的一员,从而提高自己的地位和形象。如宣称自己是行业"十大公司之一""世界500强""中国驰名商标""国家免检产品"等。20世纪70年代美国克莱斯勒汽车公司就一直宣称自己是美国"三大汽车公司之一",使消费者感到克莱斯勒跟通用、福特一样实力雄厚,其实,克莱斯勒虽然在美排名第三,但它的实力跟通用、福特根本就不在一个层级,通用和福特是两大巨头,克莱斯勒只是一个小得可怜的老三,但此后世界上很多人都产生了美国汽车业是"三足鼎立"的深刻印象。同样成功采用高级俱乐部策略进行定位的还有中国的蒙牛。蒙牛在创业初期还只是一个20多人的小企业,但它投资100多万、投放300多幅灯箱广告,深情宣告"千里草原腾起伊利、兴发、蒙牛乳业",把自己和内蒙古最著名的乳品企业放在一起,并且提出和他们一起共建"中国乳都",其实蒙牛当时无论是历史还是规模都根本无法跟这些著名企业相提并论,蒙牛采用了非常高明的俱乐部定位。

"蒙牛"品牌的市场地位的比附

1993年伊利集团成立,凭借雄厚的资源,在硬件和技术上长期处于行业的领先地位。1999年,蒙牛初创,排在中国乳业的第1 116位,一无奶源,二无工厂,三无市场,没有任何优势,无法与行业老大相提并论,蒙牛一方面比附伊利,打出"为民族工业争气、向伊利学习"的广告;同时它还根据呼和浩特"人均牛奶拥有量全国第一、牛奶增速全国第一"的状况,提出了"建设我们共同的品牌——中国乳都呼和浩特"的倡议。从2000年9月起,蒙牛投资100多万元,投放了300多幅灯箱广告,广告正面主题为"为内蒙古喝彩",下书:"千里草原腾起伊利集团、兴发集团、蒙牛乳业;塞外明珠辉照宁城集团、仕奇集团;河套峥嵘蒙古王;高原独秀鄂尔多斯,我们为内蒙

> 古喝彩,让内蒙古腾飞。"背面的主题是"我们共同的品牌——中国乳都呼和浩特"。蒙牛把自己和内蒙古的这些著名企业放在一起,提出共建中国乳都,从而让消费者感到蒙牛和这些企业一样都是一流乳业品牌,从此蒙牛的形象大为提高、深入人心,成为同伊利平起平坐的两大乳业品牌。

资料来源:根据高定基"企业管理"培训资料整理。

四、特性或利益定位

特性或利益定位是指通过强调产品的差异性,在细分市场需求中寻找消费者的心理空间,以此进行定位的一种策略。每个产品都具有一系列不同的特性,不同的特性可以满足消费者不同的需要,从而给消费者带来利益。比如牙膏,有的消费者需要防止蛀牙,有的需要牙齿洁白,有的需要口气清新,有的消费者牙齿敏感,有的人牙龈容易出血,这样,佳洁士——防止蛀牙、中华皓齿白——牙齿洁白、高露洁——口气清新、舒适达——有效治疗牙齿敏感、云南白药牙膏——防止牙龈出血……不同的产品特性满足了消费者不同的需求,跟竞争品牌形成鲜明的区隔,从而成功使自己的品牌在消费者心智中占据到独一无二的位置。

采用特性或利益定位是最常用的一种定位策略。汽车行业大多采用特性(或利益)进行品牌定位:如宝马——性能卓越;奔驰——舒适豪华;本田——可靠;沃尔沃——安全;卡迪拉克——气派;法拉利——速度;劳斯莱斯——尊贵。

五、常识的首次诉求定位

有时企业的产品实在找不出与竞争产品的差异点,不妨把业内常规的做法拿出来定位,倒也反而可以出奇制胜。比如美国的喜力啤酒声称"我们的每一个啤酒瓶都经过蒸汽消毒",事实上所有的啤酒制造商都会对酒瓶进行蒸汽消毒,但消费者并不了解,喜力把这个业内常规的工艺流程拿出来作为卖点进行定位,反而出奇制胜、非常独特。受喜力的启发,中国某品牌的西服也号称自己的西服要经过188道工序,其实任何一件西服完工都至少要有188道工序,但它率先提出来并以此定位,也就成了它的独特卖点了。

六、攻击性定位

攻击性定位实际上是给竞争者重新定位。针对竞争对手品牌的特点,针锋相对找出弱点加以进攻。例如在美国的止痛药市场阿司匹林是行业领导者,泰诺在阿司匹林的说明书"药物不良反应和副作用"一栏里看到,阿司匹林有可能会引发肠胃微量出血,于是泰诺抓住这一点大肆宣传,"为了千千万万不宜使用阿司匹林的人们,请大家使用泰诺",泰诺给阿司匹林重新定位成了"有副作用的药";丝宝集团的风影洗发水宣称"去屑不伤发",暗指海飞丝会损伤头发,着实给海飞丝不小的压力;五谷道场大肆宣传"非油炸、更健康"矛头直指康师傅、统一等品牌的油炸方便面有损健康。20世纪90年代,乐百氏在广告中宣传自己的产品是"经过27层过滤的纯净水",农夫山泉针锋相对,在一个广告片中做实验把天然水和纯净水作比较,得出结论:天然水比纯净水更干净,农夫山泉宣称自己"水源地取水","我们不生产水,我们是大自然的搬运工",攻击乐百氏的水必须经过27层过滤才能喝,使乐百氏全力打造的工艺流程定位破功。

七、目标群体定位

目标群体定位是指直接以某类消费群体为品牌诉求对象,突出产品是专为这类消费群体服务,以此来获得目标消费群的认同。这种定位把品牌与消费者结合起来,有利于增进消费者的归属感,使其产生"我自己的品牌"的感觉。比如太太口服液,定位是已婚妇女和中年妇女的口服液;金利来定位"男人的世界";海澜之家是"男人的衣柜";哈药六厂的护彤是"儿童感冒药";百事可乐定位是"新一代的选择"……这些都是目标群体定位的成功案例。

哈雷摩托面向特立独行年轻人的定位

"年轻时有辆哈雷摩托,年老时有辆卡迪拉克,则此生了无遗憾。"这是一句著名的美国俚语。

哈雷摩托是世界上最有号召力的摩托车品牌。它的消费者,甚至将他钟爱的哈雷品牌标志纹在自己身上,与其终身相伴。在哈雷迷的心里,哈雷不是摩托车,它是宝贝、玩具,更是象征自由的精神。哈雷创造了一个将机器和人性几近完美地融合为一体的精神象征,并深刻地影响了目标消费群体的价值观、衣着打扮和生活方式。

如今,哈雷摩托行销世界各地。在经济萧条时,哈雷摩托仍以年销量15.7%的比例增长。哈雷摩托之所以历经百年而不衰,在于它从制造第一辆摩托车起就潜心致力于创造一种凝聚年青一代人的梦想、反叛精神、奋斗意识的"摩托文化"。经过百年的积累和提升,哈雷摩托品牌成为了年轻人尽情表达自由、竞争、反叛精神和展现富有、年轻、活力的典型标志。

资料来源:吴怀尧.财经时报,2007-05-08.

八、使用场景定位

使用场景定位是将品牌与一定的消费环境结合起来，以唤起消费者在特定的情景下对该品牌的联想，从而产生购买欲望和购买行动。例如，雀巢咖啡的广告不断提示在工作场合喝咖啡，让白领人员在口渴、疲倦时想到雀巢；喜之郎果冻在广告中推荐"工作休闲来一个，游山玩水来一个，朋友聚会来一个，健身娱乐来一个"，让人在这些快乐和娱乐的场合想起喜之郎品牌；"香飘飘"奶茶宣称"小饿小困，来点香飘飘"；康宝汤定位是"午餐用的汤"，它长期以来一直坚持在午间时分通过电台、电视台宣传这种午餐时喝的汤，搞得最后美国人甚至开始产生一种错觉，觉得不喝这种康宝汤就不算是一顿标准的午饭了；红牛功能饮料也一直宣称"困了累了喝红牛"。中国使用场景定位最成功的品牌有两个：一个是"白加黑"感冒药："白天吃白片不瞌睡，晚上吃黑片睡得香"，一下使所有的感冒药相形见绌，成为中国市场上最有名的感冒药；另一个就是著名的"脑白金"，一个极其普通、没有任何特别技术优势的保健品，因为定位在"送礼"，"今年过节不收礼，收礼就收脑白金"，朗朗上口的广告词使得脑白金成为中国市场上最有名的营养保健品，而且历时20年不衰，在中国营销史上也相当罕见，业内公认脑白金就是得益于使用场景定位的成功运用。

第五章 品牌设计管理

规划、确立好品牌的内涵和核心价值还仅仅是品牌建设的第一步,是企业的单方面行为。品牌由企业创建,但却必须植根在消费者的心里。假如品牌的核心价值、品牌的内涵这些信息没有传递给消费者,那么品牌建设最终就是一句空话,而要把品牌信息传递给消费者,就必须将品牌的核心价值、品牌内涵这些无形的、抽象的要素转换成可视的、可感知的、可传播的符号,唯有如此,企业才能够去跟消费者沟通,消费者也才能够知晓并了解品牌,因此品牌符号的设计是品牌传播的前提。品牌符号作为品牌精神、品牌内涵的载体,它的设计直接影响到品牌传播效果的好坏。

所谓品牌符号是指品牌中能够被消费者感官认知的部分,包括品牌名称、品牌标识、品牌形象代表、品牌口号、品牌传奇、品牌音乐和品牌包装等七个部分,其中前两个是必备符号,后五个是可选符号。

第一节 品牌符号设计的一般性原则

美国著名的品牌研究专家凯文·凯勒教授在《战略品牌管理》一书中指出,品牌符号的设计必须遵循六大原则:容易记忆、涵义丰富、令人喜爱、可以转换、可以调整、可以保护。① 其中,前三项主要针对品牌管理前期的品牌创建,后三项主要针对品牌管理后期的品牌防御。

一、容易记忆

容易记忆是指企业设计出来的品牌符号要能够很容易就被消费者识别并且记住。根据认知心理学的观点,注意产生于记忆之前。② 要想让消费者记住的前提是消费者首先要能够注意到品牌的符号并且能够从众多的品牌符号中轻易识

---

① [美]凯文·莱恩·凯勒.战略品牌管理[M].北京:中国人民大学出版社,2006.
② Nelson Cowan. Evolving Conceptions of Memory Storage, Selective Attention, and Their Mutual Constraints Within the Human Information-processing[J]. Psychological Bulletin, 1998, 104(2): 163-191.

别出来。哪些品牌符号最容易引起消费者的注意呢？显然，越是独特、越是与众不同的造型越能够吸引人的注意力；当然光有独特还不够，品牌符号还必须通俗易懂，消费者不需要费力就能认知、辨别，如果品牌名称过于生僻或者品牌标识图形复杂晦涩，消费者自动就会把这些符号屏蔽在他的脑海之外了。著名的苹果品牌符号就满足了这一原则。"苹果"无论是在美国还是世界其他国家都是最常见的一种水果，人人都认识，把苹果破天荒地咬掉一口，一下子使得这个品牌标识既通俗易懂又新颖独特，乔布斯确实是个营销设计的天才。

图 5-1

二、涵义丰富

品牌符号应该不应该涵义丰富、甚至品牌符号要不要有涵义，这是一个有争议的问题。有学者反对品牌符号有涵义，认为品牌符号的涵义越清晰，就越会影响和阻碍未来企业在品牌上的延伸与发展，比如娃哈哈的符号设计就局限了该品牌向成人化产品类别发展的可能性（事实上后来娃哈哈集团推出的所有成人饮品都只能另外采用新品牌，如营养快线、格瓦斯等）；也有学者认为品牌应该有涵义，而且涵义越丰富越能传递品牌的核心价值和品牌个性，有助于消费者形成良好的品牌联想。凯勒教授就坚持认为品牌应该有涵义，如"飘柔"就让人联想到飘逸的秀发，"奔驰"和"宝马"符合人们对性能卓越汽车的联想。

无论品牌符号是否应该有涵义，有一点所有学者的意见是一致的，即品牌符号的涵义不能让消费者产生不良的联想，否则不光不能产生效果，反而适得其反，招致品牌的失败。如南京一家酱油厂为自己的酱油品牌取名为"机轮"，设计者的本意是机轮永远转动不停息，表达一种自强不息的企业精神，但社会公众并不了解这一内涵，对"机轮"品牌名称感到莫名其妙，甚至产生酱油类似于机油、在酱油中会喝出机油味道来的不利联想与错觉。同样，德国著名轿车奔驰（Benz）刚开始时中文品牌名翻译为"笨死"，结果市场上无人问津，直到重新翻译叫做"奔驰"，人们有了美好的联想，奔驰才在中国市场打开销路。

可口可乐名字的由来

早在20世纪20年代可口可乐已在上海生产，刚开始时被翻译为"蝌蚪啃蜡"这个奇怪而且令人恶心的名字，消费者对它避之唯恐不及。于是，可口可乐公司高层决定悬赏350英镑征集中文品牌译名，当时身处英国的上海教授蒋彝以"可口可乐"这一名字击败其他对手，拿走奖金。这一品牌译名既有描述性涵义，点出这是入口的东西；又有说服性涵义：产品美味可口，令人愉悦。这一译名既涵义丰富，又贴切美好，是品牌符号设计的经典之作。正是有了这一名称，可口可乐开始风靡中国。

资料来源：李光斗.谁翻译了可口可乐[J].深圳青年，2007(9).

三、令人喜爱

令人喜爱是指品牌符号必须能够给消费者带来感官上的享受。中国有句老话"爱美之心人皆有之"，谁都喜欢美好的、令人愉悦的东西。同理，要让消费者能够喜欢，并且受到消费者的欢迎，品牌符号就要设计得或者漂亮、典雅、大气，或者活泼、可爱、生动、有趣，让消费者在还没有接触到产品之前就对产品有了美好的印象。如"雅诗兰黛"、"欧莱雅"，听上去就高雅有品位，许多消费者还没有买，光听名字就会觉得不错，对品牌产生好感。酷儿儿童果汁饮料蓝色卡通人物的可爱形象吸引了很多小孩子；绝对伏特加酒的瓶子设计得高贵典雅，令人爱不释手；迪士尼的米老鼠标识更是引起所有孩子甚至成人对迪士尼乐园的向往。

四、可以转换

一个好的品牌符号应该具有比较大的包容性，即可以转移使用到别的产品或者别的市场去。这样，以后当进行品牌延伸和地理扩张时，不至于因为原有品牌符号局限而必须另起炉灶。一般来说，品牌符号越是明确表现产品的种类和属性，其在不同产品类别之间进行转换的可能性就越小，比如"娃哈哈"听上去就是面向儿童的产品，后来品牌曾经试图延伸发展到房地产业就根本不能被市场接受。另外，当企业向国外市场发展时，品牌符号的跨文化转换至关重要。中国很多国内品牌在走向国际时，由于品牌符号不能适应国外文化环境，被迫重新设计，采用全新的品牌符号。例如，海尔集团的品牌标识"海尔兄弟"，在国内很受欢迎，但在出口中东市场时曾经遭遇障碍——伊斯兰国家裸露躯体是禁忌。于是，海尔只好重新设计品牌符号，采用英文字母"Haier"做品牌标识。黑人牙膏和海伦凯勒眼镜也因为被西方国家视为种族歧视和不尊重残疾人遭遇欧美国家抵制，最后黑人牙膏在国外市场只好改名为达利。

图 5-2

图 5-3

海伦凯勒眼镜

图 5-4

五、可以调整

品牌符号的设计不是一劳永逸的。尽管营销学者强调品牌符号要尽可能保持稳定不要变动,但毕竟随着社会的发展,人们的审美观在改变,消费者会产生审美疲劳,企业的竞争战略和经营业务也会发生变化,要让品牌适应新的形势、新的市场,品牌符号的调整就不可避免。强调品牌符号的可调整性是指品牌符号一旦需要调整,它的改动可以限制在最小范围内,对消费者认知上的影响能降低到最小的程度。一般来说,品牌的名称最不容易改动,改名实际上意味着老品牌彻底消失、老用户与品牌的联系彻底断裂、老的品牌资产化为乌有。因此在品牌必须调整时名称尽可能不要改动,可以让品牌标识或品牌形象代表等其他符号元素发生变动,以适应新的市场变化,即使如此,品牌标识的最基本特征仍应该保留在新标识里,以便新老标识一脉相承。比如肯德基每次更改时其创始人哈兰·山德士上校的头像始终保持下来,消费者从来没有感到陌生感,甚至有时候都没有察觉到品牌标识的改动。

图 5-5

六、可以保护

可以保护是指品牌管理者在设计品牌符号时就要未雨绸缪,做好未来品牌的保护工作,以免品牌会被侵权,品牌资产遭遇损害。品牌符号要想得到保护,必须从三个方面入手:

1. 品牌符号可以注册

品牌符号要想得到保护首先必须申请注册,只有注册了才能从法律上得到真正的保护。因此,品牌管理者在设计品牌符号时先要检查自己的品牌名称是否有侵权行为,策划人员要通过国家相关部门查询是否已经有相同的或相近的品牌被注册,如果有,则必须立刻重新设计。千万不要一上来大意,等到品牌已经成功打造出来,别人找上门来,辛辛苦苦打造的品牌只好放弃或者支付巨额的赔偿金。

2001年联想集团开拓海外市场,才发现"联想"品牌的英文名称"Legend"在世界上大多数国家都已经注册。为了消除这一走向国际化的障碍,2003年4月,联想集团不得不进行英文品牌名称更换,由"Legend"改为"Lenovo",企业为此付出了巨大的代价。类似的案例已发生多起,就连鼎鼎大名的苹果公司都未能幸免。

《读者文摘》商标争议烙下20多年抹不掉的教训

1980年7月,美国读者文摘协会向中国商标局申请注册了"读者文摘"商标,并于1982年12月核准注册。1981年4月,甘肃人民出版社正式推出《读者文摘》杂志。

然而,1982年初,美国《读者文摘》来函指出,甘肃人民出版社使用《读者文摘》中文名侵犯了其商标权,中美两家《读者文摘》漫长的商标之争由此开启。1989年,美国方面向甘肃人民出版社提出了巨额赔款要求,后者感到了巨大压力。当年9月,甘肃人民出版社以"读者文摘月刊"申请注册商标,希望通过增加"月刊"两字,来区别美国的《读者文摘》。

1990年8月,美国读者文摘协会向中国商标局商标评审委员会提出《读者文摘月刊》商标争议申请,理由是"读者文摘"和"读者文摘月刊"两个商标近似,至此,甘肃人民出版社的《读者文摘》已经无路可退了。他们非常清楚,一旦商标局裁定商标侵权,他们就必须改名,对于他们来说,这将是灾难性的损失。

1993年,当时月发行量为300多万册,已成长为中国期刊第一品牌的《读者文摘》无奈启用了新的刊名——《读者》。此后,《读者》杂志于1995年12月在国家商标局申请注册英文刊名商标"READERS",商标局初审通过了。然而,美国读者文摘协会再次提出异议。实际上,美国《读者文摘》已将"READER'S Digest"在全世界90多个国家和地区申请了马德里国际商标注册,这就意味着将来如果《读者》杂志要在那些国家和地区出版发行,都会遇到商标纠纷。无奈之下,《读者》只好放弃"READERS"商标,启用汉语拼音商标"DUZHE",被步步紧逼之窘迫,可想而知。直到2006年,"READERS"最终被国家商标局核准注册,《读者》才重新启用了该英文商标。

资料来源:http://szb.dlxww.com/xsb/html/2015-05/29/content_1156721.htm? div=-1

2. 品牌符号独特,难以模仿

品牌符号设计得越是独特、越难以模仿,就越可以省去公司在打击赝品、仿冒品上面投入的时间和精力。

3. 进行防御性注册

经常可以看到这样的情况:企业即使已经对自己的商标进行了注册,但仍然挡不住有些竞争者"搭便车"的行为:你有一个"老干妈",他来一个"老干娘";你有一个"康师傅",他来一个"庚师傅";你有"农夫山泉",他有"农人山泉",而且从包装到字形严重模仿知名品牌,消费者不仔细看一般都看不出来。武汉曾经有一段时间有一种土家烧饼名叫"掉渣烧饼"特别受欢迎,创始人是一位土家女孩,她的烧饼店红火起来以后,立刻有很多商家跟风而上,一时间,"掉渣渣""掉渣儿""土掉渣""掉渣子"等充斥于市,消费者根本搞不清哪一个才是正宗的"掉渣烧饼"。有鉴于此,品牌管理者在设计品牌符号时,应该把有可能被模仿的近似的名称或图形一并注册,从而防患于未然,防止竞争者"搭便车"。例如,娃哈哈集团在给自己的商标进行注册时,一并把相近的"娃娃哈""哈哈娃""哈娃娃"等诸多类似商标一起进行注册,只使用"娃哈哈"一个品牌符号,其他用作防御。

第二节 品牌名称设计

一、品牌命名概述

品牌名称(brand name)简称"品名",是指品牌中可以用语言来称呼的部分,如"奔驰"、"柯达"等,它的基本功能是把不同的品牌区分开来,防止发生混淆,便于消费者选购。如果说打造品牌是个系统工程,那么给品牌取个好名字就是关键的第一步,品牌与消费者的大脑接触的第一个接触点就是品牌的名字。① 中国古代圣人孔夫子说过:"名不正则言不顺,言不顺则事不成"。美国营销专家阿尔·里斯在《打造品牌的22条法规》中明确指出:"从长远观点来看,对于一个品牌来说,最重要的就是名字!"② 日本索尼公司前董事长兼首席执行官曾经说:"我们最大的资产不是我们的建筑物、工程师或工厂,而是4个字母SONY——我们的名称。"国内营销界也有这样的共识:"好的产品是一条龙,而给它取个好的名字,犹如画龙点睛,可以为品牌增添光彩,提高品牌的知名度。"③

品牌的名称不仅仅是用来传播的符号,不光反映品牌的特点,它本身就会具有价值。品牌有了自己的名称之后,更高级的公关、营销活动就有了基础。名称

---

① [美]阿尔·里斯,杰克·特劳特.定位:头脑争夺战[M].北京:中国财政经济出版社,2002.
② [美]阿尔·里斯,杰克·特劳特.定位:头脑争夺战[M].北京:中国财政经济出版社,2002.
③ 祝合良.品牌创建与管理[M].北京:首都经济贸易大学出版社,2007:101.

是否好听、是否有美感、是否有内涵、是否能带来有益的联想，使得一个好名字本身就会具有价值，所以名称是品牌建设的起点和品牌沟通的基础，很多企业都为品牌命名煞费苦心。

如今在一些发达国家品牌命名已经产业化了，美国、英国、日本等国早就存在不少专门为企业提供命名服务的专业机构。据媒体报道，2001年品牌命名业务在美国高达15亿美元。[①] 许多企业把品牌命名提升到战略的高度，有不少企业因为起名或者改名改变了企业的命运，焕发了生机，如摩托罗拉、埃克森石油公司、索尼等。其中索尼的命名更是企业通过品牌命名获得经营成功的典型案例，成为品牌营销史上的一段传奇。

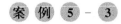

索尼的命名

"索尼"原名是东京通讯工业株式会社，当该公司生产的第一台收音机问世后，公司曾为取名绞尽脑汁，如果以公司第一个字母的缩写TTK命名产品的话，虽然具有欧美风格，但美国这类名称的公司多如牛毛，如ABC、NBC、RCA等。这会使该产品在国际商战中泥牛入海、杳无音讯。于是，公司创始人花费了大量时间，翻阅了许多字典，发现英语中Sonny（小家伙）颇为流行，并具有乐观、开朗的涵义，于是决定以此为新产品命名。

但"Sonny"一词在日语中，被读成"Sohnne"（损）意思是赔钱，这就犯了商家之大忌。于是东京通讯工业株式会社负责人盛田昭夫又思考了很久，决定将"Sonny"中的一个字母去掉，变成"Sony"，大写为"SONY"（索尼）。这个名字风格独特，简单易记，并能用罗马字母拼写，在哪一个国家都能保持相同的发音。另外，在商标设计时，将第一个字母"S"设计成如闪电的亮光一样，后面接上"ONY"三个字母，显得非常气派。

盛田昭夫并不仅仅将"SONY"这个名称用在收音机上，干脆将公司名称也改为"索尼公司"，并停止使用公司以前各种产品的多种商标，将"索尼"作为统一商标，以后生产的电视机、录音机等电器产品均以此命名。这样一来，"索尼"的产品战胜了许多竞争对手，赚取了巨额财富，并誉满全球。"索尼"的命名确实功不可没。

资料来源：周朝霞. 公共关系——理论与实务[M]. 北京：高等教育出版社，2005.

---

① 张冰. 品牌命名攻略[M]. 广州：南方日报出版社，2004：7.

二、品牌命名原则

(一) 独特、富有刺激力

名称首先要能引起人们的注意,进而才能发挥其他的作用。独特、与众不同的名称比较容易从众多企业名、品牌名中凸显出来。比如,洗护用品大多以洋名(海飞丝、姗娜拉、威娜宝、曼秀雷敦)和感性词汇(清逸、飘柔、花王)居多,"丁家宜"这个名称就显得很独特,给人耳目一新的感觉。

> **Lady Gaga 名字的价值**
>
> 有谁知道史蒂芬妮·乔安妮·安吉丽娜·杰克马诺塔这个名字?这是 Lady Gaga 的原名。这个女孩用自创的艺名 Lady Gaga 被《快公司》和《华尔街日报》誉为近年来最激动人心的品牌之一。
>
> Lady Gaga 在脸谱上的粉丝数量达到 4 700 万,在推特上的粉丝也达到 1 800 万,而且数量还在不断增长。
>
> 为什么 Lady Gaga 这个名字如此成功?因为它非常独特,令人难忘。她将"Gaga"和"女士"这两个互相矛盾的词组合到一起。前者是美国俚语"痴迷、狂热"的意思,而后者是经典和优雅的代名词。Lady Gaga 赋予了这个品牌独特的元素:图标、噱头、服饰、歌舞杂耍表演,而这一切成就了她的形象。
>
> Lady Gaga 清楚地知道自己的品牌名字所具有的力量,她警觉地对自己的品牌名字加以保护。曾经有过这样一件事:她通过起诉,成功地获得对歌手 Lady Goo Goo 的禁令,对方是一个儿童社交网站推出的歌手,Lady Gaga 认为对方不仅拙劣地模仿她的名字,还影响了她的合法权益。

资料来源:[美]芭芭拉·卡恩(Barbara E. Kahn). 沃顿商学院品牌课[M]. 北京:中国青年出版社,2014:143-144.

(二) 响亮、简洁

名称不仅用来看,还必须用来念、用来写、用来记,所以名称应该好认、好看、好听、好记。响亮,是指名称的发音要清晰、有起伏、有韵味,不容易被误听和产生歧义;简洁,是指名称字数不能太多,字形简单易写、不生僻,字数一般控制在5个字以内。比如,"北大方正""可口可乐""阿里巴巴""联想""百度""万达"等名称都很响亮、简洁。

名称起好后,一定要反复口诵,最好能让不同方言的人去反复读,确保响亮、简洁,又不产生歧义。比如,普遍认为翻译得神形皆备的美国隐形眼镜品牌名字"博士伦",用江苏苏北方言读发音就变成"不是人",结果这一品牌在这些地区就受到人们揶揄。香港的金利来服装品牌最早采用的名字叫"金狮",结果在粤语中发音"尽输",犯了消费者的大忌,最后改名"金利来"才改变品牌在市场上的颓势。南京汽车集团(现已与上海汽车集团合并)购买了一个英国汽车品牌翻译为"名爵",原以为该名称可以传递来自英伦的高贵典雅气质,结果"名爵"在南京方言发音中与"命绝"相同,最后只好采用英文字母"MG"了事。美国著名的石油公司埃克森公司为了起一个在全世界任何一个地方都不会引起麻烦的品牌名称,不惜动员心理学家、社会学家、语言学家、人类学家等各方专家,历时 6 年,耗资 1.2 亿美元,调查了 55 个国家和地区,编写了约 1 万个预案,最后才将品牌命名为"EXXON"。

(三) 协调与强化

品牌的名称最好与品牌产品的某些特点、定位相联系、相协调。比如,"精工""西铁城"能含蓄地表示钟表的本质特征:工艺精良、计时准确。如果品牌的名字跟产品无关甚至产生负面联想,则会对品牌造成巨大的伤害。比如曾经有个剃须刀命名为"险峰牌",给人一种剃刀将会割破喉咙的感觉,消费者避之唯恐不及,市场效果可想而知。

20 世纪 80 年代初,南京长江机械厂出产的蝙蝠电扇非常畅销,但在国外市场却无人问津,经过调查才发现在中国蝙蝠与"福"字谐音,是吉利的意思,但在西方蝙蝠是邪恶的象征,最后只好给用于出口的蝙蝠电扇另外起个国外使用名字:美佳乐,企业的营销和品牌推广成本大为增加。因此品牌命名不光要考虑国内市场上品牌名字与产品特点的协调,还要考虑跨文化沟通也不能出现歧义。

"莱阳一支笔"的命名

莱阳盛产梨,莱阳梨以甘甜适口、个大质脆、消炎降火、润肺止咳而驰名中外。1998 年,山东天府集团不惜重金聘请德国、韩国专家进行科技攻关,终于解决了莱阳梨深加工中的难题,诞生了原汁原味而且能长期储存的莱阳梨汁。

为了能让莱阳梨汁一鸣惊人,山东天府集团将其命名为"一支笔",企业认为:笔代表着对优秀文化的传承,莱阳梨汁取名"一支笔",寓意着企业传承了莱阳梨名扬四海的光荣历史。其实,笔和梨汁风马牛不相及，莱阳梨汁取名"一支笔"，很容易让人联想到浓黑的墨汁，这是典型的品牌命名上的败笔。

资料来源：根据网络资料编写。

南京熊猫品牌的命名失误

20世纪80年代，南京无线电厂在给自己的电视机命名时，缺乏慎重考虑，把电视机品牌名字定为"熊猫"，并且把公司名字也改为"熊猫集团"。熊猫既不是南京地方特产，又不能反映企业所在的电子技术行业特征。后来熊猫电子集团的领导也已经认识到这一缺陷，但考虑到熊猫品牌已有了较高的知名度，更改会有严重的损失，所以至今不敢改动，仍然使用这一国内外公众都觉得莫名其妙的名称。

资料来源：根据媒体报道编写。

（四）艺术与富于联想性

品牌名称作为与消费者沟通的工具，应该要有美感，要能引起消费者美好的联想，这样才能让消费者产生好感，才会喜欢这个品牌。例如"蒙牛"让人联想到内蒙古茫茫大草原"风吹草低见牛羊"，"伊利"让人联想到新疆美丽的天山、如茵的牧场，这两个品牌名字都相当符合奶制品特点；"农夫山泉"的名字会使人联想到清冽冽的山泉水，天然、环保、清凉。

"百度"品牌名字的由来

Baidu，中文名字为"百度"，取自一首著名的宋词"众里寻他千百度，蓦然回首，那人却在灯火阑珊处"。这句诗的本意是费尽精力想寻找一个人，不经意地一回头，却发现那人就在光线疏落的地方。"百度"产生于中文环境，有深厚的中国文化根基，别出心裁而又淋漓尽致地表达了搜索引擎的搜索功能。现实中，该品牌也基于"简单、可信赖"的信念，专注于中文搜索，突出"百度更懂中文"的概念，为中国用户提供便捷周到的服务。在百度身上，品牌命名与经营特色，相得益彰。

资料来源：竹文峥，全球品牌网. www.globrand.com.

（五）尊重道德、法律和民俗民风

现在一些企业为了争夺公众的眼球,故意标新立异,不尊重道德、法律、民俗民风,给企业和产品品牌乱命名,如天津有家酒店起名"他妈地";有一种白酒取名"二房佳酿"(后被责令改名为"二坊佳酿"),还有"鸡婆"味精、"痛经宝"等品牌名字,都恶俗不堪,虽吸引了眼球,却引起消费者反感,严重损害品牌形象。我国1982年颁布的《商标法》和1988年颁布的《商标法实施细则》都对企业和品牌的命名作了明确的规定:企业的品牌命名如果违反国家相关法律规定将不能被注册。湖北有个熟食品牌"乡巴佬",因为带有明显的歧视农民色彩,违反了《商标法》第8条"有害于社会主义道德风尚或有其他不良影响的"规定,被国家工商局拒绝注册。媒体曾经报道有人居然将避孕套命名为"中央一套"并申请注册,引起舆论哗然,被国家工商局驳回。这种哗众取宠的做法不仅不能有效建立知名度,反而损害企业自身形象,这是品牌建设的大忌。

（六）留有空间,便于发展

由于企业会不断发展,生产经营的产品种类、范围会经常发生变化,所以品牌命名一定要有前瞻性和适应范围,给以后的发展预留空间。比如娃哈哈虽是著名品牌,但该品牌名称只适合儿童饮品,最多是儿童用品,如果该公司的业务要想拓展到服装、电器、房地产,这个带有童趣的名称就显得很幼稚了。像亚马逊作为网上书店开始业务,其名称跟书没有直接的联系,因此就为后来该公司的业务顺利扩展到玩具、服装、饰品、护肤品、数码产品提供了便利。有鉴于此,目前的一个趋势是品牌名称中性化、宽泛化,这已成为一个命名原则。但这种做法的缺陷也很明显,即专业特色不强,公众很难迅速认知品牌的特点。所以,企业给品牌命名既要预留发展空间,又不能过于宽泛、超前,把握好两者之间的平衡至关重要。

（七）慎用地名和人名

用著名的地方、人物名称来命名,在争夺眼球竞争中具有"搭便车"的功能,且会发挥"名胜效应""名人效应"。如"青岛啤酒""人民大会堂(香烟)""咸亨酒店""孔乙己(茴香豆)""李宁(运动服)"等名称的确起到了好作用。但以地名、人名做品牌名也有不足,地名的缺陷主要是缺乏差异性、独特性,而且有地域上的局限性。比如南京书城为了扩大它在全国范围的业务只好改名为"大众书局"。上海浦东发展银行和福建兴业银行也都因为企业的业务发展到全国,受制于地名对它的限制,改名"浦发银行"和"兴业银行",品牌符号的设计和品牌推广都不得不推倒从来,极大地增加了企业的品牌建设成本。

用人名给品牌命名的缺陷是人的品行将会直接影响企业形象、品牌形象。许多当红的名人还活着,一旦出现不轨行为,就会影响企业和品牌声誉。比如20世纪 90 年代初刘晓庆偷税漏税被逮捕、各种丑闻缠身，信誉大损，就直接影响了以她名字命名的公司业务。

第三节　品牌标识设计

一、品牌标识概述

（一）品牌标识的作用

品牌标识（Brand Mark）简称"品标"，是指品牌中容易识别但无法用语言称呼的部分，包括图案、记号、符号、颜色等，比如麦当劳的金色拱门"M"、奔驰的金属三叉戟、奥迪的四个相连圆环。品牌标识与品牌名称的区别是：品牌名称是由文字组成的，而品牌标识可能是一个图形，或者是用文字组成的一个特殊造型。

品牌名称是品牌符号系统的首要元素，是连接消费者大脑与品牌的第一个接触点。然而从视觉识别的效果角度来看，品牌标识在吸引消费者的注意力、识别力以及记忆力方面效果要比品牌名称大得多。大量研究表明：①在人们依据感官接受外界信息中，83%来自视觉、11%来自听觉、3.5%来自嗅觉、1.5%来自触觉、1%来自味觉。标识正是通过人的视觉让人们获得更多的信息。②标识比语言信息更容易辨识和记忆。③标识比语言信息在人的记忆中保持的时间更长。④标识比语言信息更引人注目，激发人们联想。⑤标识比语言信息更具多样性，随着时间推移和市场变化，标识更容易更新。⑥标识比语言更加容易进行跨文化沟通。① 比如，中国很多农村老年人不懂英语，但看到大红色的波浪形"Coca-Cola"花体英文字母，他（她）也能轻易认出那就是可口可乐。正是由于品牌标识特点鲜明、造型美观、简单醒目、容易识别、辨认、记忆和传播，能反映企业或产品的特色，所以品牌标识比品牌名称能更加形象、更加生动地表现品牌的内涵，在培养消费者的品牌认知、品牌联想和品牌偏好上起着举足轻重的作用。

（二）品牌标识的类型

1. 文字标识

文字标识是用独特的形式书写的品牌全称或首个字母。如 SONY、KFC、TCL、3M、苏宁、可口可乐、麦当劳的金色首字母"M"等。文字标识是品牌名称和品牌标识的统一，它直截了当地把品牌名称展示给消费者，从而增强了品牌名称的记忆。

---

① 祝合良.品牌创建与管理[M].北京：首都经济贸易大学出版社，2007：117.

图 5-6　　　　　　　图 5-7　　　　　　　图 5-8

2. 图案标识

图案标识是将标识设计成图案，包括形象图案和抽象图案。形象图案如苹果公司"一个被咬了一口的苹果"、中国银行的"中"字古钱币；抽象图案如奔驰汽车的"三叉星"、奥迪的"四个圆环"、耐克潇洒的一个大勾。图案标识因为比文字标识更容易做到造型新颖独特，所以往往有更强烈的视觉冲击力和吸引力。

图 5-9　　　　　　　图 5-10　　　　　　　图 5-11

3. 图文标识

文字标识直接展示了品牌名称，但视觉效果不是太明显，不容易引起消费者联想；而图案标识视觉效果好，容易引起联想，但缺陷是不能直接展示品牌名称。因此很多品牌转而采用图文标识，即把品牌名称中的某个部分进行艺术处理，变型转化为一个图案，从而既让人记住品牌名称，又给人一定的联想。比如 Sina（新浪）中的字母"i"上半部设计成一个眼睛，仿佛在浏览网页；美国最大的建筑工程机械制造商卡特彼勒 CATERPILLAR 当中的第一个字母"A"下半部设计成一个三角形的土堆，表示该品牌产品与建筑工程的关系，非常新颖独特。

图 5-12　　　　　　　　　　　　图 5-13

二、品牌标识设计原则

（一）图形简洁明了

品牌标识应当简洁明了，通俗易懂，使人容易辨识和记忆。不要试图让一个小小的标识符号包含太多的信息和成分，因为这非常不利于消费者的理解和记忆。如耐克的"钩型"标识就极其简单，人们一看到就能够辨识并且记住，所以耐克标识被认为是世界上认知度最高的品牌标识之一。

（二）别具一格有创意

从一定意义上说，优秀的品牌标识应该成为一件艺术品。品牌标识独特有创意，容易引起消费者的注意。例如，苹果公司用一个苹果来命名自己的品牌就很容易引起人们的好奇：一家电脑公司为什么用一个水果来命名？苹果被咬了一口，代表什么意思？一个独特有创意的设计反而能够激发人们的关注和兴趣。搜狐网站设计了一个红黑相间的狐狸尾巴，让人觉得很奇特，很容易就记住了搜狐的"狐"。美国的一家眼镜公司用三个英文字母"OIC"作为标识，构图很像一副眼镜，而将三个字母连读发音正好是"Oh, I see!"（啊，我看见了！）真是新颖别致。

图 5-14

（三）反映产品特色有内涵

品牌标识是品牌内涵和品牌核心价值的载体，一个优秀的品牌标识，在设计上应该能够体现产品的特色和内涵，如产品的属性、品牌的价值观等。例如，宝马标识中间的蓝白相间图案，代表蓝天、白云和旋转不停的螺旋桨，喻示宝马公司渊源悠久的历史，象征该公司过去在航空发动机技术方面的领先地位，同时又象征公司的一贯宗旨和目标：在广阔的时空中，以精湛的技术、最新的观念，满足顾客的最大愿望，而圆环上方的 BMW 字样，则是公司全称的首字母缩写。中国银行的品牌标识"古钱币"同样也是既喻示了银行的经营特色，中间的孔又正好是汉字"中"，表示中国银行的简称"中行"。

（四）造型优美、有审美价值

一个成功的品牌标识应当造型优美流畅、富有感染力，既有静态美，又有动态美。例如，百事可乐的"球"形标识，上半部分红色，下半部分蓝色，中间一根白色的飘带，视觉上极为舒服顺畅，白色的飘带动感十足，给人一种青春勃发、朝气蓬勃的感觉，非常契合百事可乐"新一代的选择"这种品牌定位。同样，可口可乐的波浪形字体也是动感十足，充满激情和活力，看上去就大气、漂亮。

第四节　品牌形象代表设计

一、品牌形象代表的作用

菲利普·科特勒曾经说过："如果你的企业没有一个非常强有力的创新，那可以找一个代言人，比如乔丹。如果人们看到一个有名的脸，客户会很快认识这个产品，还可以找一些虚拟造型。"① 在这个注意力经济的时代，人们更喜欢用感官

---

① ［美］菲利普·科特勒.营销管理（第 11 版）[M].上海：上海人民出版社，2003.

去认识世界。美国著名管理学家斯科特·麦克凯恩说:"一切行业都是娱乐业。"在娱乐经济的影响下,更多的企业开始为自己的品牌设计一个品牌形象代表,让带有娱乐特性的品牌形象代表来传递品牌的信息,为品牌代言。因此品牌策划者常常选择特定的人物、动物、植物或器物等形象,用拟人化的手法,塑造一个幽默风趣、亲切可爱的造型,来和消费者的情感进行沟通,人情味地表达品牌的内涵和特质,给公众留下难忘的视觉形象。

对于品牌建设来说,品牌形象代表能给品牌带来以下好处:

(一) 有助于消费者产生品牌联想

品牌形象代表一般都幽默风趣、亲切可爱、充满想象力,容易引起人们极大的兴趣,因此在吸引消费者注意力、引发消费者对品牌的喜爱、产生正面有益的品牌联想等方面非常有用。例如,孩子们一提到麦当劳,就想到麦当劳门口那个活泼有趣的小丑叔叔;男人们一抽起万宝路香烟,俨然自己也有了美国西部牛仔的潇洒豪迈气魄。

图 5-15

图 5-16

(二) 形象地传递品牌的个性特征

品牌建设的一个重点就是塑造鲜明的品牌个性,以此和竞争品牌形成差异。要想塑造鲜明的品牌个性,最好的方法是把品牌当做一个人一样来培育,有人的年龄、性别、职业、性格等,通过鲜活的品牌人物形象把品牌的个性和特色展现得一览无余。例如,创立于 1894 年的米其林轮胎人"必比登"(现改名为"米其林先生")是一个堪称经典的品牌角色,这一创意源于企业创始人爱德华·米其林在一个展览会门口看到的不同直径轮胎的堆积,其堆积的轮胎造型反映出米其林轮胎强韧结实的品牌个性和产品特点。米其林公司围绕这一形象展开过许多大型活动,比如寻找米其林宝宝、给米其林先生找女朋友等等,引来全球公众关注和参与,极大地提高了品牌的知名度和美誉度。

图 5-17　　　　　　　　图 5-18　　　　　　　　图 5-19

（三）便于与消费者的沟通，建立良好的品牌关系

品牌形象代表使品牌具有了人的个性和特征，它像一个人一样跟消费者交流互动，从而使消费者产生亲近的感觉，有利于品牌和消费者之间的沟通，有利于双方良好关系的建立。如酷儿蓝色的娃娃头像对于3~15岁的儿童来说非常亲切，就像朋友一样；七喜小子那副坏坏的样子就像隔壁班的男生……所有这些品牌形象代表就像生活中的伙伴走进消费者的生活。

（四）有助于品牌延伸和发展

由于品牌形象代表通常不与产品发生直接联系，因此在企业扩大经营、品牌延伸到其他产品类别甚至其他行业时，品牌形象代表具有很强的灵活性和适应性，它依然可以代表品牌的形象、传递品牌的内涵，在保持品牌形象一致性和一贯性方面起着不可替代的作用。例如，海尔兄弟最初只是海尔冰箱的形象代表，但后来海尔的业务拓宽发展到空调、洗衣机、电视机、热水器等，海尔兄弟作为所有这些家用电器的形象代表没有一丝"违和感"，熟悉的小兄弟图片贴在海尔所有的家用电器上，让消费者感到非常亲切，一看到这小兄弟标识，就知道这是海尔家族的产品。美国通用磨坊食品公司的贝蒂·克罗克也是这样，几十年来，不管公司推出多少新的产品，贝蒂·克罗克永远像一个亲切随和的邻家主妇热情地招呼你。

（五）降低企业营销成本

如果不设计品牌形象代表，企业很多时候就必须请明星来替品牌代言、跟消费者沟通。目前明星的身价越来越高，一些一线明星代言价格已经高达千万以上，许多中小企业根本承担不起。即使实力雄厚的大公司，采用明星代言财务压力也相当大，因为代言一次合约一般只有一两个月，到期必须重新签约支付代言费，而企业打造品牌、传递品牌形象并不是短期完成、一劳永逸的事。采用品牌形象代表正可以解决这一难题，它专属于企业，无需企业支付任何酬劳，除了前期花费一些设计、制作费之外，只要企业愿意，可以无限期地使用下去，极大地降低了企业品牌建设的成本。

（六）增强品牌形象传播的控制性

品牌形象代表是虚构的，并不是现实生活中真实存在的人物，因此它的一举一动都始终控制在企业手里，它永远不会犯错误，永远能够保持品牌设计者赋予它的美好形象，准确传递品牌的个性和形象。而如果请明星代言，费用昂贵不说，品牌形象也始终处于不确定之中。明星也是普通人，也会说错话、办错事，就会直接损害到他（她）所代言的品牌形象，更不用说有些明星生活不检点、吸毒、犯法，更是使他代言的品牌连累受到公众的抵制。2008年，萨朗·斯通一番失言差点使她代言的迪奥品牌退出中国市场，尽管迪奥公司迅速进行了危机公关，但仍然给品牌造成了重大的伤害，公司也蒙受了巨大的损失。

萨朗·斯通代言迪奥

2008年5月24日，好莱坞影星萨朗·斯通在出席第61届夏纳电影节时，竟对记者说："中国发生了四川地震，这是报应。"当时汶川大地震举世震惊、举国悲恸，全世界人民都在积极支持中国抗灾，中国抗震军民正全力以赴营救受难者，萨朗·斯通幸灾乐祸的言论不仅是对中国人民的恶毒攻击，也是对全人类基本价值的践踏，因此，立刻遭到了全球舆论的谴责。

在中国，人们不光谴责萨朗·斯通，自发地对其拍摄的电影进行封杀，而且网民们积极倡议抵制萨朗·斯通代言的产品。一时间，"城门失火，殃及池鱼"，请萨朗·斯通代言的化妆品奢侈品牌迪奥在中国陷入一场危机，成了人们发泄愤怒的目标，有人砸迪奥的广告牌，有人要求退货。搞得迪奥连连救火，向消费者道歉。迪奥既没有发生产品质量问题，也没有对中国的地震灾难有任何不当言论，却陷入了被消费者抵制的尴尬境地，它错就错在恰好选择了一个道德沦丧、缺乏良知的品牌代言人，结果使自己的品牌蒙羞。所以，采用名人做代言就会有类似的风险，一旦代言人出问题，品牌也跟着遭受名誉损失。

资料来源：根据网络资料编写。

二、品牌形象代表的类型

品牌形象代表(Brand Character)是品牌符号的一种特殊类型,是品牌形象的传递者。品牌形象代表一般分为两种类型:虚拟形象和现实人物原型。虚拟形象组成的品牌形象代表有:米老鼠、米其林先生、海尔兄弟、麦当劳叔叔等;由现实人物原型组成的品牌形象代表有:肯德基的山德士上校、桂格麦片商标上身着桂格派教友服装的男子、万宝路香烟的牛仔等。

企业采用虚拟形象或是现实人物形象各有利弊。现实人物形象更具有生活感和真实感,不过现实人物形象的外形设计往往受到时代的限制,时间一长就必须进行修改,否则就会不符合新一代消费者的审美和爱好。而虚拟形象往往是艺术化的、拟人的、带有夸张或抽象的形象,比较起真实人物造型,相对来说不容易受到时代审美观的限制,因此现在企业对于品牌形象代表的设计,越来越偏重于使用虚拟形象。

使用虚拟形象具有以下优点:

(一)虚拟形象时间更长久

虚拟形象一旦设计成功就会深入人心,长留人们脑海。有些虚拟的卡通形象经过了几十年的洗礼,仍然留存在人们的心中,深受人们的喜爱,甚至伴随几代人的成长,影响到他们的美好记忆。虚拟形象作为品牌长期、稳定的形象代表,陪伴品牌共同成长。因为它鲜明持久的定位与造型,渗透力强劲,品牌的形象累积效应非常明显。

(二)形象专属,与品牌高度匹配

虚拟形象可以完全按照品牌个性、品牌定位的要求进行设计,从而使得虚拟出来的品牌形象代表完全具备品牌所需要的年龄、性格、气质、职业等特征,与企业希望塑造的品牌形象保持高度的匹配、不发生错位;此外,在品牌形象传播的过程中也可以完全按照企业的要求进行传播,力求达到品牌与消费者之间的高度契合。

(三)虚拟形象更受消费者欢迎

一般来说,企业设计的虚拟品牌代表造型都活泼可爱、生动有趣、夸张幽默,不光孩子们喜欢,许多成年人看到这些轻松可爱的卡通形象,也会被激发出潜在的童趣,深深地被这些虚拟人物所吸引。因此虚拟品牌形象代表比用真实人物造型打造的形象代表更容易吸引消费者的关注,引发消费者的喜爱。

案例 5-9

世界著名的虚拟品牌形象代表

虚拟形象代表一：必比登（米其林先生）

产品：米其林轮胎。

推出时间：1894年。

"必比登"是作为米其林公司形象标志的虚拟形象"轮胎人"名字的法语音译，成为了米其林公司个性鲜明的象征。一个多世纪以来，必比登以他迷人的微笑，可爱的形象，把欢乐和幸福几乎带到了世界的每一个角落，已经成为家喻户晓的亲善大

图 5-20

使，米其林也因此而扬名天下。20世纪末，由一些著名艺术家、设计师、建筑师、零售商、广告与发行业者组成的国际评审团在对本世纪最佳50个企业标志的评选中，魅力十足的必比登征服了所有评委的挑剔眼光，荣膺榜首。

虚拟形象代表二：酷儿（Qoo）

姓名：酷儿（Qoo）。

出身：某日现身森林，后被一对好心夫妇领走，收养为家中独子。

特征：只会说"Qoo"，一喝Qoo脸上的红圈会扩大。

图 5-21

个性：喜欢打扮；好动，喜欢到处捣乱；想做就去做，所以有时会惹麻烦；外表简单。

酷儿诞生在可口可乐家族，成为可口可乐公司果汁饮料的产品代言人，蓝色大脑袋卡通人物"酷儿"，营造出了童话般的沟通氛围，单单一个形象的出现就足以令人们回到纯真的童话世界。所有想要传播的关于"乐趣"的观点，都可以通过"酷儿"实现，它是代言人，是主角。酷儿编故事，讲故事，"乐趣"被融入故事，变成隐藏在故事背后的灵魂，而不再是空洞的形容词。

虚拟形象代表三:FIDO DIDO

姓名:FIDO DIDO。

出生时间:1987年。

诞生地点:纽约餐馆的一张餐巾纸上。

年龄:永远年轻外形。

特征:酷酷的外形,一身随意的休闲运动打扮代表着青春和活力;立在脑袋上的7根头发显出独特不羁的个性。

图 5-22

最喜欢的饮料:七喜,因为七喜自然、清新、透亮、清澈、清爽,不会太甜腻,够Fashion,够Cool。

性格特征:聪明、自信、积极、乐观,有着强烈的好奇心,并且偶尔会做出一些出人意表的事情,崇尚自我,个性张扬。

FIDO是百事1987年为自己的品牌七喜设计的一个卡通形象代言人,FIDO自我、自信、轻松随意、机智灵活的独特个性和七喜"一点就透"的品牌主张相结合,使七喜和FIDO在消费者心目中建立起更有亲情味和更有鲜明个性的形象。FIDO的行为、FIDO的语言、FIDO的个性在20世纪80至90年代风靡一时,其影响远远超过了一个品牌形象,成为一种时尚。FIDO已不仅仅是一个卡通人物,它象征着一种人生态度,通过他独特的个性来代表年轻人所向往的一种人生哲学。

资料来源:于长江.全球品牌网.www.globrand.com.

第五节　品牌口号设计

一、品牌口号的涵义

品牌口号是指企业为了实现与目标公众之间的有效沟通而推出的一种高度浓缩理念和核心思想的信息载体,是品牌的主张或承诺。如福特主张"进无止境",安踏主张"永不止步"(Keep Moving),耐克主张"想做就做"(Just Do It)等,这些信念主张与许多消费者的价值取向契合一致,引起消费者对这些品牌产生认同甚至是信仰。

品牌口号通常是一个短句或词组,有了这样一个短句,抽象的品牌内涵更容易传递出来,尽管品牌名称和品牌标识都能在一定程度上传递和表达品牌内涵,但品牌口号因其借助于语言,可以将品牌内涵更简单更直白地表达出来。许多人认为品牌口号就是广告语或广告口号,其实这是一个误解。产生这种误解的原因在于,大部分情况下,品牌口号确实是通过广告传播的,有时企业也会直接拿品牌口号做广告语,但两者实际上有很大的区别。品牌口号代表了品牌所倡导的精神,具有深刻的内涵,是长期的宣传口号。而广告口号则可以是短期的行为,在大部分情况下,广告口号致力于产品本身,强调产品的功能以及效果。

例如,雀巢的"味道好极了"、格力的"好空调,格力造"、海飞丝的"头屑去无踪,秀发更出众"等,这些都属于广告语(或广告口号),它们反映了产品的特色和利益,却不能表达和传递品牌精神,当这些品牌旗下的产品延伸到其他领域时,这些口号就不再适用,必须针对新产品采用新的广告语。而品牌口号,如美国通用(GE)的"梦想启动未来"、飞利浦的"让我们做得更好"、耐克喊出的"想做就做"、福特提倡的"活得精彩"(先后改为"感受非凡""进无止境")、格力的"让世界爱上中国造"等,都是将品牌的精神和价值主张直接表达出来,口号可以覆盖品牌旗下所有的产品,而不是仅仅对某一个产品的性能和特点加以宣传和描述。品牌口号一般都出现在品牌标识附近,如安飞士(Avis)出租车公司在标识旁边写着品牌口号"我们更努力",格力品牌标识下方写着"让世界爱上中国造",无锡小天鹅品牌标识旁边写着"全心全意小天鹅"。

图 5-23　　　　　　图 5-24　　　　　　图 5-25

二、品牌口号设计原则

品牌口号设计要遵循以下原则:

(一)准确把握品牌核心价值

在设计品牌口号时,最重要的是要把握住品牌精髓和品牌核心价值,赋予品牌口号深刻的内涵。品牌口号如果不能将品牌与其公司倡导的理念和价值主张相联系,品牌口号就毫无意义。

(二)符合目标顾客心理需求

品牌口号要符合目标顾客的心理需求,能够使人产生情感上的共鸣,这样消费者才会从认同、接受品牌的价值主张到积极主动去传播它。如"人头马一开,好事自然来",契合了中国人喜欢吉利、喜欢讨个好彩头的心理习惯;"钻石恒久远,一颗永流传",象征爱情坚贞永恒,激起许多即将走入婚姻殿堂的年轻男女的向往;耐克的"想做就做",坚定执著、酣畅淋漓,引发充满激情的年轻人的共鸣。

(三)朗朗上口,适于传播

品牌口号必须简洁、短小和精炼,字数控制在7~10个字左右。如果句子太长,消费者根本记不住,更不用说去传播了。品牌口号简洁、朗朗上口,不光便于消费者记忆,而且因其用简单的语句概括出了消费者所认同甚至欣赏的价值主张,变成社会时尚的流行语。如"好东西要和好朋友分享"(麦斯威尔咖啡)、"不在乎天长地久,只在乎曾经拥有"(飞亚达手表)、"人类失去联想,世界将会怎样"(联想集团)、"同一个世界,同一个梦想"(北京奥运会),都曾经是风行一时的社会流行语。

福特三次品牌口号的变更

长安福特从2003年推出第一款新车嘉年华到2012年4月北京车展前,仅有蒙迪欧致胜、福克斯、新嘉年华、福特麦柯斯四款车型征战中国汽车市场,甚至于3年无新车推出。究其原因是过去十年间福特专注欧美业务重组,无暇顾及中国市场。即使如此,长安福特过去十年依然由年销量不足2万辆提升到近41.85万辆,而这十年间尤为关键点却是从2007年喊出"活得精彩"品牌口号开始,伴随着三次品牌口号的更换是长安福特越加重视中国市场,品牌定位更加偏向于年轻一代与运动化风格。

从2007年"活得精彩"到2010年"感受非凡",再到2012年的"进无止境",每一次品牌口号的更换是"每一个包子"的积累,当量变达到质变,长安福特即使是在无新车的2014年依然能够以高于行业三倍的增速示人。

就在2014年广州车展上,长安福特举办了首个品牌之夜——"进无止境"之夜,这也是国内众多品牌之夜当中唯一一个由合资车企主导的品牌活动。除了例行的三款新车型外,"进无止境"之夜用四段视频诠释了福特不仅是车,更是年轻人的汽车梦想与生活方式的展现。

"这首先证明了我们对于2015年之后市场发展的信心;其次也证明我们真正聆听了中国消费者的心声,以及证明了'进无止境'品牌承诺。"长安福特总裁马瑞麟表示。

自2007年开始,长安福特借助福克斯的热销提出了"活得精彩"的品牌理念,由此传递出的年轻化和运动感契合了年轻一代的消费认同,反助福克斯多年来成为长安福特销量的支柱。由"活得精彩"到"感受非凡"的更名,传递的是长安福特市场攻略的全新转型,即品牌文化向产品竞争力的切换;而"感受非凡"到2012年的"进无止境",意在表明长安福特绝不会故步自封,会不断推出品质优良的产品,打造强大的企业。

图 5-26

资料来源:根据网络资料编写。

第六章 品牌传播管理

第一节 品牌传播的概述

一、品牌传播的涵义

企业规划设计出品牌价值、品牌个性、品牌定位、品牌符号等一系列品牌元素之后,必须通过一定的方式把这些元素传递出去、让消费者接触到、了解到并且理解这些信息,品牌建设才算真正有效。如果企业规划设计的这些品牌信息消费者不知情,市场不了解,那么所谓的品牌建设无异于是企业自娱自乐,没有任何意义,品牌也没有任何价值。因此在品牌的各项基本元素设计出来之后,一项必不可少的工作就必须展开了——这就是品牌的传播。

"传播",中文是传递和发送信息的意思。英文"Communication"更多是"交流""沟通"的意思。由于更多地强调信息沟通的双向互动,因此历来中国管理类教材都特别重视美国施拉姆提出的双向传播模式(见图6-1)。

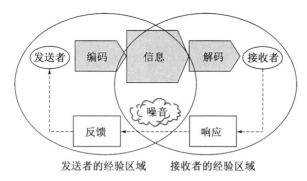

图6-1 双向沟通模式

品牌传播作为一种专业性传播类型,当然必须具备传播学一般原理所规定的各项要素、符合传播学的基本原则,这是毋庸置疑的。但本书作者认为,企业作为品牌建设的主体,在进行品牌传播的管理工作中,更多的使命应该是把需要传递给消费者的品牌信息高效地、准确地发送出去,即品牌传播(Brand Communication)的工作重心应该侧重于"传送",而不是一般沟通学、管理学教材中强调的双向交流、沟通。

有鉴于此,本书认为,所谓品牌传播就是品牌的所有者,采用一切可能的方法(包括产品的包装、企业的办公设备和用品、组织成员的服饰与行为、广告、公关与促销活动等)把品牌的各项元素(包括品牌价值、品牌精神、品牌内涵、品牌个性、品牌符号等)传递给消费者,让消费者熟悉、了解,以此提高品牌的知名度和美誉度,建立起消费者与品牌之间良好的品牌关系。

二、品牌传播的理念

在品牌发展历史上有许多理论都对品牌传播产生重大的影响,包括 USP 理论(独特销售主张)、品牌形象理论、品牌个性理论等。然而专门针对品牌传播产生重要影响的理论主要还是奥美的"360°品牌管理"和整合营销传播理论。前者强调在"品牌与顾客的每一个接触点"上实行传播管理,后者注重传播手段的整合以及传播信息的一致性。

(一)奥美的"360°品牌管理"

1992 年,全球知名广告公司奥美在继承奥格威关于品牌形象的基础上,经过多年在实践中的积累,提出了"品牌管家"(Brand Stewardship)的管理思想。这种思想的核心就是用一套完整的企业规划来确保所有与品牌相关的活动都反映品牌独有的核心价值及精神。20 世纪 90 年代末,在整合营销传播理论的影响下,奥美把"品牌管家"进一步演进为"360°品牌管理"理论,强调以全方位的传播工具创建顾客的品牌体验,积累品牌资产。"管家"有悉心照顾他人的资产和利益的意思,奥美的品牌管家式服务意味着要把对品牌的认知贯彻到与顾客的每一个接触点上去[①],也就是要为品牌提供 360°的全方位服务。

所谓 360°就是:①每一个与顾客的接触点都能达到预期的效果;②每一个接触点都能准确地传达信息;③经验更加容易获取,信息更加丰富。

奥美的"360°品牌管理"就是在品牌与顾客接触到的每一个点,都呈现出一个适当切中的讯息,这样在关键时刻才能产生最大的冲击力,帮助客户管理并累积品牌资产。

(二)整合营销传播理论

1. 整合营销传播的涵义

整合营销传播(Integrated Marketing Communication,IMC)最早是由美国西北大学传播学的教授唐·舒尔茨提出。1992 年,唐·舒尔茨出版《整合营销传播》一书,在书中首次提出了整合营销传播的概念。该理论一经提出,立刻风靡全

---

① 何佳讯.品牌形象策划——透视品牌经营[M].上海:复旦大学出版社,2000:75.

球营销与企业界，IBM、3M、联邦快递、微软等全球知名大企业纷纷采用并加以完善，成为影响品牌传播的最新主流理论。

整合营销传播的核心思想是：把企业一切营销和传播活动，如广告、促销、采购、生产、外联、公关、产品开发等进行一元化的整合重组，让受众从不同的信息渠道获得品牌的一致信息，以增强品牌诉求的一致性和完整性。通过对信息资源实行统一配置、统一使用，提高资源利用率，使营销和传播活动具有更加广阔的空间。①

2. 整合品牌传播的涵义

正是在整合营销传播理论的影响下，品牌管理者迅速接受了这一新的理念，并把它运用到品牌传播的实践中来。2011年11月唐·舒尔茨在中国浙江大学举办的"全球整合营销传播精髓论坛"上发表演讲指出："很显然，传播的终极目的应该是为了累积品牌资产，而不仅仅限于短期的营销利益。营销只是一种市场工具，是可以被模仿、学习、复制的，而品牌才是企业最核心的竞争力，是不可复制且独一无二的。传播的目的是品牌资产的长期积累而非只是短期的营销利益，这应该是整合品牌传播和全员品牌管理的真谛。"

美国营销学者托马斯·罗索和罗纳德·莱恩也指出："整合营销传播是指将所有传达给消费者的信息，包括传统广告、销售促进、直复广告、事件营销、包装等以有利于品牌的形式呈现，对每一条信息都应使之整体化和相互呼应，以支持其他关于品牌的信息或印象，如果这一过程成功，它将通过向消费者传达同样的品牌信息而建立起品牌资产。"②

由以上学者的观点可以看出，整合营销传播理论已经成为现代品牌管理中用于品牌传播的最基本的理论。本书将英特品牌（Interbrand）公司整合传播和策划部主任卡罗琳·雷的定义确定为整合品牌传播的定义：所谓整合品牌传播，是指企业从内容和时间上整合所有可能影响消费者的接触点，持续传递统一的品牌识别，最终建立品牌资产的一切营销活动。

三、品牌传播的原则

综合"360°品牌管理"和整合营销理论这两个对品牌传播影响最大的理论的观点，品牌传播需要遵循以下原则：

（一）采用所有的品牌接触点传递品牌的信息

消费者对品牌的印象是多渠道多次接触长期积累的结果，在这过程中任何一个看似微不足道的细节都会影响到消费者对品牌的看法，飞机上乘客盖的毛毯如

---

① ［美］唐·E. 舒尔茨. 整合营销传播［M］. 北京：中国物价出版社，2002.
② 周志民. 品牌管理［M］. 天津：南开大学出版社，2008：170.

果舱脏就会导致顾客对该航空公司服务品质的怀疑;一个客户服务小姐的出言不逊会导致顾客对品牌的不满;产品零售店的装潢土气低劣则会让品牌宣称的高端形象轰然坍塌……美国著名品牌学者汤姆·邓肯把顾客接触到品牌和公司的任何情形称之为"品牌—客户接触点",提出"媒体不是连接顾客与品牌信息的唯一方式,除了营销传播信息之外,还有各种品牌接触点都在传递着品牌的信息,品牌管理者必须要做好每一个接触点的管理"。[①] 瑞典斯堪的纳维亚航空公司的总裁詹·卡尔森更进一步,把这些品牌接触点称之为"关键时刻",任何一个关键时刻实际上都是企业传播品牌信息的地方[②]。

品牌接触点概念的提出,为品牌信息如何通过更有效的传播渗透到消费者的心中开辟了一个新的角度。斯科特·戴维斯在他的著作中直接提出了"通过运作品牌,控制接触点"的主张:"我们将每一种接触命名为品牌接触点。简单来说,品牌接触点就是品牌采取不同途径与顾客、员工和其他风险承担者相互产生作用和影响。每一步行动,每一个战术的运用和战略的实施,都是为了去接近顾客和风险承担者,上述措施不是通过广告、收银台、客服电话,就是通过代言人来阐释接触点。"[③]也就是说,品牌的传播运作并不仅仅是一种战略层面的观念,更多的是具体的、能与每一位消费者相遇的品牌接触点。

所以,任何一个顾客有可能接触到的地方都应该是企业传递品牌信息、进行品牌传播的渠道,例如产品的包装、价格,门店的装潢布置,广告媒体的选择,企业高层领导的对外发言和行为举止,企业营销活动的方式等等。品牌管理者必须围绕品牌的核心价值与定位,全方位输出品牌信息,塑造良好的品牌形象,提高品牌的知名度和美誉度,防止因个别细节问题的缺失导致顾客对品牌的误解与失望。

(二)围绕品牌精髓所有的传播内容保持一致

当前企业用于品牌传播的途径和手段非常多元,除了产品包装、价格、员工行为、企业设备、办公用品之外,各种各样的营销活动、公关活动、媒体广告等等都是用来传播品牌信息的途径,而所有这些不同的传播手段各有特点、各有利弊,处理不好,就会使这些传播渠道在传播的过程中出现品牌形象的冲突。例如,企业花了巨大代价研发出的最新产品,品牌定位也是面向高端人群的高端产品,但如果营销活动中一次次搞打折促销、免费赠送,就会使企业原来规划的品牌形象根本无法建立。还有,假如企业采用的各种传播工具各自为政,传递的品牌信息杂乱无章、甚至相互矛盾,那统一的、清晰的品牌形象必然无法在消费者的脑海中建立起来。因此,品牌传播要以品牌规划确定的品牌精髓为统帅,对各种传播手段以

---

① [美]汤姆·邓肯.广告与整合营销传播原理[M].北京:机械工业出版社,2006.
② [瑞典]詹·卡尔森(Jan Carlzon).关键时刻[M].北京:中国人民大学出版社,2010.
③ [美]斯科特·戴维斯.品牌驱动力[M].北京:中国财政经济出版社,2007.

及传播的内容统一规划、统一管理，形成合力协同作战，绝不能各自为政、甚至自相矛盾。美国曾经有一家航空公司在本国广告宣传中宣称自己服务高端、设施豪华，而在另一个国家又声称自己经济实惠，品牌传播信息互相矛盾，结果被消费者认为欺骗公众，受到严厉批评，企业形象也遭遇重创。

（三）品牌信息的传播在时间安排上先后有序并且不间断

品牌传播不光在内容上要围绕品牌核心价值和品牌精髓保证所有的传播工具发出统一的品牌形象信息，在传播内容的时间安排上也要做到既先后有序，又持续不间断地始终输出统一的品牌形象信息。如广告作为传播手段最大的特点是起到告知的作用，能在较短的时间内提高品牌的知名度，因此在品牌刚开始打造时可以多采用广告的方法传播品牌信息，让顾客了解品牌的名称、熟悉品牌的标识、知晓品牌产品的性能和特色；但当品牌已经有了一定的知名度后，企业要更多地开展一些相关的公关活动、创意活动，让顾客了解品牌的内涵、品牌核心价值以及品牌的精神，从而增加顾客对品牌的好感，培养顾客的品牌忠诚。

尽管传播的内容在时间安排上要有所侧重，但对于品牌的核心价值等最重要的品牌内涵方面的信息，企业必须一以贯之、始终坚持发出统一的信息。如沃尔沃在任何时候从来都坚守"安全"的核心理念，长年累月、以滴水穿石般的耐心和毅力孜孜不倦地把有关"安全"的各种品牌信息传递给公众，如发明充气垫、经过新的压力测试等等，不管什么时候，沃尔沃总是把它在安全方面的信息第一时间告知公众。

（四）品牌传播由内而外、最后内外并举

虽然品牌传播是一个消费者导向的概念，从传播的目的、传播的内容、传播的方法来说应该由外而内开展（即根据外部消费者的情况来进行传播工作的规划和实施），但从传播的顺序来看却应该先内后外、由内而外，传播的对象先是企业内部员工，再到外部的合作伙伴及消费者。这是因为每一个员工或多或少都是品牌接触点上的人，他们承担着品牌传播的使命，一个电话接线员、一个上门维修的维修工都会影响到顾客对品牌的感受，即使有些员工不是直接的品牌接触点，也是对接触点有重要影响的人。比如厨师做菜时不小心里面掉进一个苍蝇，就会引起顾客严重的不满。厨师跟顾客虽然不接触，但他的产品却是直接的接触点。因此假如内部员工不能了解并认同品牌的核心价值，那么他们就不可能以实际行动表现品牌的精髓，并向外部的零售商和顾客传递品牌的核心价值和品牌精神。

除了针对内部员工进行品牌传播外，外部合作的零售商店也属于品牌传播的内部对象，因为零售商的服务态度和服务水平在很大程度上影响到顾客对品牌的评价和感受。

品牌传播由内而外，实际上就是贯彻全员品牌化的战略，只有企业从上到下

全部领会了品牌的内涵、坚守品牌的核心理念,才能从各个方面全方位地输出品牌的信息,打造内外一致的品牌形象,对外传播才有坚实的基础。

(五) 抓住时机、形式多样、富有创意地传递信息

当今社会信息过剩,消费者对于各种广告信息或者严重抵触或者视若无睹,怎样才能取得良好的传播效果,传播技巧就显得非常重要。一般来说传播技巧可以归纳为以下三点:

1. 抓住时机

通常节假日是一个比较好的传播时机,公众有闲暇关注企业举办的各项活动和广告信息,有时还会乐于参与这些品牌推广活动。腾讯公司在2015年春节举办的央视春节联欢晚会摇一摇抢红包活动、2016年春节支付宝举办的集"五福"分享2亿大红包活动,都吸引了亿万网民参与,两家公司的用户迅速呈几何级上升。《墨子》里有这样一则故事:一次,子禽问他的老师墨子:"多说话有好处吗?"墨子答道:"蛤蟆、青蛙,白天黑夜叫个不停,弄得口干舌燥,可是没有人去听它的。你再看那公鸡,在黎明时啼叫几声,大家就知道天快亮了,都很留意。多说话有什么好处呢?只有在切合时机的情况下说话才有用。"这则故事告诉我们,说话要注意时机和方式的把握。品牌的传播也是如此,如果整天广告满天飞,搞视觉轰炸,就像蛙鸣一样,听者避之唯恐不及。只有在适当的时间采取适当的方式,品牌传播才能真正触动大众,才能让品牌在消费者心中落地生根。①

2. 形式多样

现在媒体高度多元化,除了传统的报纸、杂志、广播、电视、户外广告牌之外,各种网络媒体也令人眼花缭乱、应接不暇,消费者的媒体选择余地很大,稍有不满立刻就会转换获取信息的媒体。因此品牌传播一定要形式多样有新意,除了要精准选择目标顾客喜欢或习惯的传播媒体之外,传播方式也要多样化,避免消费者感到单调和乏味。

3. 富有创意

许多企业品牌传播缺乏创意,总是跟在知名企业后面模仿"山寨",无法吸引消费者的注意和参与,品牌的知名度和美誉度始终不能得到提高。2012年屈臣氏搞了一个"i蝶儿"活动新颖有趣,受到了许多消费者的喜爱,吸引了很多人参加。具体的活动情况是:2012年9月27日,屈臣氏推出了屈臣氏版扑蝴蝶手机应用——i蝶儿,顾客下载了"i蝶儿"之后,只要走近屈臣氏的零售店,就会有美丽的蝴蝶在手机屏幕中飞过,顾客捕捉到蝴蝶就可以马上走进屈臣氏兑换相应的优惠。若在微博上分享此次活动的信息或者捕捉到蝴蝶图片,还可以获得抽奖机

---

① 梁东,连漪.品牌管理[M].北京:高等教育出版社,2012:201.

会,赢取意外的奖品。"i 蝶儿"推出后受到消费者的喜爱,百度搜索超过 759 000 条,活动期间屈臣氏每个单店销售额平均增长了 15% 以上。①

第二节　品牌传播的途径

一、产品包装、价格与销售渠道

(一)产品包装

1. 产品包装的涵义

包装是指产品的容器和外部包扎。按照产品在流通领域中的作用不同,包装可以分为运输包装和销售包装两种类型。运输包装又称"外包装"或"大包装",主要用于保护产品在运输过程中的品质安全与数量完整。销售包装又称"内包装"或"小包装",随同产品一起进入销售环节,与消费者直接接触。因此销售包装不仅需要保护商品,更要能够美化和宣传商品,吸引顾客,推动顾客识别和选购。营销学家把销售包装称为"最后的推销员""无声的推销员"。在现代市场营销中,包装已经突破了传统的以保护商品为主要目的的观念,具有识别、便利、美化和增值的功能,是传递品牌信息的一种手段,成为品牌传播的一个重要途径。

2. 产品包装在品牌传播中的运用

俗话说"佛靠金装人靠衣装",包装是品牌的脸面与衣着,顾客接触产品的第一眼就是产品的包装。世界上最大的化学公司——杜邦公司营销人员曾经做过一项周密的市场调查,发现了著名的杜邦定律,即 63% 的消费者是根据商品的包装和商店装潢进行购买决策的。因此通过包装传递品牌的信息,树立良好的品牌形象,让消费者对品牌一见钟情,产生良好的第一印象,就成为一种不可忽视的品牌传播途径了。

要让包装在品牌传播中发挥作用,需要做到以下三点:

(1)体现品牌理念。企业在设计包装时,要把品牌的核心理念融入设计中,消费者能够从产品的包装上感受到品牌的核心理念与价值诉求,从而形成对品牌产品深层次的喜爱和接纳。例如,2015 年著名地产商任志强为支持内蒙古阿拉善地区农民种植小米,从源头治理当地沙漠化越来越严重的状况,由他亲自代言当地的小米,把小米品牌注册为"小米大任",品牌名称既是任志强的姓,又谐音意为"沙漠的小米承担着治理沙漠保护环境绿色生态富裕民众的重大社会责任"。在包装上醒目的位置注上"阿拉善 SEE"的字样(任志强时任阿拉善 SEE 生态协

---

① 王海忠.品牌管理[M].北京:清华大学出版社,2014:184.

会会长)①包装的背面则将"小米大任"的品牌内涵与特色用简洁感人的文字标出,吸引打动了许多消费者以高出普通小米很多的价格进行购买,以示对社会公益事业的支持。

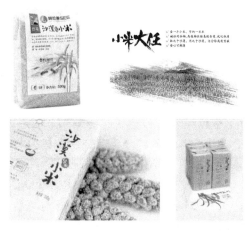

图 6-2

（2）统一视觉形象。产品包装在设计时要围绕品牌的基本理念,把各种品牌元素统一加以整合,如品牌的名称、标识、标准色、品牌个性、品牌定位等必须相互协调、彼此呼应,形成统一和谐的视觉形象,让消费者印象深刻,形成良好的品牌形象。如果包装设计独特精美,符合品牌的个性,会让消费者爱不释手,"爱屋及乌",由产品的包装进而对品牌产生好感。瑞典著名的伏特加酒"绝对"就是因为出色的包装创意而一举成名,成为世界著名的伏特加品牌。

绝对伏特加的瓶子造就了"绝对"品牌

1979年,瑞典Carillon公司向市场推出了一款伏特加酒,取名"绝对"。然而历来在社会大众心目中,伏特加与俄国几乎是同等的概念,只有俄罗斯生产的伏特加才是最正宗的,这几乎是伏特加的铁律。其他国家要想生产销售伏特加,都要拼命标榜自己产品的原材料、工艺等怎样跟俄罗斯有关,否则根本就别想卖出去。

---

① 阿拉善SEE生态协会:2004年6月5日,百位中国企业家在广袤的腾格里沙漠里排成一道历史性的风景——中国首家以社会(Society)责任为己任,以企业家(Entrepreneur)为主体,以保护地球生态(Ecology)为实践目标的NGO(非政府组织)公益机构——阿拉善SEE生态协会正式诞生。作为发起人的80位企业家们承诺:连续十年,每年投资10万元人民币,以减缓阿拉善的沙尘暴为起点,致力于保护中国的生态环境,促进人与自然的和谐,促进人与社会的和谐,促进人与人的和谐。

> 为了打开销路，Carillon 公司总裁决定从酒瓶的包装入手。首先他们把绝对伏特加的瓶子设计得非常简单、独特：细细的口径、透明的玻璃，透着纯净与清澈，充分反映这种伏特加酒清冽纯粹的产品特性；然后他们请来美国 TBWA 广告公司，以绝对伏特加的瓶子形状为主题，开展大力的宣传。有别于以往广告都是传播产品的特色、性能，绝对伏特加就是推广它的包装——酒瓶。果然，独特的酒瓶很快就引起了顾客的关注和喜爱，产品销量迅速大幅度增加，而且涌现了一批绝对伏特加的死忠粉丝——他们购买绝对伏特加酒居然就是为了收藏"绝对"的瓶子！粉丝们流行了一句话："酒是用来喝的，瓶子是用来收藏的。"许多"绝对"品牌的热衷者不光收藏瓶子，就连以瓶子为表现对象的广告图片也一并收藏。绝对伏特加是最出名的通过包装瓶子成功创建品牌的经典案例，成为品牌营销史上的一个传奇。直到今天，瑞典的绝对伏特加仍然可以傲视任何一款俄罗斯伏特加的高档品牌。

资料来源：根据网络资料整理编写。

（3）与品牌活动相互配合。品牌管理者可以把产品包装设计和品牌营销活动的信息结合起来，两者互相配合，相互促进，共同传播品牌的信息。如可口可乐的包装瓶上经常出现其赞助的世界杯足球比赛、奥运会、歌星演唱会等活动信息，蒙牛的包装盒上也常常出现庆祝"神五"航天器成功发射、"超女比赛"等公关活动信息，两者相得益彰，传递出更多的品牌信息。

（二）产品价格

产品的价格也是品牌传播的一个重要途径。美国心理学家理查德·派蒂和约翰·卡乔鲍研究发现，消费者往往不是产品专家，他们在很多情况下并不能根据产品本身的属性和指标来准确地判断产品的质量，但最后他们总能够形成一个对产品质量的评价。之所以如此，是因为他们能够通过产品周边的途径（如价格、包装、代言人等）形成对产品质量的评价。长期的生活经验告诉人们"一分价钱一分货"，产品价格是消费者获取品牌信息的一个渠道，企业如果要传达品牌高端定位的信息、树立高档产品的品牌形象，就要把价格定得高一些；反之，如果品牌定位是经济适用，就一定要把价格定得低一些，否则就会给顾客一种自相矛盾、甚至涉嫌欺骗的不良印象。

2003 年 9 月，五粮液把旗下主流产品价格提升 25%，一下超过此前一直雄踞白酒价格首位的茅台酒，引起市场热捧，许多消费者认为五粮液已经成功超越茅台酒，成为中国最好的白酒。五粮液的大幅提价不仅没有失去市场，反而挖走了一大批原来属于茅台的高端顾客,迫使茅台最后也不得不提价以彰显自己"国酒"老大的品牌定位。

(三) 销售渠道

品牌形象是消费者对品牌形成的综合性印象,所有与品牌有关的要素都会影响到消费者心目中的品牌形象。如前所述,价格是传递品牌信息的一个渠道,消费者会根据产品的价格来形成对品牌的看法,但价格不能脱离具体的环境。换句话说,消费者对品牌形成的印象不会由价格这一单一因素决定。比如,一件标价8 000元人民币的西服,消费者会认同它是高档品牌还是低档品牌,还取决于品牌产品的销售地点。如果西服放在超市销售,消费者会认为一个低档产品不恰当地标了一个离谱的高价格;如果是在高档商圈的专卖店进行销售,消费者则会认可它是一件高档西服。可见,作为产品流向消费者的必经之路,销售渠道的类型和表现也会影响到消费者对品牌的看法。一般来说,折扣店、便利店和超市会让人感到价格低廉,在这些场所销售的品牌就会被认为是大众化品牌,而百货公司和购物中心则会被认为档次要高一些,专卖店尤其是处于城市高端商业区的专卖店,则会被认为是最高端的品牌。

因此,销售渠道作为影响消费者品牌印象的一个重要因素,也是企业用来传播品牌信息的一个不容忽视的途径。如果定位高端就要找高档的商业街区开设专卖店进行销售,中档品牌可以在百货大楼或购物中心设柜或设店经营,定位经济实惠的品牌则可以选择超市、便利店等大众化购物场所。上世纪90年代,韩国三星为了创建高档家电品牌形象,不惜亏损好几年,也要从定位"天天低价"的沃尔玛超市退出,进入经营成本很高的美国西尔斯百货进行销售,就是这个道理,因为销售的地点传递着品牌的信息,影响着顾客对品牌的认知。

与销售渠道相联系的还有零售店的销售终端,品牌产品在销售终端的摆放、布置和陈列也是品牌传播的一个重要途径。因为零售店终端是品牌实体产品与消费者亲密接触的地方,也是品牌体验的一个重要场所。产品怎样摆放陈列、灯光怎样布置、需要不需要背景音乐、需要什么风格的背景音乐,都影响到顾客对品牌的体验和看法。星巴克之所以打败所有传统的咖啡店成为全球最大的咖啡连锁店,并不是它提供的咖啡有特别之处,而是每一个星巴克咖啡店都有着轻松随意的沙发、茶几,在带有一点美国20世纪三四十年代风情的木架子上陈列纸包咖啡豆、煮咖啡机直接摆放在收银柜台边上发出嗞嗞的声音,这些都传递着"第三空间"的品牌定位和星巴克的品牌文化,成功地塑造了星巴克的品牌形象,打动了顾客。

二、办公设备与用品

（一）办公设备和用品的涵义

所谓办公设备包括企业的办公大楼、生产厂房、销售门店、会议室、接待室、电梯、员工通勤班车、货物运输卡车等；办公用品则是指企业在日常运营过程中使用的各种物品，包括信封、信纸、便笺、名片、徽章、工作证、请柬、介绍信、公务礼品、员工工作服等。消费者在与品牌互动的过程中随时随地会接触到这些物品，这些物品的品质、设计都会影响到消费者对品牌的看法。假如一家超市用来接送顾客的免费班车破损严重还脏乱不堪，就会使顾客对这家超市产生不良的印象，认为该超市缺乏实力、管理水平也比较低劣；相反，如果一家企业员工班车采用清一色高档大客车，车况优良清洁，就会给顾客产生实力雄厚、管理规范、产品技术先进等一系列品牌联想。再比如一家企业的业务员出去进行业务联系时，掏出的名片纸质低劣、印刷字迹模糊、设计粗糙，就会让客户对该企业的产品质量甚至企业的资质产生怀疑。

可见，任何一个消费者能够看到、接触到的办公设备和用品都在无声地发送着品牌的信息，影响着品牌在顾客心目中的形象，因此所有的办公设备和用品都是承载品牌信息的载体，都必须承担起品牌传播的使命。美国联邦快递认为只有每一辆货车都干干净净才能够传达联邦快递专业能力强、服务水准高的品牌信息，所以它在每个城市都专门设置了一个固定地点，每晚清洗送货的卡车，确保任何时候人们在马路上看到的联邦快递运输车看上去都车龄新、性能好、标识清晰。联邦快递的送货员不光着装统一，而且他们穿的工装面料质地好、版型设计美观、做工精良，在送取货物过程中他们还双手佩戴白手套。联邦快递良好的品牌形象就是这样在每一个细节的信息传递中形成的。

（二）办公设备和用品在品牌传播中的运用

1. 统一设计，规范使用

办公设备和办公用品是品牌形象在公共场合的公开展示，因此企业首先要把品牌的识别元素融入到各项用品的设计和使用上去，如品牌的名称、标识、品牌口号、标准色、品牌代表形象等，通过一体化的设计，形成统一规范的视觉识别系统，展现品牌形象、传递品牌理念，在消费者或客户接触和使用这些物品时，能够随时随地接收到所有这些物品传递的品牌信息，方便消费者对品牌的识别和记忆，加深对品牌的印象。

2. 符合品牌定位，传递品牌精神

企业在设计、选用办公设备和办公用品时，不光要把品牌名称、标识等各项品牌识别元素标注或印刷到所有的物品上，办公场所的设计风格、办公用品的种类和品质的选用本身也要反映品牌的个性、符合品牌的定位。笔者曾经去参观过山东烟台张裕酒厂的厂房，整个厂区从大门到里面的葡萄园、生产车间、酒窖、销售场所，全部设计成欧洲古堡园林风格，典雅别致，高端大气，其来自法国的酿造工艺、充满浪漫气息的品牌形象，令人印象深刻。

三、员工行为与形象

(一)员工行为与形象对品牌传播的意义

品牌传播首先必须针对企业内部员工进行传播,因为每一个员工都承担着品牌传播的使命,员工的一言一行都代表着品牌的表现,影响着顾客对品牌的看法。员工不光要深切了解、认同品牌的核心价值,而且必须以实际行动来诠释品牌的核心价值和精神追求,才能真正打造内外一致的品牌形象,企业努力打造的品牌形象才会真正被顾客所接受、所信服。

两片杏仁的故事

2016年1月15日著名女作家六六在她的微信公众号上发表一篇文章《企业长盛不衰的秘密》,文章中讲述了她的一个亲身经历。她在"同仁堂"配了一服中药,按照药方,里面应该有一小包杏仁,但她在药里却找不到,六六找到"同仁堂"药房,药店营业员核对过药方后肯定地说杏仁给过了,并要求六六回去如果还找不到,就把药罐直接抱来由他来帮着找。六六回去抱着药罐来,果然营业员在药罐里找到两片切得很小很小的杏仁。找到后,营业员和蔼地对六六说:"两片杏仁并不值钱,最多1块钱,但中药细腻,多一分少一分都影响疗效。"事后六六感慨地说:"几百年了,同仁堂培育的对病患尽职尽责的员工一代一代传承着企业的精神,造就了百年不倒的同仁堂诚信的品牌精神。"

图6-3为同仁堂300多年来一直挂在大门口的楹联,这是一代代同仁堂人始终坚守并身体力行的堂规:"炮制虽繁必不敢省人工,品味虽贵必不敢减物力"。

图6-3

资料来源:根据六六微信公众号编写。

(二) 员工行为与形象在品牌传播中的运用

1. 门卫形象

门卫主要从视觉上影响品牌形象,门卫的精神状态、仪表衣着、言行举止能够被消费者直接感知。消费者对服装统一、站姿规范、举止礼貌、态度亲切的门卫往往会产生良好的印象,并由此会认为该企业的管理水平高、员工素质好;如果门卫服装邋遢、举止无礼、态度恶劣,则会给消费者留下管理粗糙、松懈的不良印象,连带对该企业的品牌也缺乏好感。

2. 电话接线员形象

电话接线员不仅仅是指从事客户服务的电话接线员,包括企业内部每个部门的员工在接听外部电话时,他(她)与外部公众的对话表现都会影响到公司的形象。接线员主动热情、亲切礼貌、声音悦耳,会让客户心情愉快,产生对企业的良好印象;反之,如果接线员冷淡、粗暴、不耐烦,则会使消费者产生极大的不快,转而把这种不愉快的体验转移到品牌上去,对品牌也就没有好印象。

3. 一线员工形象

一线员工是指直接面向消费者、给消费者提供服务的企业员工,包括推销员、营业员、服务型企业的服务生等。一线员工的精神状态、言行举止等个人特质对消费者形成的品牌形象有重要作用,如果他们表现出色,就会引起消费者的注意,消费者会主动关注他们所推销的品牌。如果一线员工服务态度好、业务能力强,消费者会对他们产生信任,还会把他们对员工的信任转移到品牌上来,认为他们推荐的品牌一定是好的品牌。[1]

四、企业家形象

(一) 企业家形象对品牌传播的意义

所谓企业家是指在企业内居于某一领导职位、拥有一定领导职权、承担领导责任、履行领导职能的人。企业家的仪容仪表、言行举止、个性特征、道德修养等个人特性都会通过各种社会活动表现出来,形成公众对企业家的个人印象。对于品牌来讲,企业家也是品牌传播的一个手段,因为公众会把对企业家的印象跟他领导的企业的品牌联系起来。如美国苹果公司的创始人乔布斯才华出众、个性独特、桀骜不驯、奇思妙想、眼光独特,呈现出非凡的、天才的眼光和智力,深深吸引了一大批苹果品牌的爱好者,他们对苹果手机的狂热追捧很大程度是来自于对乔布斯近乎宗教信仰般的膜拜。平心而论,很多时候同时期的三星智能手机无论是性能、质量还是设计都并不逊于苹果多少,然而三星却从来没有出现过为了买到

---

[1] 王海忠.品牌管理[M].北京:清华大学出版社,2014:170.

首发的最新型手机不惜在商店门口风餐露宿排七天七夜队、为了凑买手机的钱不惜去卖肾这样近乎天方夜谭的事。显而易见的原因就是消费者把对乔布斯个人魅力的追捧转移到了苹果品牌上，苹果无论推出什么产品，都会引起市场的轰动和粉丝的疯狂追捧。

由此可见，良好的企业家形象会提高公众对品牌的积极态度，形成良好的品牌形象；反之，企业家形象不好，也会给品牌带来巨大的伤害，消费者会因为反感该企业家的行为而抵制他所领导的企业的品牌。

（二）企业家形象在品牌传播中的运用

1. 企业家个人形象必须服从品牌形象的要求

首先必须明确企业家形象不等于品牌形象。尽管有些品牌在规划创建的过程中深深地打上了创业企业家个人的个性特征和价值观念的烙印，但企业家的个性、脾气、修养、价值观毕竟跟品牌的个性、定位、核心价值不是一回事。企业家作为一个有着正常人类情感的人，有自己的个性和脾气、优点与不足，有着历经几十年家庭背景、成长经历、教育教化综合形成的价值观；而品牌的个性、定位、内涵以及核心价值是企业战略规划的结果。两者虽有联系，也有本质的区别。如果两者出现不一致，企业家的个人形象必须服从品牌形象的要求，因为企业家跟一般人不同，企业家的一言一行都会被媒体放大，会被公众拿到放大镜下细细检视。因此，作为普通人可以率性而为，但作为品牌企业的领导人却万万不可任性，否则就会给品牌形象带来巨大的伤害。

许多管理类书籍都采用万科董事长王石的案例来举证万科品牌的正面形象，例如王石登山、进行环保探险、倡导健康生活理念等打造万科的品牌文化，本书作者则认为王石的个人形象恰恰是一再在伤害着万科的品牌形象。作为一个地产品牌，比起健康生活理念来，展示严谨、认真、踏实、有信义、重承诺的品牌精神应该更为重要，而王石整天发图片秀游山玩水，抛弃发妻跟女明星恋爱；2008年汶川地震因"捐款门"事件跟网友在网上论战；2015年底又因为跟宝能集团股权之争率性抛出歧视民营企业的言论，更是引发舆论哗然。

2019年当当网创业企业家李国庆和董事长俞渝因婚姻纠纷开始互撕：砸水杯事件、小三事件、同性伴侣事件、游泳池梅毒事件……夫妻矛盾冲突不断升级，后来发展到在2020年上半年李国庆带着"四个彪形大汉"直接闯进当当公司办公大楼抢走公章，一场比一场狗血、一次比一次劲爆，赚足了公众的眼球。企业家个人婚姻家庭生活的纠纷和冲突不光给当当公司的业务带来了巨大的损害，更是给当当的品牌形象造成了毁灭性的打击和重创。

作为一个自然人，企业家完全有权选择自己的生活方式，有言论自由，但是作为企业的领导人，当个人形象跟品牌的形象定位发生冲突时，企业家必须以品牌形象的定位为出发点，严格规范自己的言行，使自己的任何一个举动都成为品牌核心价值的展示、品牌精神的弘扬、品牌内涵的诠释,只有这样,企业家形象才算真正承担起了品牌传播的重要使命。

2. 企业家要利用一切机会提高曝光率

企业家要想成为品牌传播的一个重要工具,还有一个显而易见的要求就是必须提高"能见度",也就是提高企业家在公众场合的曝光率。只有曝光率高,才能提高品牌的知名度,品牌形象传播才能因此而展开。提高曝光率的具体方法很多,比如参加各类媒体访谈节目、参加企业家年会、行业论坛、颁奖典礼、慈善公益等活动。这类社会活动往往都会有媒体报道,企业家多参加一些这类活动,无疑可以经常曝光在镁光灯下,让公众了解进而熟识自己,从而获得传播品牌信息的机会。

除了参加公开的社会活动,企业家也可以通过开通微博、微信、博客等网络社会公众号,以此平台发布个人信息,塑造个人形象,进而巧妙地传播品牌信息。这里需要注意的是,网络个人公众号的维护一定要贴近网民的需求与阅读习惯,引发网民的喜爱和关注,千万不能生硬地把个人公众号变相地办成公司广告平台,这样反而引起网友的反感。公众关注度低,品牌形象传播自然也就无从谈起。采用网络媒体传播品牌形象最成功的企业家之一是地产公司SOHO总裁潘石屹,他在新浪、腾讯、网易、搜房网等网站都注册了自己的微博,他的微博内容琳琅满目、生动有趣、见解独到、轻松幽默,既有房地产专业资讯分析,又有健身、环保、空气质量、摄影方面的信息报道,还有社会热点问题的讨论,这使得他的微博关注度非常高,其所发布的微博内容经常登上排行榜,成为社会讨论的热点。潘石屹不仅自己因此成为商界的明星企业家,他所在的地产公司SOHO品牌知名度和关注度也大为提高。

五、广告

(一) 广告的涵义

所谓广告是指由特定的广告主,有偿使用一定的媒体,传播商品或品牌的信息给目标顾客的行为,其目的是改变人们对商品或品牌的态度,诱发购买行为。

根据广告目的的不同,广告可以分为四种类型:①显露广告。目的在于通过广告把产品的品牌、生产企业传递给社会,形成印象。②认知广告。目的在于通过广告让顾客充分认识品牌和产品,让顾客记住品牌产品的性能、品质特点。例如,"怕上火喝王老吉"、海飞丝"头屑去无踪,秀发更出众",都属于认知广告。③竞争广告。目的在于通过广告告知顾客同竞争对手相比,本企业的品牌或产品好在哪里,特色、差异在哪儿?甚至不露声色地给竞争对手以攻击。如"五谷道场方便面,非油炸,更健康";"麦当劳的鸡翅,不含苏丹红"。④推销广告。这类广告以销售为主要目标,广告重点放在宣传"现在就买,机不可失,时不再来",这种广告往往跟打折、促销活动一起进行。

(二) 广告在品牌传播中的运用

提到品牌传播,人们自然而然第一个想到的就是广告。确实,在各种品牌传播手段中,广告是企业使用最常见的手段。广告无所不在,法国广告评论家罗贝尔·格兰曾经形容说:"我们呼吸着的空气,是由氧气、氮气和广告组成的。"

采用广告传播品牌信息的优点是:第一,辐射面广。广告运用现代科技手段,大规模复制、发送品牌的信息,在极短的时间内把品牌信息迅速传递给众多分散的人群,在提高品牌知名度的功效方面几乎没有其他传播手段比它更显著。第二,广告形式多样,生动活泼,电影电视网络交通工具报纸杂志户外墙体……企业可以根据需要随处都用来做广告,而且可以根据目标顾客媒体选择习惯,有针对性地制作广告进行传播,还可以雇佣名人拍摄广告来吸引公众、打动公众。正因为广告有诸多的优点,广告被绝大部分企业用作品牌传播的首选工具。

但广告作为传播工具的负面效应也相当明显:①成本高、到达率差。这几乎已经成为一个两难的选择。广告既有制作成本,还有播放成本(或户外展示成本),如果选择公众接触率比较高的黄金时间段或黄金地段投放广告,则成本之高使大部分企业望而却步,中小企业更是无力承担;而如果选择深夜或偏僻地段做广告,则广告信息很难被目标公众接收到,品牌知名度的提高自然效果不彰。②公众信任程度低。现在绝大部分企业采用广告作为品牌传播的重要手段,导致社会上广告泛滥成灾,公众对广告避之唯恐不及,拒绝接受广告信息已是大部分人的习惯做法,比如电视里一插播广告人们就会转换频道;更有甚者,有些企业为了吸引顾客,广告采用虚假信息夸大宣传,更使公众反感厌恶。著名营销学者阿尔·里斯和他的女儿劳拉·里斯在父女俩合著的《公关第一、广告第二》中形象地用伊索寓言中"大风和太阳的故事"形容广告的效果:广告就像是大风,它越是疯狂地吹向路人,路人就越是紧紧地裹住大衣、加紧跑路躲避大风。而公共关系则像太阳,它慢慢地发射着阳光,路人在不经意中越来越热,最后自觉脱下了大衣,感受太阳的温暖。①

六、公关活动

(一) 公关活动的涵义

公关是公共关系的简称,所谓公关活动是指一个组织为改善与社会公众之间的关系状况,增进公众对组织的认识、理解和支持,树立良好的组织形象而进行的一系列活动。企业通过公共关系活动传播品牌信息,提高品牌知名度和美誉度,树立品牌形象,具有其他形式所不具备的更多优势,尤其是在广告传播方式成本

---

① [美]阿尔·里斯,劳拉·里斯.公关第一,广告第二[M].上海:上海人民出版社,2004.

高、效果差、公众排斥这种情况下,公共关系作为面向整个社会公众、成本低、辐射面广、影响力大的一种传播模式,已经越来越受到企业的青睐,成为颇具魅力、具有特殊效果的品牌传播形式。

企业通过公共关系来传播品牌信息,其终极目的当然是提高品牌的知名度和美誉度,树立良好的品牌形象,让公众接受并且喜爱品牌。但它不是赤裸裸地宣传品牌及其旗下产品,而是以一种软性的方法,使消费者在不知不觉中了解品牌、喜欢上品牌、进而支持甚至忠诚于品牌。用阿尔·里斯在《公关第一,广告第二》中的比喻来说,公共关系像阳光一样照射着消费者,让他不知不觉地感到温暖,最后心甘情愿地脱下外衣、卸下防御,这就是公关的威力。

(二) 公关活动在品牌传播中的运用

1. 公关活动进行品牌传播的主要方式

(1) 通过创意活动吸引新闻媒体主动宣传报道。新闻媒体的报道、宣传具有客观性和真实性,有很强的社会公信力,是一种不需付费的广告。如果能吸引新闻媒体主动来报道、宣传企业及其品牌,对品牌形象的塑造、公众知名度的提高不仅成本低廉而且效果极其显著。但这离不开品牌管理者的创造性思维,管理者只有开发出独出心裁又引人入胜的活动才有可能吸引媒体来采访报道。公关活动不仅要吸引人,而且还必须有报道价值,否则即使吸引了记者前来参加,也会因为活动不具报道价值、不能吸引受众眼球而被媒体放弃登报。

歌露博—雅美拉达公司的新产品推广

美国歌露博—雅美拉达公司开发了一种名叫"安全、轻便4X"型的夹层薄玻璃,这种玻璃强度高,经得起重击而不会破碎。怎样才能取得建筑行业的认同呢?该公司公关部想出一个主意——举办新产品展览。他们把这种玻璃镶在一个框架上,在玻璃反面贴上一张1 000美元的支票,旁边放上几根木棍,告示牌上写着:"谁能击破玻璃,谁就可以拿走这1 000美元的支票。"假如没有人能击破,那么这1 000美元将捐赠给该市的孤儿院。展览会开幕时,歌露博—雅美拉达公司的公关人员邀请了媒体记者和摄影师到场,并向所有与会参观者散发了这种玻璃的研制经过和产品性能介绍。参观的人们蜂拥而来,人们争先恐后,纷纷抢着一试身手,可任凭人们怎么打击,玻璃纹丝不动,人们心有不甘而又钦佩不已。最后该公司举行了向孤儿院捐款的隆重仪式,报社和电台进行了生动的报道,电视台也进行了现场直播,展览会获得了巨大的成功。"安全、

> 轻便4X"型的玻璃打不破的佳话传遍全美。会后,歌露博—雅美拉达公司轻而易举地收到了50万美元的产品订单。歌露博—雅美拉达公司采用这样一种别出心裁的公关活动,使人们看到了该新型产品质量可靠,所谓"真金不怕火炼"。歌露博—雅美拉达公司用区区1000美元就换来了50万美元的订单,不仅提高了公司的知名度,还塑造了企业热心社会公益事业的美好形象。

资料来源:周安华,苗晋平.公共关系——理论、实务与技巧[M].北京:中国人民大学出版社,2004:222-223.

(2) 企业积极参与社会活动,增加社会曝光率。企业通过广泛参与社会活动,如赞助体育比赛、赞助科技文化教育事业、参与救灾、绿化等各类社会公益活动、参加扶贫济困慈善活动等,可以使品牌的名字伴随所参加的社会活动一起引起媒体的关注和报道,得到更多的宣传机会。对于尚不知名的品牌,可以起到让公众认识它的作用,对于已有一定影响力的品牌,则可以通过不断扩大品牌的"能见度"来进一步提高知名度。而且,由于企业所参与或赞助的活动往往都是社会公众所关注和支持的事务,企业对这些活动的大力支持可以获得公众对品牌的赞誉,提高品牌的美誉度,树立良好的品牌形象。

需要特别注意的是,企业参加或赞助类似社会活动,一定要围绕品牌的定位,谨守品牌的核心价值,这样才能在活动开展的过程中传递准确的品牌信息,强化公众对品牌内涵的认识,塑造符合品牌规划者预期的品牌形象,不引起消费者对品牌内涵的误读。

比如,体育事业隐含着"硬"、"强"、"激烈竞争"、"现代化"、"活力"、"年轻"等形象信息,同时关心和热爱体育的主要是年轻人和男性,所以"万宝路"香烟、可口可乐都以赞助大型体育比赛闻名,这些品牌本来就想树立刚健、年轻、具有活力的品牌形象,品牌的目标顾客也同运动员和观众相吻合。而"金龙鱼"赞助中国女排、把"金龙鱼"的品牌标识醒目地标注在女排姑娘的比赛运动服上,两者就极不和谐。金龙鱼作为一种食用油品牌,其品牌定位应该跟营养、健康、美味之类概念有关,而体育比赛历来是力量和激情的代名词,中国女排更是拼搏与毅力的形象代表,两者品牌精神诉求相差极大,况且"金龙鱼"的目标顾客也不是运动员和球迷。可见,采用公关活动进行品牌传播,企业管理者一定要根据品牌的形象定位选择若干个经常参与的社会活动,加强定位,最终形成鲜明特色。

(3) 企业自身经常组织大型活动,如周年庆典、游行展示、大型联谊活动等,既可以增强员工的凝聚力和自豪感,在企业内部传播品牌的信息,加深员工对品牌精神与内涵的理解,并且能够提高品牌的社会影响力,有助于形成品牌文化。

2. 公关活动进行品牌传播的优点和不足

采用公关活动进行品牌传播,优点是效果持久,可以树立全面的品牌形象与定位,尤其是对于品牌精神、品牌核心价值等品牌内涵方面信息的传递,效果更是非常显著,有助于品牌文化的形成,有利于培养忠诚顾客。不足之处是:采用公关活动传播品牌是一种软性或隐性的宣传方式,这种方式见效很慢,有时成本也很高,如很多社会赞助活动费用高昂。本来塑造品牌形象就不是一朝一夕的事,通过公关活动这种隐性的方式进行品牌传播更要求管理者不能急躁,要以一种滴水穿石的耐心和毅力,持之以恒地传递品牌的信息,塑造品牌的形象,而这正是许多面临严酷市场竞争的中小品牌或弱势品牌很难持久坚持的。

七、促销活动

(一) 促销的涵义

促销活动是指企业运用各种短期诱因鼓励消费者和中间商购买、经销(或代理)企业产品的活动。与其他方式不同,促销活动大多数是在一定时期、用于达成一定目的的短期特别推销活动,带有临时性、短期性。

促销作为一种品牌传播方式,一般具有以下特征:

1. 强烈呈现

促销的许多方法都是把销售的产品在消费者的选择机遇前强烈地呈现出来,似乎告诉消费者这是一次永不再来的机会,购买该产品可以得到额外的好处,以此打破消费者的购买惰性,使其迅速购买。

2. 产品贬低

由于促销很多时候都是依靠打折、减价、优惠、送礼品或狂轰滥炸式的宣传方法,呈现出强烈的急于出售产品的意图,稍有不当,就会使消费者对品牌产生怀疑,损害品牌的形象。

3. 打击忠诚顾客,鼓励势利行为

促销很多时候是价格优惠,这会使许多平时就对该品牌忠诚的顾客感到吃亏,不光造成忠诚顾客对品牌的不满,而且会鼓励顾客的势利行为,导致更多的顾客以后等品牌搞促销才购买,从长远来看既不利于品牌形象的塑造,也不利于企业的长期利润。

(二) 促销活动在品牌传播中的运用

采用促销的方式传播品牌信息最大的优点就是在短时间内能迅速吸引顾客,推动顾客购买品牌产品,经济效益非常明显;但其负面效应同样很明显,在传播品牌信息的过程中,也在累积着顾客对品牌的不良观感,不利于塑造良好的品牌形象。因此,采用促销活动来进行品牌传播,一定要慎之又慎,如果活动会伤害品

牌,不如放弃,采用别的方式进行传播。

具体来说,采用促销活动进行品牌传播要注意以下几点:

1. 形式多样,品位高端不庸俗

企业围绕品牌的定位,采用创造性思维,多开发一些别出心裁、有意义有趣味的方式进行品牌促销,不要一提促销,似乎除了打折送优惠就没有别的办法。比如 2016 年春节支付宝集"五福"分享 2 亿现金红包,麦当劳每天的早餐闹钟等活动,既新奇有趣,又品位不俗,吸引了很多时尚人士也参与其中,不光迅速扩大了顾客的队伍,而且更加深化了顾客对麦当劳等品牌文化的感情和认知。

2. 控制促销的频度,确定合理的期限

经常促销会让消费者产生品牌廉价的心理感受,造成对品牌负面的印象,所以企业要严格控制促销的次数,提高促销活动的质量。此外还要控制好促销活动的时间长短,活动的时间既不能过长,也不宜过短。时间过长会使消费者感到习以为常,甚至产生疑问和不信任感;时间过短会使部分消费者来不及参加,品牌信息尤其是品牌内涵方面的信息来不及得到充分传播。因此促销活动一定要少而精,时间合理,使每一次促销活动都能达到预期的品牌传播的目的,使顾客在活动结束后还会津津乐道、意犹未尽。

3. 注重品牌承诺,切忌弄虚作假

许多企业往往在品牌刚开始推广时大力宣传,甚至做虚假宣传,欺骗消费者。比如明明是国内企业,偏偏宣传是来自欧洲的知名企业,如欧典地板、"达芬奇"家居等品牌,中国消费者深受其害。还有些企业在促销活动期间承诺得信誓旦旦,活动结束后就立刻翻脸不认账,侵犯消费者权益。原本采用促销方式进行品牌传播针对的主要对象就是品牌的潜在顾客而不是现有顾客,促销这种方式又有贬低品牌、损害品牌形象的副作用,如果再不严格约束企业的行为,将会使品牌面临形象遭到严重破坏的巨大风险。所以,品牌信誉是最应珍惜的品牌形象信息,一旦信誉丢失,必将一败涂地,企业的品牌建设将陷入万劫不复之境地。弄虚作假是品牌传播中最大的禁忌,必须严格禁止。

第七章 品牌延伸管理

品牌是企业重要的无形资产,作为企业战略性的资源,如何充分发挥品牌资源的潜能并延续其寿命,便成为企业的一项重大战略决策。近年来,随着企业品牌意识的加强和对品牌资产的日益重视,品牌延伸已经越来越成为企业品牌战略的重要手段。麦肯锡管理咨询公司对 130 个企业进行研究发现,拥有强势品牌并且品牌横跨几个产品市场的公司,要比他们的同行多赚 5% 的利润。著名品牌研究权威戴维·阿克说过:"若撰述美国过去 10 年的营销史,最具有意义的趋势就是延伸产品线。"早在 20 世纪初,品牌延伸就已经成为欧美发达国家市场导入新产品的通用方法,许多公司通过品牌延伸实现了快速的扩张。据统计 1991 年在美国超市及各种商店有 1 600 种新产品上市,其中 90% 采用的是延伸产品。在中国,自 20 世纪 90 年代以来,品牌延伸也被国内企业广泛应用,海尔、联想、美的、娃哈哈等企业都通过品牌延伸取得快速发展,成为同行业的佼佼者。因此正确应用品牌延伸策略对企业发展具有重要的战略意义。

第一节 品牌延伸的概述

一、品牌延伸的涵义

(一)品牌延伸的涵义

当一个企业推出一种新产品时,在为新产品命名的问题上存在三种选择:①单独为新产品开发一个新品牌,新品牌与原有品牌相互独立。如丰田公司推出高档轿车,采用的品牌就是全新的雷克萨斯。②新产品使用已有的品牌名,如顶新集团推出饮料、饼干等产品,使用的就是原有的方便面品牌康师傅;韩国三星推出的所有产品都采用"三星"的品牌。③新产品有自己相对独立的品牌名,但该品牌名和原有的品牌名有较强的关联性,两者结合使用。如茅台酒公司推出低档的白酒,品牌名为"茅台迎宾酒"和"茅台小王子";苏宁家电延伸到房地产,取名"苏宁环球"、零售业"苏宁银河"、网上商城"苏宁易购"。

如果公司选择后两种方法,即采用一个已有的品牌作为刚推出的新产品的品牌,这种做法就是品牌延伸。科特勒说:"品牌延伸是指借助现有品牌已建立起来的质量或形象声誉,将现有品牌名称用于产品线,扩张或推出新的产品类别,从而期望减少新产品进入市场的风险,以更小的成本获得更大的市场回报的营销策略。"

如果新品牌与现有品牌结合使用,那么新品牌称为子品牌,实施品牌延伸的现有品牌称为母品牌;如果母品牌通过品牌延伸已经与多个产品相联系,还可以称为家族品牌。[1]

上述品牌延伸的概念说明了品牌延伸具有以下特点:①用作延伸的母品牌必须已经建立了良好的品牌知名度和品牌形象,没有良好声誉的品牌进行延伸是没有意义的;②品牌延伸既可以是产品线延伸,也可以是产品种类延伸,只要新产品的品牌名与原有品牌名一致或有关联,都属于品牌延伸;③品牌延伸的目的是以较低的成本进入新的细分市场,或者扩大市场份额。

需要指出的是,品牌延伸与多元化经营并不是一个概念。多元化可能会采用同一个品牌,也可能采用多个品牌。如果企业用一个品牌开展多元化经营,就是品牌延伸,如三星空调、三星电视机、三星冰箱、三星手机等;相反,如果企业采用多个品牌进行多元化经营,就不是品牌延伸,比如宝洁公司的洗衣粉是"汰渍""碧浪",卫生巾是"护舒宝",洗发液是"潘婷""沙宣""海飞丝""飘柔",护肤品是"玉兰油"等。

(二) 品牌延伸的类型

品牌延伸可以从不同的角度进行分类,美国学者也有过不同的分类,比较起来美国卡内基梅隆大学教授彼得·法古哈的分类更容易理解。彼得·法古哈教授把品牌延伸分为两种类型:产品线延伸和产品类别延伸。[2]

1. 产品线延伸

产品线延伸(Line Extension)简称线延伸,是指母品牌在原产品大类中针对新细分市场延伸新产品。如不同口味、不同成分、不同型号、不同尺寸的新产品使用同一个品牌,但为了以示区别,可能在包装的颜色、容器大小等方面有所区别,有时也采用子品牌来加以区别。产品线延伸是品牌延伸的主要形式,每年80%~90%的品牌延伸都属于产品线延伸。产品线延伸又可以分为三种延伸类型:

(1) 升级换代式延伸:由于技术进步等原因带来的原产品不断更新,如Windows XP 取代 Windows 95、Windows 98、Windows 2000。

(2) 水平延伸:又称横向延伸,即同一档次的不同产品之间的延伸。如潘婷推出养护头发的洗发水后又推出其他不同性能的洗发液;康师傅从红烧牛肉面延伸到海鲜面、香菇炖鸡面、酸菜鱼面等产品。

---

[1] 余伟萍.品牌管理[M].北京:清华大学出版社,北京交通大学出版社,2007:243.
[2] Peter Farquhar. Managing Brand Equity[J]. Journal of Advertising Research,1990, 30(4): 7-12.

（3）垂直延伸：又称纵向延伸，即现有市场的品牌向更高档次或更低档次延伸，以获得更大的市场覆盖面。如红旗轿车推出经济车型；五粮液推出五粮春、五粮醇等。

2. 产品类别延伸

产品类别延伸（Category Extension）又称大类延伸、品类延伸，是指母品牌被用来从原产品大类进入另一个不同的产品大类。法国品牌学者卡普菲勒教授把产品类别延伸又进一步细分为连续性延伸和非连续性延伸两种[①]：

（1）连续性延伸：又称相关延伸、持续延伸，即企业借助技术上的共通性在近类产品之间进行延伸。如日本的理光和佳能利用它们光电方面的卓越技术，在照相机、复印机、传真机等产品上进行延伸；日本的本田利用"本田"之名推出汽车、摩托车、铲雪车、除草机、轮机和雪车等；海尔利用自己在家电技术方面的能力从冰箱延伸到空调、洗衣机、电视机等家电产品。由于延伸的产品种类与原来的产品种类在技术上很接近，具有较强的关联性，因此企业延伸的难度比较小，相对来说比较容易成功。

（2）非连续性延伸：又称间断延伸，指品牌延伸超出了新旧产品之间技术和物理上的局限，品牌覆盖到完全不相关的产品类别上。如日本的雅马哈是摩托车品牌，延伸到电子琴、钢琴；三菱从重工业延伸到汽车、银行、家电乃至食品；中国的海尔集团把品牌从家用电器领域延伸到了生物医药、金融、物流、房地产、旅游等不相关的行业。非连续性延伸最突出、也最成功的是英国的维珍集团。维珍最初从唱片起家，现在的业务已经扩展到航空、饮料、网上商店、铁路、电信、大卖场、婚纱、影院、金融、手机、服装、娱乐等，延伸产品之间风马牛不相及。目前维珍集团拥有全球200多家公司、员工人数超过25 000人，年销售额超过50亿美元，成为英国最受欢迎的三大品牌之一。据说，一个英国人从摇篮到坟墓需要的所有产品，维珍都可以提供，可见其经营范围之广。非连续性延伸的产品与原产品没有任何技术联系，产品完全进入一个新的行业领域，因此品牌的覆盖范围更加宽广，比较起来难度也更大，一般非实力雄厚的大企业不会采用这种延伸方式。

二、品牌延伸的作用

对于品牌学研究来说，品牌延伸最重要的意义就是用事实证明了品牌与产品概念的区别。传统的品牌概念就是产品的指代：一个品牌表示一个产品，代表一种利益。品牌延伸突破了传统的品牌概念，品牌成为一个独立的物质，它开始于产品，但它又不是产品，品牌可以脱离产品而存在，它有自己的内涵、自己的价值，

[①] Kapferer Jean-Noel. The New Strategic Brand Management: Creating and Sustaining Brand Equity Long Term(4th ed.)[M]. London: Kogan Page Limited, 2008.

企业可以把品牌作为一个工具使用。

品牌延伸作为一种重要的营销战略,已被许多企业所采用。美国在过去的十年里,成功的品牌中有 2/3 属于延伸品牌。在我国,青岛的海尔、香港的金利来,都是品牌延伸比较成功的企业。海尔从冰箱向整个家电领域延伸,成为"中国家电大王"。金利来从领带延伸到衬衫、西服、皮具、服饰,直到整个"男人的世界"。品牌延伸之所以受到众多企业的青睐,主要是因为具有以下作用:

(一) 提高新产品上市成功的几率

在激烈的市场竞争中,企业为了自身进一步的发展,需要不断地开发新产品。品牌延伸可以利用母品牌在市场上已经确立起来的良好的知名度和美誉度,使新产品一问世就被品牌化,企业不必从头开始建立品牌的知名度,这就可以大大缩短新产品被消费者认知、认同、接受、信任的过程,有效地防范了新产品的市场风险。1990 年,欧洲 OC&C 咨询公司比较了两类不同品牌的成功率,一种是新品牌产品,另一种是延伸品牌产品。研究表明,新品牌在市场中成功存活的只有将近 40%,而运用品牌延伸导入的新产品存活率则达到 70% 以上。[1]

(二) 降低营销成本,提高传播效率

新品牌不光失败率高,而且营销推广的各项成本也非常惊人。市场调研、品牌名称和标识的设计、产品包装的设计都是一笔不菲的开支,品牌形象的传播和广告推广更是花费惊人。据估计在全美国的市场上推出一个新品牌要花费 3 000 万～5 000 万美元,采用品牌延伸则可以节省 40%～80% 的营销费用。由于采用同一个品牌,因此对一个品牌进行广告宣传投资,该品牌旗下所有的产品都会为之受益。可以说品牌传播的单位成本降低、传播效率更高,一举两得。

(三) 满足顾客多样化的需求

如今市场竞争越来越激烈,顾客的兴趣爱好变化越来越快,顾客的忠诚度越来越低,喜新厌旧的心理非常突出。要想留住喜新厌旧的顾客,就必须通过品牌延伸不断推出新的产品来供消费者选择。这样,一旦消费者希望尝试新的产品,他极有可能会在原来的品牌里进行选择,而不必转向竞争对手。比如佳洁士牙膏,从防止蛀牙,延伸出清洁口腔、防止出血、洁白牙齿、口气清新等多种功能的牙膏产品,就吸引了有各种不同需求的顾客,市场份额和企业利润都大幅度增长。康师傅快餐面既有牛肉口味,也有海鲜口味、香菇炖鸡、红烧排骨等,顾客总能找到他喜欢的口味。品牌延伸可以满足更多顾客的需求,吸引更多的顾客,从而有效地阻击竞争对手,使企业牢固地保持市场份额。

---

[1] 张明立,任淑霞.品牌管理(第 2 版)[M].北京:清华大学出版社,北京交通大学出版社,2014:244.

(四)提高品牌活力,展示企业实力

采用品牌延伸,扩大了原有品牌的产品组合,不光可以为消费者提供更多的选择、满足他们更多的需求,而且可以给消费者带来一种新鲜感和活力感,让消费者感受到企业在经营过程中一直在坚持不懈地探索和创新,而不是"吃老本"。这种创新认知势必进一步强化消费者对企业品牌的良性认知,使品牌价值更富创新内涵。如索尼一直被消费者尊敬和喜爱,原因就在于消费者认为索尼具有创新精神,不断推出令人惊奇的高科技新产品,具有很强的品牌活力。

此外,一个品牌旗下延伸的产品越多,消费者往往就会认为该品牌的实力越强。这是因为品牌延伸的产品越多,消费者就越容易在零售终端、各类媒体上看到它的身影。比如海尔各种家用电器琳琅满目,使得它在家电商场格外抢眼、霸气;小肥羊火锅连锁店不仅在各大城市遍地开花,各大超市冰柜也有它的身影——汤料和羊肉片。宝洁公司五大洗发液品牌飘柔、海飞丝、潘婷、沙宣、伊卡璐,每个品牌之下都延伸出十几种不同功能的产品,齐刷刷超市货架上一字排开,霸气毕露。所以即使有许多时候品牌延伸在财务上并非有利可图,企业也坚持延伸产品,就是这个原因。

(五)丰富品牌涵义,提升品牌形象

成功的品牌延伸可以丰富母品牌的涵义,进一步强化母品牌的经营特色和定位;如果延伸的产品具备高品质,还可以提升母品牌原有的品牌形象。因此好的品牌延伸可以反哺母品牌,助益母品牌进一步发展、消费者对品牌企业的各种感知(包括专业性、可信度、吸引力、品牌信誉)更加深刻。例如,耐克从跑步鞋延伸到专业的篮球鞋、运动服、运动器材,由于这些延伸产品卓越的产品品质,强化了耐克"卓越表现"、"运动时尚"的品牌形象,众多的体育产品也奠定了它世界第一运动品牌的霸主地位。很难想象如果耐克没有品牌延伸,只靠一种跑步鞋产品能获得它今天在行业里独步天下的强势品牌地位。同样,海尔最早从电冰箱起家,随着海尔品牌从冰箱延伸到洗衣机、空调、热水器、微波炉、吸尘器、电视机等产品,海尔强化了它"家电巨头"的品牌形象,从而构筑起其"中国家电王国"的霸主地位。

三、品牌延伸的负面效应

品牌延伸是一把双刃剑,成功的品牌延伸能够使品牌资产得到充分利用,并在利用的过程中实现品牌的增值。但盲目的品牌延伸则有许多负面效应,会给品牌带来巨大的潜在的风险。

(一)模糊母品牌的定位

但凡一些成功的品牌都已经在消费者心目中形成了特殊的形象定位,可以说

品牌越是成功,在消费中心智中的定位就越清晰,甚至会成为该类产品的代名词。如邦迪——创可贴,施乐——复印机,格力——空调,格兰仕——微波炉。然而如果对这一强势品牌进行延伸,很有可能对原来清晰的品牌形象产生冲击,动摇消费者对原有品牌的认知,模糊母品牌(原品牌)的定位。例如,金利来——"男人的世界",品牌定位清楚明了,但当金利来推出了女式皮包、皮鞋后,品牌原先精准的男士用品定位模糊了,金利来的品牌个性被稀释、被淡化。

由于品牌延伸很容易动摇母品牌原有的市场定位和形象定位,因此定位理论的倡导者阿尔·里斯和杰克·特劳特坚决反对品牌延伸。他们认为"品牌延伸是橡皮筋,你越伸展,它就会变得越脆弱。"而且品牌延伸会产生"跷跷板效应",即如果延伸产品成功占据市场优势,原产品就会受到冷落而处于弱势;反之,如果原产品仍然保持强势地位,延伸产品则基本上就没有多少市场机会,两者一定是此消彼长的"跷跷板关系"。[①] 20 世纪 90 年代春兰本是我国空调第一品牌,人们提到"春兰"第一反应就是空调,春兰在消费者心目中的定位清晰而准确,后来当春兰从空调延伸到摩托车、自动车、冰箱甚至汽车时,春兰的定位模糊了,很快丧失了空调第一品牌的地位,消费者关于空调的心智空间迅速被格力占据。

(二)造成消费者品牌联想的冲突

许多品牌在消费者心目中往往已经建立起了固定的品牌联想。如果企业把品牌延伸到和原来市场不相容的或毫不相干的产品时,就会造成消费者心理认知上的冲突,品牌联想发生冲突。如"999"是胃药著名品牌,三九胃泰在消费者心目中几乎成了胃药的代名词,但后来三九集团将产品延伸到啤酒,推出广告"999 冰啤酒,四季伴君好享受",消费者就产生了心理冲突,不能接受一个制药企业居然能做啤酒。海尔集团延伸到医药领域,号称要打造中国医药行业第一品牌,结果也是铩羽而归,消费者不能相信一个专业做家用电器的企业有技术能力来制药,这是消费者的心理认知不能接受的。"活力 28"曾是中国最知名的洗衣粉品牌,但当它产品延伸到矿泉水时,也尝到了盲目延伸的苦果:消费者不能接受一个"活力 28"矿泉水,因为看到"活力 28",消费者就会联想到洗衣粉。浙江雕牌洗衣粉厂花费巨资推广雕牌牙膏,但消费者就是不能接受"洗衣粉来刷牙",最后只好放弃延伸雕牌的策略,采用新的品牌"纳爱斯"来命名牙膏。

(三)损害母品牌的形象

企业如果品牌延伸失败,母品牌的声誉和形象不能福荫新产品,往往问题还不大,最多就是延伸的新产品市场效果不佳;最糟糕的是延伸不光失败,还伤及母品牌核心价值的声誉,使母品牌的形象遭到重创。曾几何时,美国的派克钢笔以

---

① [美]阿尔·里斯,杰克·特劳特.定位:头脑争夺战[M].北京:中国财政经济出版社,2002.

质优价贵著称于世,是上流社会身份和地位的象征。然而1982年,派克新任总经理彼特森羡慕廉价圆珠笔的巨大销售量,决定生产价值3美元的派克圆珠笔。结果非但没有顺利打入低档笔市场,反而丧失了一部分让自己赖以成名与生存的高档笔市场。由于派克笔向下延伸,不再是身份和地位高贵的象征,消费者也就失去了对它的兴趣。这次盲目的品牌延伸,毁掉了派克在消费者心目中的品牌形象,给公司带来了一场灾难,至今没能挽回。[①] 同样具有惨痛教训的是中国一汽的红旗牌轿车,作为新中国最豪华尊贵的国宾车,红旗轿车拥有至尊的品牌声誉。2000年中国一汽宣布品牌向下延伸,推出18万的经济型轿车,扬言红旗要"走下神坛,走进千家万户",结果走进千家万户没有实现,走下神坛倒不幸成为现实:红旗轿车神秘尊贵的品牌形象彻底丧失,从此一蹶不振,直到今天都没办法恢复它在中国消费者心目中至高无上的品牌形象,成为品牌延伸失败导致母品牌丧失原有品牌地位的经典案例。[②]

第二节　品牌延伸的模型

品牌延伸一方面实现了品牌资产向新产品的转移,使得企业的品牌价值得到更充分的利用;另一方面成功的品牌延伸可以使新产品的形象给母品牌注入更丰富更具活力的元素,延续品牌的寿命,进一步提升品牌的价值,因而品牌延伸成为绝大多数已经成功创建品牌的企业的普遍选择。然而,如前所述,品牌延伸既有正面效应,也有负面作用。一旦延伸失误,轻则新产品导入市场失败,重则严重损害品牌形象、甚至毁掉品牌。因此,品牌是否需要延伸、何时何地延伸、怎样进行延伸,理论界和企业界都对此进行了大量的研究和论证,建立了一些模型供品牌管理者学习和参考。本书介绍四个影响比较大的模型。

一、品牌延伸范围模型

英国学者莱斯利·德·切纳托尼和麦克唐纳在《创建强有力的品牌——消费品工业品服务业品牌的效益》一书中介绍了戴维森建立的品牌延伸范围模型。该模型描述了品牌延伸的可能范围,具体包括内核、外核、延伸区域和延伸禁区(见图7-1)。[③]

---

① 翁向东.中国品牌低成本营销策略[M].重庆:重庆出版社,2003.
② 杨兴国.红旗:品牌错位下神坛[EB/OL].2008-02-26. www.emkt.com.cn/article/354/35469.html.
③ [英]莱斯利·德·切纳托尼,M.麦克唐纳.创建强有力的品牌——消费品工业品与服务业品牌的效益[M].北京:中信出版社,2001.

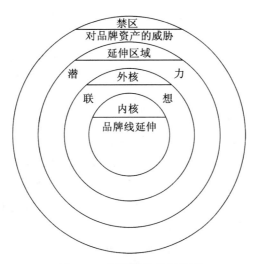

图 7-1 品牌延伸范围模型

戴维森指出,内核的延伸是产品线的延伸,是距离原产品最近的延伸,如康师傅推出各种口味或包装的方便面;外核的延伸是同一类产品的延伸,距离原产品比较近,如海尔电视机、冰箱、洗衣机、热水器、空调等家用电器;延伸区域是不同类产品的延伸潜力,距离原产品比较远,如法国的 Bic 从一次性圆珠笔延伸到一次性打火机;禁区则是品牌不宜延伸的产品类别,强行延伸将使得消费者产生心理上的认知冲突,比如海尔延伸到药品、金利来从男装延伸到女装、红旗轿车从高档国宾车延伸到经济型轿车,就是因为延伸产品与原品牌产品存在行业上、市场上、档次上的冲突,导致延伸失败。

二、A&K 品牌延伸模型

1990 年,戴维·阿克和另一个品牌研究权威学者凯文·凯勒提出了一系列假设,研究消费者是如何评价品牌延伸的以及品牌延伸与消费者对品牌延伸的态度之间的关系,由此建立了 Aaker 和 Keller 模型。A&K 模型的基本观点是:消费者对延伸品牌和延伸产品的态度取决于三个因素,即原品牌的感知或知觉质量、原产品与延伸产品的关联性、延伸产品的制造难度。[①]

具体来说,A&K 模型包含了以下四项基本假设:

(1) 消费者对品牌延伸的评价与消费者对原产品总体质量评价成正向关系。即原产品质量越高,越受消费者信赖,消费者对延伸产品的评价就越高,反之就越低。

(2) 原产品与延伸产品关联性越强,原产品的高品质特征就越容易波及延伸

---

① Aaker D A, Keller K L. Consumer Evaluations of Brand Extensions. Journal of Marketing,1990(54).

产品,反之,这种波及效应就会受到阻碍。之所以如此,一个重要原因是:如果两种产品在用途、生产工艺、制造技术等方面不存在任何内在联系,消费者会由此怀疑企业在制造延伸产品方面的能力。比如,海尔从冰箱延伸到空调、洗衣机、彩电、热水器等家用电器就很成功,但延伸到医药行业就完全失败,因为消费者不认为海尔具备研发和生产药品的技术和能力。

(3)原产品与延伸产品关联性越强,消费者对品牌延伸评价就越高,反之就越低。在衡量产品之间的关联性上,阿克和凯勒提出了三个指标:①互补性,即两种产品共同满足于同一需要的可能性。例如,钢笔与墨水,打印机与墨盒,柯达从胶卷延伸到彩色冲印纸,都具有互补关系。②替代性,指两种产品可以相互替代来满足同一需要的可能性。如照相机和摄像机、石英表和机械表就具有替代关系。③转移性,即原生产设备、制造技术等转移到延伸产品的可能性。比如,苹果电脑和智能手机、佳能照相机和复印机之间转移关系就比较强,娃哈哈饮料与食品之间的技术转移关系比较强,与童装之间的转移关系就比较弱。

(4)延伸产品设计、制造难度越大,消费者对品牌延伸评价就越高,反之就越低。高品质产品上的品牌延伸到使用价值不大、很容易制造的产品上,可能会使消费者产生反感,甚至使消费者觉得这种品牌延伸纯粹是为了利用大众崇拜名牌的心理,增加这些"琐细"商品的身价。

三、品牌延伸能力模型

法国学者卡普菲勒教授在1972年建立了一个品牌延伸能力模型(见图7-2),该模型把"品牌内涵"设为纵轴,"产品相似程度"设为横轴,品牌内涵包括专有技术、利益、个性、价值观;产品相似程度是指延伸产品与原产品之间的技术相关性。[①]

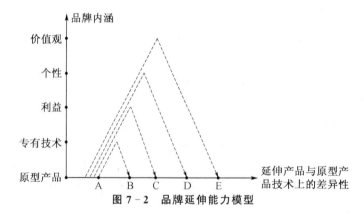

图7-2 品牌延伸能力模型

---

① Kapferer Jean-Noel. The New Strategic Brand Management: Creating and Sustaining Brand Equity Long Term(4th ed.)[M]. London: Kogan Page Limited, 2008.

由模型来看,根据品牌内涵的不同,延伸产品和原产品的相似性也不同。专有技术是品牌原产品所具备的技术特长,据此所延伸的产品与原产品应当较为相似,如乌江榨菜的专有技术是腌制榨菜,这一技术使得它可以制作古法榨菜、麻辣榨菜、低盐榨菜、原味榨菜、榨菜碎米等一系列产品;利益是品牌带给消费者的产品利益,据此所延伸的产品与原产品距离稍远,如立白洗涤用品的利益是"不伤手",这使其品牌能顺利从立白洗衣粉延伸到立白洗洁精;个性是品牌的拟人化特点,据此所延伸的产品可以离产品较远,如万宝路的个性是豪迈、粗犷,所以它能从香烟延伸到牛仔裤;价值观是品牌所持有的理念,所延伸的产品可以跟原产品在技术上毫不相干,只要保持理念一致就行,如卡特彼勒的品牌价值观是"坚韧、粗犷、户外",它旗下不仅有挖掘机、拖拉机,还有风马牛不相及的皮靴、牛仔裤,就是因为这些产品都体现了"坚韧、粗犷、户外"的品牌价值观。[①]

悍马笔记本电脑

悍马是大家熟知的一个越野汽车品牌。如果告诉你悍马也生产笔记本电脑,你一定会觉得很奇怪。然而,如果进一步告诉你,悍马所推出的笔记本电脑面向的客户群是那些经常在户外工作、对笔记本电脑的耐用性和坚固性要求很高的人群,那么,你不仅会觉得悍马推出这款笔记本顺其自然,而且会认为这款笔记本电脑和悍马越野车一样,能够轻松应付各种恶劣的户外环境。的确,这款笔记本电脑以制造军用级笔记本的标准和工艺进行研制,一经推出便受到了客户和发烧友的热烈追捧。"悍马"品牌正是认识到自身累积起来的"户外的"、"坚固的"优势品牌联想,与笔记本电脑在户外的特殊使用场合对产品有着共同的品牌关联,所以这一品牌延伸取得了预期的效益。

资料来源:王海忠.品牌管理[M].北京:清华大学出版社,2014:222.

四、品牌延伸频谱

任何一种品牌延伸都会对原有的母品牌及其品牌资产产生影响,从而形成一条从最成功到最糟糕的品牌延伸频谱(见图7-3)。[②]

---

① 周志民.品牌管理[M].天津:南开大学出版社,2008:225-226.
② 何佳讯.品牌形象策划——透视品牌经营[M].上海:复旦大学出版社,2000:371-372.

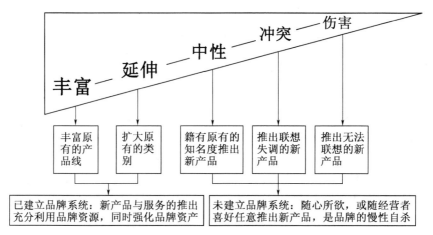

图 7-3 品牌延伸频谱

由品牌延伸图谱可以看出品牌延伸可以对母品牌及其资产造成以下结果：

（一）最好结果

品牌延伸提高了原品牌知名度，帮助母品牌发展和丰富了品牌内涵，原产品和延伸产品因相互联系而共同获益。比如，海尔在推出海尔冰箱后又连续推出海尔空调、洗衣机、热水器、油烟机、微波炉等产品，极大地巩固其家电行业龙头老大的地位。一个提供婚纱租赁服务的公司，延伸开设婚纱摄影业务，有利于加强其在婚庆服务市场的专业化定位。

（二）好结果

品牌延伸利用了原品牌知名度，延伸产品借助于原品牌的地位而得以快速成长，产品的销售得益于原品牌的贡献，企业的经营范围因此而扩大，但品牌内涵和品牌在市场中的影响力并没有发生根本性的变化。如红双喜在生产乒乓球和乒乓球拍后，延伸推出乒乓球台。台湾的"旺旺"生产一系列儿童食品，在推出旺旺小馒头后，又生产旺旺果奶、旺仔牛奶等产品。康师傅以方便面著名，不仅推出多种口味的方便面，还向饮料、饼干进军。这些延伸显然扩大品牌伞的整体覆盖面，给消费者提供了更完整更多样化的商品选择，企业因此获得更大的利润。

（三）中性结果

品牌延伸获得与相关品牌资产的中性影响，延伸只是简单地遵从了消费者对品牌所期望的产品。比如，妮维雅从洁面乳推出男士剃须洁面乳、男士护肤霜、护手霜等产品，作为一个日用保洁护理品牌，消费者认为它有能力生产一系列产品，品牌延伸并没有改变其原来的品牌形象，也没有改变其原有的市场地位。

(四) 坏结果

延伸产品和原品牌的定位或价值存在冲突,造成消费者的认知混淆而导致延伸失败。如三九集团将著名胃药品牌"999"延伸到啤酒,造成了消费者心理上的认知冲突,导致延伸失败;海尔集团把海尔品牌延伸到药品,同样铩羽而归。

(五) 最坏结果

所谓最坏的结果是指延伸的产品非但没有成功,而且还破坏了原来的品牌形象,导致品牌资产流失,品牌贬值。最典型的例子就是长春一汽的红旗轿车,延伸到低档经济型轿车,非但没有占领经济型轿车市场,还丧失了红旗车原来作为国家级元首车、礼宾车的无上尊贵品牌地位。同样失败的还有"皮尔·卡丹",该品牌原来以高档、时尚服装为特征,结果在中国面向工薪阶层开发中档西服市场,在国外从服装延伸到香水、继而又到铁锅、咸肉,严重动摇了它在服装行业的荣耀与地位,最后彻底丧失了其品牌地位。

品牌延伸频谱的意义,就是提醒品牌所有者在进行品牌延伸之前必须认真思考:是否需要品牌延伸?品牌在什么情况下适合延伸?什么样的品牌才适合延伸?

第三节 品牌延伸的实施

一、品牌延伸的主要方式

品牌延伸可以分为两种:一种是纵向延伸,又称垂直延伸,具体包括向下延伸、向上延伸、双向延伸;另一种是横向延伸,又称水平延伸。

(一) 纵向延伸

1. 向下延伸

向下延伸是指品牌原来用于高档产品,后来延伸使用到低档产品。向下延伸又可以分为两种情况:一种是品牌部分向下延伸,比如茅台是高档白酒品牌,后来延伸推出茅台迎宾酒、茅台小王子等中低档白酒。五粮液也延伸推出中档的五粮春、低档的五粮醇。另一种是品牌全部向下延伸,也叫整体向下延伸,如红旗轿车改为经济型轿车。

企业采取向下延伸策略的主要考虑是:①利用高档品牌产品的声誉,吸引购买力水平比较低的消费者慕名购买该品牌产品线中的廉价产品。②高档产品销售增长缓慢,企业的生产设备不能得到充分利用,为了赢得更多的顾客,把产品线向下延伸。③企业最初进入高档产品市场的目的就是用高档产品建立品牌,提高知名度和美誉度,打入市场,一旦市场巩固,转而进入中、低档市场,以扩大市场占有率和销售增长率。如诺基亚、摩托罗拉在中国市场刚开始都是以高档手机品牌著称,站稳脚跟之后都延伸推出低档手机,横扫中国市场抢夺低端用户。④填补企业产品线空白。

企业采取品牌向下延伸的策略,会遇到的风险主要是:①品牌形象受到损害。品牌原来代表高档产品,延伸使用到低档产品上,很可能会使企业原有的品牌形象遭到损害,贵州茅台、香港鳄鱼、法国的佐丹奴,都是因为品牌盲目延伸到低档产品上导致品牌形象受损。所以现在营销界普遍认为企业如果要推出低档产品,最好采用新的品牌,而不要使用原先品牌。当然如果这样做显然已经不再属于品牌延伸的范畴了。②企业进军低档市场,很有可能会激怒原先在低档市场的同行企业,导致其采用向高档市场进军的方式来报复,从而使企业自身原有的高档市场受到冲击。此外,由于经营低档产品的利润比较小,企业的经销商很有可能不愿意经营,这会导致新推出的低档产品市场效果不太理想。

2. 向上延伸

向上延伸是指品牌原来用于低档产品,后来延伸使用到高档产品。如20世纪90年代南京地产护肤品品牌"金芭蕾"推出高档产品。企业采用品牌向上延伸的考虑是:①高档产品畅销,销售增长快,利润高;②企业估计高档产品市场上的竞争者较弱,容易被击败;③提升品牌形象;④企业想使品牌成为旗下产品种类齐全的强势品牌。

企业采取品牌向上延伸的策略同样具有风险:①可能引起原先定位在高档产品市场的竞争品牌企业的反击,他们反向进入低档市场进行报复。②消费者对该企业生产高档产品的能力不信任。比如南京的"金芭蕾"得不到市场认可,高企的价格使消费者宁可购买外国品牌也不购买金芭蕾,最后黯然退出市场。③企业原来的经销商缺乏经营高档品牌的能力和经验。

3. 双向延伸

即原来定位于中档产品市场的品牌在巩固了市场优势后,向产品线的上、下两个方向同时延伸,品牌既覆盖使用到高档产品,又覆盖使用到低档产品。双向延伸的优势和风险与前述向上延伸和向下延伸相似。

(二) 横向延伸

横向延伸又称水平延伸,是指品牌旗下的产品在档次上并没有发生变化,只是品牌延伸使用到不同的产品上。如前所述,横向延伸具体又可以分为产品线延伸和产品类别延伸。

产品线延伸是指母品牌延伸使用到原产品大类中针对新细分市场开发的新产品,如不同口味、不同成分、不同型号、不同尺寸的新产品,康师傅从红烧牛肉面延伸到海鲜面、香菇炖鸡面、酸菜鱼面等产品,就属于产品线延伸。产品线延伸是品牌延伸的主要形式。

产品类别延伸又称大类延伸、品类延伸，是指母品牌被用来从原产品大类进入另一个不同的产品大类。法国品牌学者卡普菲勒教授把产品类别延伸又进一步细分为连续性延伸和非连续性延伸。像日本的本田利用"本田"之名推出了汽车、摩托车、铲雪车、除草机、轮机和雪车等，就属于连续性延伸；三菱从重工业延伸到汽车、银行、家电乃至食品，则属于非连续性延伸。

二、品牌延伸的规律

品牌管理者在进行品牌延伸之前掌握并牢记品牌延伸的规律非常重要，它有助于管理者减少品牌延伸的失误，避免品牌延伸失败给母品牌带来损害的风险，提高品牌延伸的成功率。

（一）品牌定位的宽窄同品牌延伸力呈正比

如果品牌定位比较宽，即表达情感、展示价值观，则品牌的核心价值包容性比较强，品牌延伸力就比较强，能够延伸覆盖多个种类的产品。如海尔品牌定位"真诚到永远"，"真诚"的包容性很强，所以海尔从冰箱延伸到空调、彩电、热水器等几十种家电都获得了成功。雀巢定位的核心价值是"温馨、有亲和力"，所以雀巢能包容咖啡、奶粉、冰淇淋、饮料、矿泉水等多种产品，并广为消费者所接受。

反之，如果品牌定位比较窄，主要表达功能性利益，优点是定位相当清晰，但品牌延伸力就比较弱。如海飞丝"去屑"、舒肤佳"除菌"、立白"不伤手"，延伸的难度就比较大，即使延伸，新产品距离原产品也不能太远。

正如卡普菲勒教授的品牌延伸能力模型所得出的结论：品牌内涵越抽象，品牌延伸力就越大；品牌内涵越具体，品牌延伸力就越弱。

（二）品牌美誉度高低同品牌延伸力呈正比

美誉度较高的品牌往往拥有良好的信誉和消费者的信赖，消费者往往基于对原品牌的信赖，能在短时期内接受品牌延伸的新产品。相反，美誉度一般的品牌，其延伸产品往往会令消费者怀疑企业的能力和动机，较难获得成功。

（三）品牌纵向延伸往往是死胡同

高品质品牌推出低档产品，往往会损害品牌原有的高贵形象，挫伤原消费群体的积极性，稀释原品牌的价值，给企业造成难以挽回的损失。同样，低档形象的品牌也很难向上延伸，因为品牌的低档形象在消费者心中已经根深蒂固，很难扭转。所以很多企业推出高端新产品时，往往不再使用原来的品牌，而是采用一个新品牌，如丰田推出的高档车就采用了"凌志"（雷克萨斯）这一新品牌，但这已经不属于品牌延伸的范畴了。

（四）品牌如果成为某类产品的代名词，则很难延伸到其他类别产品

如果某一个品牌已经成为某一类产品的代名词，那么延伸推出其他类别的产品就很难被消费者接受，品牌延伸很难成功。比如，施乐是一个复印机品牌，在消费者心中早就成了复印机的代名词，然而1970年，施乐公司异想天开，把自己和IBM看齐，将品牌延伸到信息技术行业，结果10亿美元的投资打了水漂。无独有偶，IBM几乎是电脑的代名词，但后来IBM发现施乐做复印机获利丰厚，就忘掉了对方的教训，把业务也延伸到复印机行业，结果同样败走麦城，挥泪退出复印机市场。

三、品牌延伸成功的策略

（1）提炼品牌核心识别，使现有品牌能够在不同档次的市场上共同发挥作用。例如，英国维珍品牌的核心价值是反传统，这种核心识别使维珍在众多类型的产品市场和高、中、低不同档次的市场上都能发挥作用，从而使维珍品牌成功地延伸到很多行业，涉及众多产品。

（2）采用主副品牌。一方面可以利用主品牌的优势和联想进入新的市场，另一方面利用副品牌的作用有效地使新产品与原品牌形成一定的区隔，以免一旦延伸失误伤及主品牌的形象。

（3）创建或购买独立的新品牌，从而进入高端或低端市场。如丰田进入高端汽车市场就重新创建一个新品牌"雷克萨斯"；吉利进入高端汽车市场是收购瑞典的知名品牌"沃尔沃"，但这种做法其实已经不是严格意义上的品牌延伸，而是属于企业的业务延伸范畴了。

（4）通过与有声望的品牌进行合作，建立联合品牌，增加新产品的可信度。比如，索尼是世界知名的电子产品品牌，当它把业务延伸到手机行业时，采用和世界通信业巨子、瑞典的爱立信联合的方法，双方合作推出索爱品牌。爱立信在通信技术上具有优势，索尼在产品的时尚、创新、领导潮流方面举世闻名，两厢结合，符合当时市场上顾客对于手机不光是通讯工具，还是时尚、好玩的娱乐用品的期望。所以这一策略对于两个公司来说，品牌延伸都很成功，达到了双赢的局面。

第四节　品牌特许经营

品牌是企业的无形资产，可以重复使用，品牌不仅不会因为使用而贬值，反而在使用的过程中因曝光度增加而使品牌资产进一步增加。每一个创建了知名品牌的企业，都为该品牌的成功创建付出了巨大的努力和成本，当然也就希望能从这个品牌身上获得尽可能多的利益回报。通常企业都会利用成功的品牌进行延伸，将品牌运用到更多的新产品、新领域，从而获得更大的经济利益。然而，由于

企业在包括技术、资金、人力、销售渠道等各方面的能力有限,有时品牌延伸效果并不好,或者企业自身无力延伸。那么在这种情况下,通过品牌特许,拥有知名品牌的企业与缺乏品牌的企业进行合作,就可以互利双赢、各取其美。因此,品牌特许(或称品牌授权)是广义上的品牌延伸,是拥有品牌的企业通过外部力量把品牌延伸覆盖到新产品和新领域。

一、品牌授权的概念

(一) 品牌授权的涵义

品牌授权又称品牌特许、品牌许可经营,是指品牌所有者将自己拥有或代理的商标或品牌要素以合同的形式授予被授权者使用;被授权者按照合同规定从事相关的经营活动、并向品牌所有者支付相应的费用;有时根据合同,品牌所有者还会给予被授权者在人员培训、组织设计、生产技术、经营管理等方面一定的指导和协助。

(二) 品牌授权的形式

常见的品牌授权主要有以下几种形式[①]:

1. 商品授权

被授权者可以使用授权品牌的商标、品牌代表人物、图案等无形资产,运用在产品的设计和开发上,并进行销售。如中国中粮集团就授权许多食品企业生产梅林罐头。

2. 商标授权

被授权者可以使用授权品牌的商标、品牌代表人物、图案等无形资产,运用在自身品牌的促销、推广活动中,但不得使用在产品上进行生产和销售。例如,购买麦当劳套餐赠送机器猫玩具和kitty猫产品。

3. 项目授权

被授权者可以使用授权品牌的商标、品牌代表人物、图案等无形资产,策划并且经营某一个主题项目。

4. 专卖授权

被授权者可以加盟授权品牌的连锁店或专柜,统一销售授权品牌的商品。如来伊份、谭木匠等。

5. 专利授权

被授权者可以将授权品牌的配方等专利技术,应用于经营活动中。例如肯德基、麦当劳等。

[①] 梁东,连漪.品牌管理[M].北京:高等教育出版社,2012:108.

二、品牌授权的作用

1. 品牌授权可以使得品牌所有者以极低的成本获得额外的经济收益。拥有知名品牌的企业除了自己正常的品牌主营业务之外,通过品牌授权还可以获得一笔额外的授权收入。由于在品牌授权过程中,企业几乎不要另外再投入什么成本,因此所获得的这笔费用可以说投资回报率很高,而且品牌根据其授权的区域、时间、行业不同,可以同时进行多个授权,这就使得企业的授权收入和利润相当可观。据迪士尼在中国的一个被授权商透露,迪士尼品牌在中国的授权,根据授权内容的不同,一般大概在 100 万至 500 万人民币之间,目前在全球大约有 3 000 多家公司获得授权、经营着超过 10 万种以上的迪士尼产品。① 可见迪士尼通过授权获得了相当惊人的品牌收益。

2. 品牌授权降低了品牌所有者企业的产品研发成本,丰富了企业的产品种类。品牌要想持续发展就需要企业能够不断推出新产品以保持品牌的活力,但自行研发新产品不仅时间长、成本高,而且失败率也很高。通过品牌授权,企业就能够将一些新产品的研发工作"外包"给另一家合格的企业去做,自己只需要经营品牌即可。这样,企业不光自己不要投入巨大的人力物力财力成本去研发新产品,而且可以在短时间内推出各种新产品。尽管这些被授权企业生产出来的产品并不属于授权企业,但在消费者印象里这就应该是同一家公司的产品,这样就大大地扩大了品牌的市场影响力。例如迪士尼公司本身业务实际上只有动漫电影、游乐园等,但通过品牌授权,冠以"迪士尼"品牌的商品遍及文具、服装、箱包、手表、玩具、图书等许多领域,迪士尼的品牌影响力渗透到许多行业。

3. 通过品牌授权,企业可以降低营销推广成本,扩大品牌的影响范围。由于品牌授权后市场上出现各种各样冠以同一品牌标识的商品,这些商品在货架上大范围频频出现,极大地提高了品牌的曝光率,实际上就在传播品牌的信息,提高品牌的知名度,使企业本身的品牌营销推广成本下降,品牌影响范围更大。

4. 对于被授权企业来说,通过品牌授权可以降低新品牌的开发成本,加快自身产品的市场接受度。很多被授权的企业自身具有较强的生产能力甚至技术研发能力,但在营销和品牌建设方面却比较薄弱。品牌建设是一个耗资昂贵的工程,创建一个品牌并不是一朝一夕就能成功的,尤其是新品牌的失败率高达 80%,这就使得很多实力较弱、无法承受长时间持续投入来打造自己品牌的中小企业望而却步。通过品牌授权,这些企业就可以很容易地使自己的产品被市场接受,因此品牌授权是一些中小企业提高产品销量、获得经济效益的一条捷径。

---

① 周志民.品牌管理[M].天津:南开大学出版社,2008:233.

三、品牌授权要注意的问题

品牌授权是一种特殊形式的品牌延伸,如果处理不好,同样会稀释品牌的个性、损害品牌的形象、降低品牌的资产价值。因此企业在进行品牌授权时,要注意以下三点:

(1)要考虑品牌所有者企业生产的产品品类与被授权企业生产的产品的定位、形象、内涵之间具有契合性,不能引起冲突。

(2)要考察被授权企业产品的市场占有率和企业在行业中的影响力。品牌所有者要根据自身的品牌影响力和企业实力,选择跟自己相匹配的企业进行品牌授权,保证自己的品牌形象不会因为对方经营能力的低下而被损害。

(3)要考察被授权企业的企业文化和管理水平。因为企业文化影响到被授权企业对授权品牌定位和理念的准确演绎;同时被授权企业的企业文化和管理风格、管理水平也会影响到授权双方在此后合作过程中的沟通与协作是否顺畅、默契。

第八章 品牌组合管理

第一节 品牌组合的概述

一、品牌组合的涵义

随着社会经济的发展、生产规模的扩大,企业的市场竞争越来越激烈。为了取得更多的顾客支持,几乎所有的企业都尽可能生产多种产品来满足顾客差异化的需求,这除了可以获得更大的销售份额,还可以分散企业的经营风险,在竞争中居于有利地位。因此,近年来企业不断增加产品的种类甚至经营业务的种类,已经成为一种必然的趋势。另外,企业在发展过程中,兼并收购、资本扩张等业务变动也使得企业遭遇到品牌增减变化的问题。这样,企业在品牌管理上就面临一个现实的选择:企业众多的产品是统一采用一个品牌呢?还是多个品牌?如果采用多个品牌,那么这些品牌之间的关系和地位应该是怎样的?是一视同仁、完全平等分享企业的资源呢?还是各有侧重、差异化地在企业的品牌家族中发挥不同的作用?所有这些问题都应该是清晰明确的。

打个比方,中国古代大家庭中四世同堂、人员众多,如果家庭关系处理不好,就会矛盾重重、兄弟反目、互相拆台,甚至大打出手,鸡犬不宁,不要说家庭兴旺了,弄得不好就会分崩离析。所以,若要家族兴旺、长盛不衰,处理好家族中长幼之间、亲疏之间、尊卑之间的关系就至关重要,唯有如此,才能各尽其职、各守其分,同心协力,共创大业。

同理,一个企业拥有众多品牌,就像一个大家庭一样,必须处理好各个品牌之间的关系。这些关系处理得好就可以使企业的竞争力大大提高;处理不好就会导致企业巨大利益的损失,甚至关系到企业的命运,因此必须予以高度的重视。

品牌组合又称品牌系统或品牌架构,是指企业根据整体战略确定的企业品牌、产品品牌之间的组合形式结构,通过科学合理的组合,使企业的各个品牌形成一个有机协调的整体框架。在这个品牌框架中,所有的品牌都井然有序,各司其职,各尽其力,发挥品牌集团的综合作用,在市场竞争中跟竞争对手展开较量。如果说品牌解决的是知名度和美誉度的问题,那么品牌组合则是从战略的角度解决如何整合企业内部资源、处理好品牌之间的关系,确保统一、协调、清晰的品牌形象,从而使品牌价值最大化的问题。

总之,品牌组合战略就是解决一个企业需要多少品牌、各个品牌之间怎样协调共处、发挥作用的问题。

二、品牌组合管理的意义

现代企业在发展的过程中不断推出新产品,使得公司内部品牌的数量持续增长。如何管理好公司旗下所有的品牌,已经成为一个举足轻重的问题。大部分品牌管理者都认为,管理一个品牌并不难,难的是管理好一群品牌。如同体育运动,如果是单项运动,比如刘翔的 110 米栏短跑,成功与否完全取决于刘翔个人的能力;而一组品牌则如同一个足球队,能够取胜不光取决于每个队员的个人素质和能力,更重要的是所有队员的合理分工与密切配合,前锋、后卫、传球、侧翼、防守、掩护、守门……各司其职、密切配合,方能守住阵地,并且攻入敌方大门,最后赢得比赛的胜利。因此,企业的品牌组合管理,就是从战略的角度,全面规划安排品牌家族中每一个品牌的角色、地位和作用,发挥"1+1>2"的效力,取得品牌价值的最大效益。科学合理的品牌组合管理具有这样一些意义:

(一)发挥集团效应,促进每个品牌之间的协同作用

如今的企业靠一个品牌出来单打独斗进行市场竞争已经越来越困难了,大部分成功的企业都是推出多个品牌进行兵团作战,因此建立这些品牌之间的相互协作关系就至关重要。每个品牌在品牌的组合中扮演什么角色、承担哪些职能、对家族中的其他品牌起什么作用,如果事先有了明确的规划和界定,各个品牌在竞争中既各自占领一个市场阵地,又互相呼应、相辅相成,就能产生决定性的竞争合力,协同作战,发挥集团效应,全面覆盖目标市场,取得整个企业竞争的胜利。

(二)有效配置资源,使品牌建设工作更加有序合理

企业推广品牌的成本非常高昂,每一个品牌对于企业的业绩贡献并不是完全相同的,有的品牌获利高,有的获利低,有些品牌甚至处于亏损状态。在这种情况下,一视同仁、让所有品牌平分企业的各种资源显然不合理,有些亏损的品牌不仅占用企业有限的资源,更侵蚀和削弱了企业原本应该投放到更有发展潜力的品牌上去的资源。通过品牌组合管理,可以明确各个品牌的战略角色,实力强的或者未来有发展潜力的品牌得到更多的资金扶持,而有些确实无利可图的品牌则可以果断放弃,使之不再占用企业宝贵的品牌建设资金。企业通过对品牌优化组合,有效配置资源,使得企业资源得到更充分合理的利用,品牌建设工作也由此更加有序合理。

1999 年,联合利华鉴于公司品牌多而混乱、企业市场份额却不高、品牌建设费用居高不下、产品销售业绩却直线下降的窘境,开展了一个精兵简政的品牌瘦

身运动。时任联合利华的联合主席尼奥·斐杰德说:"我们把我们的精力和资源分散在太多品牌上了,现在我们大约一共有1 600个品牌,这大大分散了我们的销售渠道和投资资源。"①经过大刀阔斧的裁剪,尼奥成功地把联合利华的品牌由原来的1 600个大幅减少到400个,联合利华砍掉不盈利的或盈利较少的品牌,集中60亿美元的广告和市场推广费全力打造400个品牌,企业利润却迅速获得大幅度提升。400个强而有力的优势品牌远超1 600个孱弱无力的弱势品牌,企业由此还节省下了大量的品牌维护成本。

(三)提高机动能力,使企业能够灵活应对市场竞争

在企业经营的过程中,市场时时都在发生着变化,如何面对竞争者的品牌进攻,就需要品牌管理者利用品牌的有机组合,提高企业"品牌军团"的机动能力,及时应对竞争者的进攻。例如,竞争对手推出有特色的品牌产品直攻我方主力产品品牌时,我方可以迅速推出具有同样性能或特色的侧翼品牌为主品牌保驾护航;对方若利用廉价产品抢占我方市场,我方主品牌不需要降尊纡贵,只需推出品牌家族中的低端品牌出面应战即可。例如,著名的方便面品牌"康师傅"在市场上遭遇"华龙"方便面的低价竞争,由于华龙是一个并不知名且实力很弱的对手,作为顶新集团主品牌的康师傅如果也放低身价跟华龙打价格战,一来等于"杀鸡用牛刀",康师傅根本不值得为一个小品牌而放弃自己长久以来形成的方便面市场第一大牌的品牌形象,二来企业利润会大幅度下滑。但面对华龙的搅局,康师傅又不能置之不理,放任对方抢夺自己的市场份额。在这种情况下,顶新集团推出了一个新的低价品牌"福满多",专门承担阻击华龙的使命,为主力军康师傅清扫来犯之敌,而康师傅仍然稳居方便面市场江湖大哥的品牌地位。通过建立一个优化的品牌组合家族,众多品牌各有特色、各具才能,"兵来将挡水来土掩",大大提高了整个企业市场竞争的机动能力,使企业面对竞争对手的各种营销手段都能游刃有余,灵活应对。

(四)明确品牌定位,使顾客对品牌的认知清晰准确

一个企业之所以会拥有多个品牌,是因为不同的品牌产品具有不同的特点,可以满足不同的顾客需求。每个品牌都有自己的目标市场,企业只有对自己所有的品牌进行有效的组合管理,才可以使每个品牌都明确它的品牌定位,每个品牌都各自承载它自身的品牌内涵和品牌信息,只有这样,消费者才不会出现对品牌信息认知的混乱,才能准确了解不同品牌之间的差异,从而找到满足自己需求的那个品牌。如欧莱雅集团的品牌家族中,每个品牌定位清晰,产品各有特点,目标顾客各不相同、互不重叠,消费者清楚明了,欧莱雅家族几乎覆盖高端、中端、低端

---

① 周志民.品牌管理[M].天津:南开大学出版社,2008:244.

从护肤、化妆到护理、美发整个市场,获得了极大的市场销量。欧莱雅集团旗下品牌及其市场定位见表8-1。

表8-1 欧莱雅集团旗下品牌及其市场定位

品牌名称	市场定位
赫莲娜	"超越时代之美";"美容界的科学先驱";提倡美容科学;消费群体的年龄相应偏高,具有很强的消费能力
兰蔻	护肤、彩妆及香水系列的极品;消费者年龄比赫莲娜年轻一些,具有相当的消费能力
碧欧泉	秉承"高尚的生活格调源于简约自然的保养"的护肤理念;面向具有一定消费能力的年轻时尚消费者
植村秀	专业彩妆、高档护肤品及专业化妆工具;面向时尚、具有国际视野的高收入年轻女性
薇姿	提倡健康护肤的理念
理肤泉	皮肤科疾病的辅助性治疗产品
巴黎卡诗	"洗、护、韵"美发理念;专业护发
欧莱雅专业美发	"与众不同,展现自我";专业美发
巴黎欧莱雅	"巴黎欧莱雅,你值得拥有",提供护肤、彩妆及染发品;面向大众消费层
羽西	秉承"专为亚洲人的皮肤设计"的理念
美宝莲	亲和、时尚、活力、朝气;"美来自内心,美来自美宝莲";面向大众消费层
卡尼尔	以"健康之源美于自然"为宗旨,致力开发天然美容产品,面向大众消费层
美奇丝	"激情美发";面向20~30岁的年轻、时尚人士,低端市场
小护士	"自然精华,健康肌肤";面向追求自然美的年轻消费者,低端市场

资料来源:根据互联网资料整理。

(五)形成合理组合,解决企业战略发展面临的障碍

企业在战略发展的过程中经常面临推出新产品甚至进入新行业的战略选择,如果一味在原有品牌上进行修修补补,不仅会使原有的品牌形象模糊、品牌内涵混乱、品牌核心价值被稀释,而且还不能适应瞬息万变的市场变化,而通过品牌组合管理,管理者可以在品牌图库中随时根据需要,增加新品牌、增加子品牌,与原有家族中的品牌形成呼应或对接,企业的发展战略稳定而有序。

例如企业在战略发展决策时,如果业务想向高端或低端市场延伸,直接沿用

原来的品牌会造成一系列负面效应。假如企业业务向高端市场延伸,企业原来定位于中低档市场的品牌形象会让消费者对该企业生产高端产品的能力产生强烈的质疑;假如企业业务向低端市场延伸,采用原来品牌则会使原有品牌的形象遭到损害。1982 年派克笔向下延伸,结果非但没有打入低档笔市场,反而毁掉了派克在消费者心目中的品牌形象。中国一汽的红旗牌轿车在 2000 年推出 18 万的经济型轿车,导致红旗轿车神秘尊贵的品牌形象彻底丧失,从此一蹶不振。要解决这种战略发展的窘境最好的做法就是推出一个全新的品牌或者一个子品牌,比如"五粮液"集团推出的低端产品就采用了"金六福"这一新品牌。也可以采用子品牌,同原来的品牌形成主副品牌关系,让原有品牌来给低端品牌提供担保(即背书),如"茅台"集团的中低端白酒采用的就是子品牌"茅台迎宾酒""茅台王子酒""茅台小王子"等。如果企业发展战略是让业务向高端市场延伸,那么最好的做法就是完全打造一个新品牌,而且为了不让原有品牌对新品牌产生负面影响,品牌管理者还要刻意切断新品牌和原有品牌之间的联系,避免消费者产生不信任感。例如,丰田推出高档车时就采用了一个新品牌"雷克萨斯",而且刻意隐去丰田公司的印记。本田挺进高档车市场时,也采用了独立新品牌"讴歌"。

有时企业决定进入新的行业领域发展,原来经营领域与新进领域存在很大的冲突,这时候就必须采用一个新品牌,避免消费者产生认知冲突。如"三九"企业进入啤酒行业,仍然采用原有的"三九"品牌,消费者怎么也不能接受一个生产胃药的企业来生产啤酒,结果折戟而归;浙江丽水一企业生产的洗衣粉和肥皂用"雕牌"品牌,生产牙膏就用选另一个品牌"纳爱斯",从而成功避免了消费者的不良联想,企业战略发展顺利进行。

第二节　品牌组合中的品牌角色

品牌在组合中的角色可以从不同的角度进行划分,可以从指代产品时担任的角色这一角度来划分;也可以从它在企业竞争战略中担任的角色这一角度划分;还可以从品牌强弱的程度来划分(如强势品牌、弱势品牌、大品牌、小品牌),以及可以从品牌的影响范围来划分(如国际品牌、全国品牌、区域品牌、地区品牌等)。本书主要介绍下面两种:

一、品牌在指代产品时担任的角色类型

品牌在指代产品时担任的角色,是指品牌家族中各品牌在代表产品时所扮演的角色以及发挥的作用。品牌通过在家族中扮演不同的角色、发挥不同的作用,引导消费者对不同的产品形成准确的认识。品牌在代表产品时主要扮演以下几种角色:

（一）主品牌

主品牌（Master Brand）又称母品牌，是公司或产品的原品牌或核心品牌，它是消费者作出购买决策的主导因素。主品牌可以是公司品牌，也可以是产品品牌。比如"海尔"是以公司品牌作为主品牌，"别克"则是通用公司的产品品牌。从视觉上看，主品牌往往在广告、包装上占据最显著的位置。例如，"别克"旗下各型号的汽车，"别克"品牌标识都占据着车头、车尾最显眼的车标位置。

图 8-1

图 8-2

（二）担保品牌

担保品牌（Endorser Brand）又称背书品牌，主要是为产品提供信誉和保证。担保品牌通常都是公司品牌，公司通过其拥有的实力、历史、地位和价值观来为它旗下的所有产品提供担保，从而获得消费者的信任。宝洁就是一个典型的担保品牌，人们经常可以看到"海飞丝""飘柔"等产品广告末尾会加上一句"宝洁公司荣誉出品"，这就是宝洁在为它旗下的品牌提供品质和实力担保。

（三）副品牌

副品牌（Subbrand）又称子品牌，企业在一个主品牌之下往往会推出一系列具有特色的不同产品，为了体现出这些产品之间的差异性特点，让消费者清楚了解每个产品的个性和特点，企业就必须设立一个副品牌。如海尔系列冰箱，根据容量大小分为"海尔—小王子""海尔—双王子""海尔—大王子"；根据冰箱产品特色不同分为"海尔—帅王子""海尔—金王子""海尔—冰王子"；"别克"主品牌之下的副品牌有"别克—君越""别克—凯越""别克—英朗""别克—威朗""别克—君威"等；万科地产在主品牌"万科"之下推出各个子品牌"万科—金色家园""万科—金色里程""万科—金域蓝湾"等。以上"小王子""双王子""帅王子""君威""君越""凯越""金色家园"等都是副品牌（即子品牌），它们与主品牌（即母品牌）"海尔""别克""万科"一起形成了主副品牌（母子品牌）关系。

（四）产品品牌

产品品牌（Produce Brand）是产品的区别性名称。一般产品品牌的表述形式是"主品牌＋描述性品牌"，如雀巢咖啡和雀巢奶粉，其中"雀巢"是主品牌，"咖啡"和"奶粉"是描述性品牌。随着产品的增多，许多企业增加了子品牌，所以现在产品品牌表述形式大多为"主品牌＋副品牌＋描述性品牌",如海尔防电墙电热水器,其中"海尔"是主品牌,"防电墙"是副品牌,"电热水器"是描述性品牌。

(五) 保护伞品牌

保护伞品牌(Umbrella Brand)是共有品牌,通常介于公司品牌和产品品牌之间,起到统领一类产品品牌的作用。如通用汽车公司的别克就是一个保护伞品牌,别克旗下有君威、君越、凯越、陆尊、林荫大道的具体产品品牌;微软公司的 Microsoft Office 则对旗下的 Word、Excel、PowerPoint、Access 等办公软件品牌起到保护伞作用。

二、品牌在企业竞争战略中担任的角色类型

品牌在企业竞争战略中担任的角色是指公司从多个品牌之间关系管理的角度对每一个品牌的战略功能做出的定位。通过各品牌功能的梳理,管理者能够使品牌之间的关系清晰化,从而实现品牌资源配置的最优化,并更好地发挥多品牌的合力。关于品牌在企业竞争战略中担任的角色类型,不同的学者有不同的看法。荷兰莱兹伯斯教授认为可以分为四种类型:主力品牌(Bastion Brand)、侧翼品牌(Flanker Brand)、斗士品牌(Fighter Brand)、威望品牌(Prestige Brand);美国的戴维·阿克教授则认为品牌在竞争战略中的角色可以分为战略品牌(Strategic Brand)、银弹品牌(Silver Brand)、侧翼品牌(Flanker Brand)、现金牛品牌(Cash Cow Brand)、品牌化的活力点(Branded Energizer)五种。本书结合两位学者的观点,把品牌在竞争战略中的角色分为以下四种:

(一) 战略品牌

战略品牌(Strategic Brand)是对组织战略具有重要意义的品牌,它的成功与否对企业的生存和发展至关重要,因此必须得到企业资源的重点投入。通常有三种战略品牌:

(1) 当前的实力型品牌,即正在为公司带来主要销售额和利润的品牌,如可口可乐公司的可口可乐饮料,谷歌公司的搜索引擎、谷歌地图。

(2) 未来的实力型品牌,即目前还很弱小,但未来有可能会为公司带来主要销售额和利润的品牌,如谷歌公司的谷歌眼镜、谷歌无人驾驶汽车。

(3) 关键品牌,即在企业长期发展过程中起到关键或杠杆作用的品牌。企业创建这个品牌的主要目的是为了树立自己在行业中的领导地位或知名度,并不在乎其未来有多少销售额和市场地位,如谷歌公司的智能机器人阿尔法狗。

对待战略品牌,企业在对品牌组合管理时要防止出现厚此薄彼的错误倾向。厚此薄彼主要表现在两种做法:一是"业绩近视症",只重视当前有良好业绩表现的实力型品牌,忽略对未来实力型品牌和关键品牌的扶持和投入,导致企业后继

发展乏力，一旦实力型品牌产品进入衰退期，企业立刻就会面临困境；另外一种正好相反，过于重视对未来实力型品牌和关键品牌的投入，忽略对现有实力型品牌的支持，导致实力型品牌竞争力下降，企业经营面临资金困难。20世纪90年代宝洁公司遭遇业绩下滑、经营困难，就是对新品牌投入过大，忽略了对老品牌的支持。①

（二）银弹品牌

"银弹"英文是 Silver Bullet，原意是传说中能把人狼变回人类的一种子弹，用在品牌当中是指能改变或支持另一种品牌形象的战略角色。银弹品牌（Silver Brand）的出现通常是公司现有的品牌形象不够理想，希望通过重新定位一个现有品牌或者创造一个新品牌的方式来使得品牌形象得到改善。如娃哈哈的"非常可乐"旗下推出"非常咖啡可乐"这一新品牌，目的就是希望通过带有都市特色的新产品来消除"非常可乐"定位于乡镇或农村市场的土气形象，增强"非常可乐"品牌的时尚感。"非常咖啡可乐"就是一种银弹品牌。

（三）侧翼品牌

侧翼品牌（Flanker Brand）也称斗士品牌，是一种用来跟竞争者战斗的品牌，是为了保护战略品牌而单独设立的辅助性品牌。侧翼品牌的名称来自于战争的比喻。当一支部队行进中遭遇到敌军小股部队骚扰，指挥官不想出动主力部队去迎击敌人，但又不能让主力部队遭到损伤，于是另外组织一小部分兵力从侧翼对敌军发起进攻，以此来保护大部队。同样，在营销战中，如果竞争对手以低档品牌或具有独特功能利益的品牌来进攻主品牌，抢夺市场份额，本企业最好采用侧翼品牌来进行反击。具体做法是：针对对手的利益点，推出具有同样特点的新产品；或者对手降价，本企业也推出一个新的低价品牌。这样，主品牌就可以不用自降身价来损害原品牌的形象，也不需要因为对手的利益点而改变自己一贯的品牌内涵。如康师傅为了应对华龙、白象等低档方便面争夺它的市场份额，推出低档品牌福满多作为侧翼品牌；可口可乐为了抵御百事可乐推出的低卡路里的轻怡可乐，推出同样低卡路里的健怡可乐作为侧翼品牌。采用侧翼品牌最大的好处就是既可以对抗竞争者的进攻，同时又保证了品牌原有的定位和形象，即使侧翼品牌出现失误，也不会对主品牌产生负面作用。

（四）现金牛品牌

在经典的波士顿咨询集团法当中，有一种市场增长率缓慢但相对市场份额很大的业务，称之为"现金牛"业务。现金牛品牌（Cash Cow Brand）的特点与此相

---

① 祝合良. 品牌创建与管理[M]. 北京：首都经济贸易大学出版社，2007：264.

仿,即无须加大投资,仍有一定市场地位和收益回报。这些品牌已经建立了很强的市场地位,拥有了一批忠诚的顾客,只是市场饱和度很高,业绩难以有新的提升。所以,企业通常对这些品牌采用顺其自然的态度,不过多地增加投资。在欧美国家,LV 等一批奢侈品就属于现金牛品牌,它们已经到了成熟期,市场业绩稳定。其他一些著名品牌如康师傅的红烧牛肉面和微软的 Office 系列软件,都属于现金牛品牌。①

第三节　品牌组合的战略

每个企业所处的内外环境不同,企业的竞争战略不同,由此它们各自采用的品牌组合战略也各不相同。当前企业在品牌组合战略方面采用的模式主要有以下五种:

一、单一品牌战略

(一) 单一品牌战略的定义

单一品牌战略又称统一品牌战略,指企业所有产品都使用同一个品牌。例如雀巢公司生产的 3 000 多种产品包括奶粉、咖啡、牛奶、冰淇淋、柠檬茶、药品、化妆品、调味品等都使用雀巢这一个品牌。日本佳能公司生产的照相机、传真机、复印机等产品也都统一使用"canon"这一个品牌。此外,三星、达能、西门子、飞利浦、海尔、康师傅、娃哈哈等实施的也都是单一品牌战略,它们旗下产品众多、形态各异,但都共同使用一个主品牌。

有的企业产品门类跨度很大也共享一个品牌,如 GE(美国通用)旗下的汽车、电力机车、冰箱、核磁共振设备、金融服务都共用 GE 这一个品牌。韩国现代集团的汽车、家电、化工、轮船等也都用"现代"一个公司品牌。英国维珍是跨行业经营使用单一品牌的典范,维珍集团的经营领域广阔,涉足传媒、唱片、饮料、化妆品、铁路、航空、金融、电信、博彩、火箭、婚纱等几十个行业,它们都共享维珍一个品牌。海尔是本土实施单一品牌战略最为成功的企业。海尔从 1984 年生产第一台冰箱到现在拥有冰箱、空调、洗衣机、电视机、电脑、手机等多个产品类别,形成一个蔚为壮观的产品大家族,把海尔"真诚到永远"的品牌理念拓展到旗下每个产品中。

(二) 单一品牌战略的优点

(1) 企业把所有的品牌建设费用集中在一个品牌上,可以大大节省费用支

---

① 周志民.品牌管理[M].天津:南开大学出版社,2008:250.

出，集中所有资源打造一个强势品牌。

（2）企业在推出新产品时，可以借助母品牌的影响力，以最低成本迅速占领市场，这就是"大树底下好乘凉"。

（3）众多产品共用一个品牌，品牌符号在消费者视线里反复出现，可以有效提高品牌的市场能见度，有利于品牌价值的不断累积和提升。

（4）企业始终保持一个品牌形象对外，有利于消费者清晰地认知和记忆品牌，提高消费者的认知度以及品牌的知名度。

（三）单一品牌战略的缺点

1. 使用单一品牌战略最大的问题就是品牌旗下涵盖的产品太多，跨度太大，稀释了品牌个性，模糊了消费者心中的品牌形象，不利于品牌产品建立起在行业中的专业形象。例如，海尔作为一个统一性品牌，它旗下的空调产品在空调行业中影响力比不上格力，洗衣机在行业中影响力比不上小天鹅，电视机比不上创维，油烟机比不上方太，微波炉比不上格兰仕，所有的产品都给人以业余对专业的印象，不利于企业在行业中建立起它的领袖地位。

2. 采用单一品牌战略会面临一个很大的风险，即一旦品牌旗下某一个产品出现问题，极有可能祸及其余、一损俱损，波及并损害母品牌及其他产品的声誉。例如，1973年由于雀巢公司一再宣传其奶粉的母乳替代作用，激起了长达十年的全球抵制雀巢运动。该运动最初由慈善和宗教团体发起，最后形成一场席卷全球的世界性运动，其中美国市场抵制最为激烈，这场运动高举"维护母乳喂养"的大旗，反对雀巢等公司肆意在发展中国家推销婴儿奶粉，结果雀巢旗下所有产品都遭消费者抵制，包括咖啡、饮料、食品，造成雀巢公司损失惨重。

3. 一个品牌难以充分展示公司旗下不同产品各自的优势和特点，所以很多采用单一品牌策略的企业有时为了突出不同产品的个性，不得不辅之以副品牌战略，即给不同产品起一个生动传神的名字做副品牌，以此形成不同产品型号间的区隔、彰显出不同产品的差异化个性。如海尔系列冰箱根据容量大小分为"海尔—小王子""海尔—双王子""海尔—大王子"；根据冰箱产品特色不同分为"海尔—帅王子""海尔—金王子""海尔—冰王子"。

（四）单一品牌战略适用的范围

（1）品牌核心价值比较抽象，可以包容品牌旗下所有产品。例如，维珍的品牌内涵是"叛逆、创新、自由"，维珍品牌虽然共享于多个行业领域，但它的消费者其实都是一种类型的人群，都是个性另类、不愿意循规蹈矩、叛逆的年轻人，维珍在消费者心中并不仅仅是航空、饮料或服饰等产品标志，而是一种另类、叛逆的生活方式象征。正是这种品牌内涵在维珍各类产品上的统一体现，才成就了维珍这个品牌世界颠覆者的成功。

（2）企业实力不够雄厚，难以支撑多个品牌。打造一个品牌非常昂贵，从品牌的设计规划到宣传推广，都需要持之以恒的投入。企业如果实力不够雄厚，那么集中企业所有的资源全力打造一个品牌，然后让公司旗下所有的产品都能受益显然是最经济、最现实的策略选择。

（3）品牌旗下不同产品有较高的关联度，消费者对品牌产品的个性化要求并不高。许多采用单一化品牌战略的大多数是工业品和耐用消费品企业，在这些领域，消费者在购买时主要看重专业技术和品质，对个性化、差异化要求并不高，因此单一化品牌战略反而有利于提高知名度，打造实力雄厚的企业品牌形象。如润滑油领域的世界各大跨国公司基本都采用单一品牌，如美孚、壳牌；耐用消费品行业中的汽车业宝马、奔驰、劳斯莱斯，电子业的三星、索尼、松下，计算机行业的IBM、戴尔、苹果等。

（4）企业产品的市场容量不大。如果企业经营的产品种类虽多，但每个产品的市场容量都不大，多品牌策略显然就会白白增加品牌建设与管理成本，浪费企业资源，采用单一品牌策略既经济又高效。

（5）竞争品牌也采用单一品牌战略。根据企业竞争的常规经验，企业往往可以采用跟竞争者相类似的竞争战略，如影随形、贴身肉搏的竞争战略效果反而更好。比如，耐克和阿迪达斯，苹果和三星，奔驰和宝马，波音和空客，康师傅和统一，都采用单一品牌战略；反之，宝洁采用多品牌战略，联合利华也毫不犹豫采用了类似的多品牌战略。

二、多品牌战略

（一）多品牌战略的定义

多品牌战略是指一个企业同时拥有两个或两个以上相互独立的品牌。采用多品牌战略的企业将许多不同的品牌投入市场中，满足消费者的差异化需求，从而最大限度占领市场。

多品牌战略有一品一牌、一品多牌两种形式。一品一牌是指企业的每一类产品使用一个品牌，一品多牌是指每一类产品使用多个品牌。

宝洁公司是实施多品牌战略成功的典范。宝洁的营销原则是：如果某一个细分市场还有发展空间，最好由自己的品牌去占领。因此，宝洁公司的品牌频频出击，形成一个庞大的多品牌家族。宝洁公司旗下有几百个小品牌，80多个独立大品牌，其产品覆盖洗发护发、美容护肤、个人清洁、妇女保健、婴儿护理、家居护理等诸多领域。宝洁的洗发水就有飘柔、潘婷、海飞丝、沙宣、伊卡璐五大品牌，洗衣粉有碧浪、汰渍；香皂是舒肤佳，牙膏是佳洁士，妇女卫生巾是护舒宝，婴儿卫生尿布有"帮宝适"和"好奇"。

联合利华也是实施多品牌战略成功的企业，联合利华的洗护用品和冰淇淋采用一品多牌,洗衣粉、茶叶采用一品一牌。比如洗发水品牌有夏士莲、力士、多芬;牙膏品牌有洁诺、皓清、中华;冰淇淋品牌有和路雪、曼登林、百乐宝、可爱多、可丽波、梦龙、千层雪;洗衣粉品牌是奥妙;茶叶品牌是立顿。

国内企业实施多品牌战略的并不多见,市场上消费者比较熟悉的只有一个日化企业丝宝集团拥有舒蕾、风影、顺爽等多个品牌。主要原因是创建和维护一个品牌的成本非常高昂,国内消费品企业大部分都是中小型民营企业,实力有限。

(二) 多品牌战略的优点

(1) 凸显品牌个性,满足消费者差异化需求,增强品牌竞争力。当今社会,消费者需求更加多元化,如果企业发展多个品牌,每个品牌的个性或利益点都切中某一部分细分市场,那么这些品牌比起那些"万金油"式的品牌来会更具竞争力。如宝洁公司五大洗发水品牌各司其职,飘柔使头发更加柔顺,海飞丝"去头屑",潘婷营养头发,使头发不干枯、分叉,沙宣美发造型专家,伊卡璐"来自大自然的天然清新",满足了不同的消费者需求。

(2) 降低企业经营风险,当某个品牌遭遇危机时不会株连到其他品牌,"不把鸡蛋放在一个篮子里"。例如,2006年9月宝洁公司旗下的化妆品品牌SK-Ⅱ被中国国家质检局检测出含有铬和钕等国家明令禁止的物质,宣布召回产品,但丝毫没有影响到宝洁其他品牌产品在中国市场的畅销。

(3) 有利于鼓励企业内部竞争,提高工作效率。企业内各类产品不同品牌之间的竞争,可以激发员工士气,提高工作效率。通用汽车公司和宝洁就是通过各品牌之间的相互竞争,促进共同发展。

(三) 多品牌战略的缺点

(1) 多品牌战略是强者的游戏,打造一个品牌的代价非常昂贵,如果没有充足的财力做后盾,企业很难支撑,宝洁公司一年的广告费就高达几十亿美元。同样是日用化工产品企业,欧莱雅、宝洁和联合利华都采用了多品牌策略,而大部分企业则选择了单一品牌策略,包括日本知名的企业"资生堂"和"花王",原因就是多品牌战略的品牌管理成本实在太高,一般企业难以承受。

(2) 不利于企业资源共享。采用多品牌战略后,企业内部各品牌之间成为一种竞争关系,各个品牌互相争夺资源,不仅不能实现资源共享,还增加了企业运营成本,处理不好在市场上还会使自家的品牌自相残杀。

(3) 品牌结构过于复杂,增加了品牌管理难度。品牌一旦过多,产品间的差异就模糊不清,不要说消费者了,有时即使是经销商也搞不清楚各个品牌产品之间的区别。因此一旦企业内品牌过于复杂,造成品牌个性模糊,企业就会进行品牌瘦身运动,大力削减品牌,"精兵简政"。例如,通用汽车公司堪称汽车品牌大家族,最多时拥有30多个汽车品牌,由于投资过于分散,品牌个性不鲜明,结果市场收效并不理想。后来通用汽车公司采取了大规模的品牌瘦身运动,砍掉了很多影响不大的品牌,集中力量打造卡迪拉克、别克、欧宝、雪佛兰这"四大金刚";联合利华也曾实施过名为"成长之路"的品牌瘦身计划,5年内将旗下1 600多个品牌削减到了400多个,以突出联合利华核心品牌的优势。

(四) 实施多品牌战略的条件

(1) 多品牌战略是地地道道的"富人俱乐部的游戏",企业没有雄厚的财力切莫轻易尝试。打造一个有影响力的品牌动辄需要数千万、上亿元的投入,而且据统计,最终能够成功的新品牌仅为30%,大多数品牌中途就夭折了。所以实力有限的企业与其四面出击,分散资源,还不如集中兵力打歼灭战,全力打造一个有竞争力的品牌。实践中,很少有中小企业、成长型企业运用多品牌战略获得成功的案例。

(2) 企业内同类产品的不同品牌应针对不同的细分市场,避免兄弟之间自相残杀。一个企业同类产品推出多个品牌,其最终目的是要占领不同的细分市场,满足消费者的差异化需求,最大限度地占有市场份额。如果同类产品推出的多个品牌之间毫无差异,目标市场相互重叠,其实就等于自相残杀,没有意义。因此,企业实施多品牌战略不是简单地在一种产品上贴上不同的牌子,而应该打好差异化营销这张牌,在产品的功效、包装、宣传等方面突出各个品牌独特鲜明的个性,寻求每个品牌各自的市场空间,避免市场重叠。如前所述,宝洁公司旗下的洗发水共五个品牌,各有各的利益点,针对不同的消费需求,品牌个性非常清晰明确。

(3) 每个品牌所针对的细分市场应该具备相应的市场规模。企业实施多品牌战略,如果一个品牌所针对的目标市场容量太小,销售额不足以支撑一个品牌的生存和发展,那么推出这个品牌就很难成功。台湾的企业很少采用多品牌战略就是这个原因,台湾地区人口总数不过2 300多万人,细分市场的人口数量就更少,如此小的市场规模很难承受多品牌的生存,因此台湾地区的企业几乎都是采用单一品牌战略,如台湾统一公司旗下的方便面、饮料、果汁、茶、奶粉等都使用"统一"这一个品牌。反之,中国大陆市场人口众多、市场规模大、地区差异大、消费者需求差异显著,具备实施多品牌战略的市场条件。

(4) 企业必须具备成熟的品牌运作管理体系和能力。通常情况下,一个企业打造一个品牌已经让管理者如履薄冰、疲惫不堪了,面对多个品牌,如果没有成熟的品牌运作管理体系和管理能力,从容应对处理错综复杂的品牌问题,很容易陷入管理混乱的困境。因此,企业实施多品牌战略,其必要条件就是要先建立起一个成熟的品牌运作管理体系、具备丰富的品牌管理经验。

三、主副品牌战略（母子品牌战略）

（一）主副品牌战略的定义

所谓主副品牌战略，就是以一个成功的品牌作为主品牌，涵盖系列产品，同时又给不同产品起一个生动活泼、富有魅力的名字作为副品牌，突出产品的个性。

一个企业在创业初期往往产品较为单一，企业名、品牌名、产品名三位一体，不存在企业总品牌与各个产品品牌之间的关系协调问题，然而随着企业的发展壮大，产品种类逐渐增多，企业就无法回避一个品牌战略问题：是采用单一品牌战略，让所有的新产品沿用原有的品牌？还是采用多品牌战略，重新建立一个新品牌？或者采用其他别的什么方法？

如前所述，单一品牌战略和多品牌战略都各有利弊。单一品牌战略最大的好处是，新产品能够"搭便车"，借助原有品牌的影响力，降低营销成本。但单一品牌战略的问题是：原品牌对新产品的带动力（即延伸力）是有限的，如果一个品牌旗下产品过多，会导致品牌个性模糊、消费者认知出现混乱。

多品牌战略虽然克服了单一品牌战略品牌个性稀释的缺陷，但新产品无法分享原有成功品牌的影响力，而建立一个新品牌不仅投入大、周期长而且风险也大，只有像宝洁这样实力雄厚而且品牌管理经验丰富的企业才敢选择这样的战略。

因此，企业摆脱这种两难境地的有效方法就是采取中庸之道——主副品牌战略。如"松下—画王""飞利浦—视霸""东芝—火箭炮""海尔—小神童""喜之郎—水晶之恋""长虹—红太阳""美的—超静星"等，就是"主品牌＋副品牌"形成主副品牌战略。

（二）主副品牌战略的作用

（1）张扬产品的个性和特色。一个主品牌不可能把旗下每个产品的个性都充分展示出来，而副品牌正好可以弥补它的不足。副品牌可以栩栩如生地展示产品的个性、功能和利益点，让消费者一目了然。主品牌和副品牌同时使用，既可以保持各种产品在消费者心中的整体形象，又可以传达不同产品特色、功能等各方面的个性信息，两者相得益彰，使品牌形象更加丰厚、富有立体感。

例如海尔的一款副品牌"神童"生动地展示了这种洗衣机的特点和优势，即电脑控制、全自动、智慧型；"海尔—先行者"显示了该款彩电采用尖端技术、质量功效有突破性进步的产品特点；"松下—画王"传神地表达了该彩电显像管采用革命性新技术，画面色彩鲜艳、逼真自然等产品优点。

（2）引发联想，促进销售。副品牌一般会选用生动形象的名字，赋予产品浓郁的感性色彩，所以往往能贴近消费者的审美观念，给产品注入新鲜感和兴奋点，从而引发消费者美好的联想，吸引情感性消费。如"喜之郎—水晶之恋"是喜之郎专门针对年轻女孩推出的果冻产品,不少女孩购买这种果冻正是被其"水晶之恋"品牌名称蕴涵的"纯情、浪漫"的意境所打动。"乐百氏—健康快车"朗朗上口,引人联想到它的富有营养价值的产品特点。

(3) 对主品牌有反哺作用。副品牌运用得当,对主品牌的价值也有提升作用,可以强化主品牌的核心价值,赋予主品牌现代感、时尚感,使主品牌更加立体丰满、充满活力。同时,众多的副品牌还可以使消费者产生企业实力强、创新快、活力足的印象,从而提升主品牌在消费者心中的美誉度及信赖感。例如,长虹既有面向低端市场的品牌"红太阳",又有面向高端市场的"精显"品牌,使消费者认识到,长虹不但擅长打价格战、占领低端的农村市场,也是一个有能力开发新技术、生产尖端产品的企业。

(4) 巧妙绕过商标法的限制。《中华人民共和国商标法》第 8 条规定:"商标不得使用下列文字、图形:直接表示商品的质量、主要原料、功能、用途、重量、数量及其他特点ám"采用副品牌就可以有效地回避这一规则限制。比如,海信不能注册"智能王"商标,但是通过命名副品牌"智能王",照样可以打出"海信—智能王"的广告进行产品宣传。

(三) 实施主副品牌战略应注意的问题

(1) 以主品牌为重心,切忌喧宾夺主。在主副品牌中,主品牌是根基,副品牌是主品牌的延伸,主品牌起主导作用,副品牌起辅助作用。所以企业在广告宣传时应该以主品牌为重心,副品牌处于从属地位,副品牌不能喧宾夺主,超越主品牌。否则,突出副品牌等于重新建立一个新品牌,要使消费者认知一个新品牌,一切又要从头开始。

(2) 副品牌的名字要能凸显个性、通俗活泼。主品牌的名字一般来说,为了获得比较宽泛的覆盖面,往往起得比较抽象、甚至没有具体涵义,以便产品的延伸,如海尔、索尼,但副品牌的名字则应该正好能够弥补主品牌名字的这一不足,生动形象、凸显个性,直接展示产品的优点和个性特征。如海尔电热水器副品牌起名为"防电墙",直观地表达了产品的利益点,使消费者一目了然,所以该热水器一上市,立刻受到消费者的追捧,销量雄居同类产品榜首。

(3) 副品牌要契合目标市场。任何一个品牌要参与市场竞争,都应该明确自己的目标市场,副品牌也是如此。例如,"海尔—小神童"洗衣机的目标顾客主要针对单身或老年人,而"海尔—神童王"属于功能多、容量大的高档洗衣机,目标顾客针对现代城市家庭;"长虹—红双喜""长虹—红太阳"主要以中小城市或农村为目标市场,而"长虹—精显"则瞄准大城市中高端消费市场。

(4) 副品牌一般不额外增加广告投入。使用副品牌后,企业在广告宣传中的主角仍然是主品牌,副品牌一般都是依附于主品牌出现在广告宣传中,扮演配角,并不单独对外宣传。这样,副品牌一方面能够借助主品牌的巨大影响力张扬自己的个性形象；另一方面也不会额外增加广告收入，节省了大量的营销成本。

四、担保品牌战略

（一）担保品牌战略的定义

人们在飘柔、潘婷、汰渍、护舒宝等众多产品广告中，最后总能看到一句话"宝洁公司，优质产品"或者"宝洁公司美化你的生活"的字样以及"P&G"的标识；可口可乐公司的所有产品在包装上都印有"可口可乐荣誉出品"。这就是担保品牌战略的运用。

担保品牌战略是指企业品牌出现在产品广告或包装的不显著位置，告诉消费者该企业是产品品牌的制造商或核心技术与元件的供应商。对独立的产品品牌起到背书、担保或支持的作用，以此获得消费者的信赖。形象一点说，担保品牌战略就是让产品品牌站在聚光灯下，企业品牌则在后面托着它，就像赵本山托着"赵家班"和小沈阳。担保品牌战略与主副品牌战略最大的不同是：担保品牌战略中产品品牌是主角，企业品牌或家族品牌是站在它身后给它撑腰、给它支持的配角；而主副品牌战略中企业品牌或家族品牌是主角，指代产品的副品牌是配角，对产品起到进一步补充说明的作用。

担保品牌战略主要是通过企业品牌在一定领域内的信誉和影响力，向消费者担保承诺其旗下产品品牌在品质、技术和信誉上的可靠性，使消费者感觉到既然该产品品牌出自名门，品质当然会有可靠的保障，从而增强产品品牌的权威性，提高消费者的信任度。特别是当企业的新产品品牌进入市场时，担保品牌战略能够打消消费者对新产品的陌生感，使新品牌迅速占领市场。当然在担保品牌战略中，承担担保作用的企业品牌与被担保品牌之间也是"一荣俱荣、一损俱损"的关系，产品品牌做得好，可以起到反哺担保品牌的作用，担保品牌由此更加光辉靓丽；反之，如果被担保的品牌出现失误，也会株连到起担保作用的原有品牌的声誉。

（二）实施担保品牌战略应注意的问题

（1）担保品牌应该具有很大的品牌价值，拥有较高的品牌知名度、美誉度，能惠及旗下的产品品牌。实施担保品牌战略的企业，如宝洁、可口可乐、联合利华、五粮液等都是叱咤风云的知名企业。

（2）企业品牌只是起到让消费者信任的作用，驱动消费者购买的重心还是产品品牌，所以企业品牌很少与产品品牌连在一起亮相，而是一般隐在角落后面出现。

（3）企业品牌如果同产品品牌的个性内涵相距很远，则不适宜采用担保品牌战略。比如，当一个过去生产中低档产品的企业推出高档产品品牌时，即使企业具有良好的声誉,也不宜采用担保品牌战略,因为企业品牌的联想不仅不能担保和支持高档品牌的推广,反而还会降低消费者对高档品牌的信任度,这种情况下企业就应当尽量割裂或淡化产品品牌和企业品牌之间的血缘关系。

长春一汽曾经推出一款中档轿车品牌——奔腾,可能是他们太想沿用"一汽"这个国有老企业的品牌声望了,于是就把"一汽"的企业标识醒目地放在车头的中央,而把"奔腾"作为汽车的型号标识,放在车尾的右侧,然而一汽由于在红旗轿车延伸策略上的失误,早已被消费者嗤之以鼻,过去仅有的一点辉煌历史也是在解放牌重型卡车上,并不适合用于轿车。所以"一汽"这个负重的品牌不仅没有起到担保、推荐的作用,相反还降低了"奔腾"在消费者心中的地位。品牌专家们认为,长春一汽应该让"奔腾"独自站在聚光灯下,尽量压低一汽的声音,而不是出来担保"奔腾"。正如丰田公司为了推出高档品牌轿车"雷克萨斯",故意隐去丰田的印记,在对外广告宣传时也绝口不提丰田,就是因为丰田历来以经济型轿车为特色,丰田的公司品牌形象与雷克萨斯的品牌个性内涵冲突,不适宜用来起担保作用。

宝洁公司在推广洗发水、洗衣粉等大众产品品牌时,就采用担保品牌战略,但推出高档化妆品品牌SK-Ⅱ时,却让SK-Ⅱ以独立品牌的姿态出现,刻意淡化SK-Ⅱ与宝洁公司的血缘关系。同样,赫莲娜、兰蔻、碧欧泉都是法国欧莱雅公司的高端品牌,但在它们的品牌宣传中,人们很少看到欧莱雅的身影。这些都是因为考虑担保品牌和被担保品牌之间的个性内涵匹配情况作出的决策。

五、联合品牌战略

(一) 联合品牌战略的定义

1. "联合品牌"与"品牌联合"之辨析

对于联合品牌战略的定义,不同的学者有不同的定义。广义的联合品牌认为"联合品牌是两个或两个以上现有的企业品牌进行合作的一种形式。通过联合,借助相互的竞争优势,形成单个企业品牌不具有的竞争力。"[①]其代表人物是英国英特品牌公司副董事长汤姆·布莱克特(Tom Blackett),他在《品牌联合》一书中提出,品牌联合是"两个或两个以上消费者高度认可的品牌进行商业合作的一种方式,其中所有参与的品牌名称都被保留"。[②] 国内知名品牌学者、中山大学周志明据此认为联合品牌战略就是品牌联合,"联合品牌是一个名词,其动词形式即品牌联合。"[③]

本书作者不赞同上述学者提出的广义定义。"联合品牌"跟"品牌联合"表面

---

① [美]戴维·阿克.品牌组合战略[M].北京:中国劳动社会保障出版社,2005.
② [英]汤姆·布莱克特,鲍勃·博德.品牌联合[M].北京:中国铁道出版社,2006:10.
③ 周志民.品牌管理[M].天津:南开大学出版社,2008:260.

上只是词序颠倒一下,其实两者不是一回事。品牌联合是不同的企业联手进行的一种联合营销行为,比如联合促销,两个或两个以上的品牌联合开展某种促销或广告活动,以此扩大影响和销量。例如 2003 年,嘉里粮油和苏泊尔开展金龙鱼—苏泊尔联合品牌推广活动,活动主题就是"好锅好油,健康新食尚",双方投入 2 000 多万元,并且在市场和品牌推广、销售渠道共用、媒体投放等方面展开深度合作。柯达和可口可乐也曾在中国推出"巨星联手、精彩连环送"的促销活动,即"消费者购买 6 罐装的可口可乐,可免费冲洗 1 卷柯达胶卷;同时,消费者在柯达快速彩色连锁店冲印 1 整卷胶卷,可以获赠 1 罐可口可乐",这一联合促销活动吸引了很多消费者参加。

除了上述短期的促销合作以外,品牌联合还可以有比较长期的合作方式。比如双方结成商业联盟,目前世界上绝大多数航空公司共同签约"寰宇一家"或"星空联盟",加入联盟的各家航空公司的客户可以在联盟内部航班之间签转,极大地方便了顾客,也提高了联盟内部的上座率和利润。

长期合作的方式还包括品牌合作营销。例如,英特尔公司与知名计算机制造商的合作堪称是品牌联合进行合作营销的经典之作。英特尔是世界上最大的计算机芯片制造商,为了提高英特尔的品牌影响力,英特尔联合戴尔、IBM、惠普等计算机制造商,采用给予折扣的方式鼓励这些公司在他们出品的电脑上打上醒目的"Intel Inside"的品牌标识。英特尔与电脑生产商品牌合作的结果是:在没有投入大量广告宣传费用的情况下,"Intel Inside"迅速在全球家喻户晓,几乎成了电脑微处理器的代名词;而打上"Intel Inside"标识的电脑得到消费者极大的信任,变得更加畅销。同样,固特异公司宣称它生产的轮胎是奥迪、奔驰推荐使用的部件。

综上所述,品牌联合战略是不同企业品牌之间进行合作的营销战略,不属于品牌战略,更不等同于企业在品牌建设和规划中采用的联合品牌战略。笔者认为,作为企业品牌规划管理的品牌战略之一——"联合品牌战略"采用狭义的定义更为科学准确,本书下面将立足狭义的定义来进行相关问题的阐述。

2. 联合品牌战略的定义

所谓联合品牌战略是指两个或者两个以上不同所有者的品牌共同使用在同一个产品上,相互借势,共同发展,以实现"1+1>2"的效果。换言之,联合品牌是通过联合两个或多个品牌生成一个唯一的独特的产品或服务。如索尼和爱立信联合推出索爱品牌的手机和名为 Communicam Mobile Camera 照相机。

(二) 联合品牌战略的作用

1. 实现优势互补,开发新产品

联合品牌中的各个品牌要素,在不同的方面各自具有自己独特的优势,其中一个品牌具有的某种优势可能恰恰是另一个品牌所缺乏的特性。因此,进行品牌之间的合作打造一个联合品牌正好可以实现优势互补,开发出一个有市场说服力的新产品。正如美国明尼苏达大学的一位教授说:"当品牌单独出现没有说服力时,联合品牌可以更好地标明产品的品质。"

目前,许多企业都采用联合品牌战略,寻求优势互补,力求实现共赢。其中最为成功的是日本索尼和瑞典爱立信联合推出的索爱品牌手机。在此之前,索尼在手机行业名不见经传,而爱立信的手机业务在诺基亚("科技以人为本"品牌理念下展现的强大的技术研发能力)、摩托罗拉(强大的企业实力和行业领先地位)、三星(时尚设计与精致、功能多样化)的冲击下,手机业务全球亏损已经高达160亿瑞典克朗。2001年10月,爱立信和索尼两大公司各出资50%成立新公司,新的手机品牌索爱结合了爱立信在移动通信技术方面的优势和索尼公司在视听电子领域卓越的创新设计能力,一问世就步入了一线手机品牌的行列。2005年,索尼爱立信公司已经成为世界第三大手机生产商,2007年一季度营业额接近30亿欧元。①

2. 提高品牌的延伸能力,同时还强化了原有品牌的个性和内涵

联合品牌实际上找到了一种进入新市场的新的途径。一般情况下,企业要想进入一个新市场,或者创造一个新品牌,或者将现有品牌进行延伸。如果创造新品牌,则成本高、时间长、风险大;将现有品牌进行延伸,又会面临品牌个性模糊、内涵稀释的风险。而通过品牌联合进入新的市场则可以有效避免类似风险,因为合作的品牌都以自己原有的长处和优势跟对方进行互补合作,不仅不会放弃自己原有的个性和内涵,反而是对自己原有传统和形象的强化。例如前面提到的联合品牌索爱手机,索尼和爱立信不需要改变自己原有的传统和形象,相反,通过合作,强化了各自原有的能力优势。

3. 降低促销费用,节省投资

由于联合品牌的参与方都是在各自行业领域里创立了知名品牌的企业,有良好的市场知名度和品牌影响力,也有各自的忠诚顾客。早先的品牌建设工作早就打下了良好的市场基础,联合品牌产品推向市场时几乎不需要另外再做太多的推广宣传工作就可以打开市场。联合品牌产品不光能够吸引原来各自品牌的目标顾客,而且由于强强联合,能够赢得更多顾客的信任和青睐。美国市场营销协会曾经做过一个调查,有20%的人会买由索尼独家生产的数码影像产品,有20%的人会买由柯达独家生产的数码影像产品,而当告知顾客是索尼和柯达公司联合出产的数码影像产品时,有购买意向的人比例则高达80%。② 显然联合品牌比单一

---

① 2007年后,受到市场上智能手机兴起的冲击,索尼爱立信公司生产的功能手机逐渐失去市场,公司经营陷入亏损。2011年10月27日,索尼宣布将以10.5亿欧元收购爱立信持有的50%索爱股份,索尼爱立信成为索尼的全资子公司。这一交易在2012年2月交割完成,索尼爱立信此后更名为索尼移动。

② 周志民.品牌管理[M].天津:南开大学出版社,2008:260.

企业创建的品牌市场号召力更强,不仅如此,促销费用也很低,即使必须投入资金进行促销,费用也会由双方分摊,极大地节省了用于促销的投资。

4. 保持溢价,增加企业利润

由于双方原品牌的背书和支持作用,联合品牌产品得到了更强的质量保证,满足了消费者更多的需求,因此可以确定一个比单一品牌产品更高的价格,获得溢价收益。

(三) 实施联合品牌战略应该注意的问题

(1) 实施联合品牌的企业应该门当户对,不应该选择和自身品牌形象相差较远的企业,否则有可能损害强势品牌企业的形象。一般来说,实施联合的双方品牌应该具有相应的品牌价值和市场地位,弱势品牌很难高攀到强势品牌;反之,强势品牌一般也不愿意降尊纡贵,否则容易损害自己原有品牌的市场形象。

(2) 联合的两个品牌应该内涵相容,优势互补,互相支撑,不会让消费者产生心理上的冲突,并且具有相近的目标消费群体。2016 年 5 月 21 日谷歌先进技术研究部门 ATAP 宣布,谷歌将与知名服装品牌 Levi's 展开合作,推出面向城市骑行者的"互联"智能夹克。通过这款智能夹克,用户只需在袖口上进行滑动操作,就可以控制音乐、接听电话以及获取导航信息。显然谷歌和 Levi's 的品牌个性都是时尚、新锐,面向城市崇尚高新技术生活方式的目标消费群体。这一项目一旦成功,智能夹克必将成为又一个联合品牌的成功案例。

(3) 联合品牌应该是两个品牌能够相互取长补短,形成优势互补基础上的强强联合,而不应该是"平衡的联合品牌"。所谓"平衡的联合品牌"是指企业将两个同类品牌平等地应用在一个产品上,原先各自的品牌产品个性和功能特征基本一致、形成交叠,两个品牌其实处于相互竞争的状态。平衡的联合品牌不仅不能使两个品牌优势互补,反而给消费者带来概念混乱,造成自己原先品牌顾客的质疑和流失。如美菱—阿里斯顿冰箱,形成联合品牌后,不仅没有互补双赢,反而造成内耗和消费者的困惑。

第四节 品牌组合的结构

品牌组合结构是品牌组合当中品牌之间的逻辑关系。混乱的逻辑关系会使得公司旗下的各品牌之间产生冲突;反之,清晰的逻辑关系则会使各品牌之间的协同效应达到最优化。中国移动旗下的三个品牌组合结构就很清晰,"全球通"针对商务市场,"动感地带"针对追求动感活力的年轻人,"神州行"针对追求廉价的普通老百姓市场。

品牌组合的基本结构类型有三种:横向结构、纵向结构和联合结构。横向结构是几个平行的品牌之间的关系,如宝洁公司的潘婷、海飞丝、伊卡璐、沙宣、飘柔、汰渍、佳洁士、帮宝适等各个品牌就形成了横向的结构关系;纵向结构是一个具体产品用一套品牌描述而形成的关系,如微软公司的 Windows 95, Windows 98, Windows 2000, Windows XP 之间形成的关系;联合结构则是公司对外与合作企业共同创建的品牌,如索尼和爱立信联合推出的索爱手机品牌。

从构成品牌的纵向结构来看,一个企业的品牌从上到下可以分为几个层次,往往企业规模越大,企业经营的产品类别、产品规格越多,品牌的层次也越多。一般来说从上到下可以分为四个层次:公司品牌→家族品牌→产品品牌→型号品牌。[①] 图 8-3 为丰田公司品牌层次树示意图。

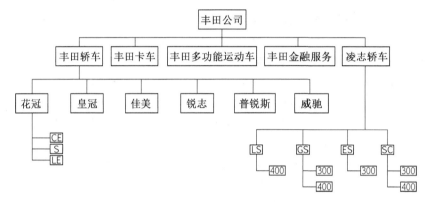

图 8-3 丰田公司品牌层次树

第一个层次:公司品牌。丰田公司就是一个公司品牌。

第二个层次:家族品牌。丰田公司下面的"丰田轿车"和"凌志轿车"就是家族品牌。

第三个层次:产品品牌。"丰田轿车"下面的花冠、皇冠、佳美、锐志、普锐斯、威驰就是产品品牌。产品品牌一般都是以主副品牌的形式出现,比如,"丰田—皇冠""丰田—花冠",通用汽车公司的产品品牌也是主副品牌,如"别克—君越""别克—凯越""别克—君威"等等。

第四个层次:型号品牌。如"丰田——花冠"旗下有花冠 CE、花冠 S、花冠 LE 等型号。

---

① 祝合良.品牌创建与管理[M].北京:首都经济贸易大学出版社,2007:268.

第九章 品牌更新管理

第一节 品牌生命周期的相关研究

一、品牌生命周期的定义

品牌生命周期的定义可以分为广义和狭义两种。[①] 广义的品牌生命周期包括品牌法定生命周期和品牌市场生命周期。法定生命周期是指品牌按法律规定的程序注册后受法律保护的有效使用期,如我国法律规定注册商标的有效保护期是10年,持有者到期可以申请延续;品牌的市场生命周期是指一个新品牌从随着产品(即产品品牌)或企业(即企业品牌)进入市场到该品牌退出市场的整个过程。狭义的品牌生命周期就是特指品牌的市场生命周期。

据统计,在美国,中小企业平均寿命不到7年,大企业平均寿命不到40年,一般的跨国公司平均寿命为10~12年。有专家统计,中国企业平均寿命是7~8年,小企业的平均寿命只有2.9年,每年有近100万家企业倒闭;从产品品牌来看,中国每年新增几十万个品牌,但品牌的生命周期平均不到2年……美国著名的品牌专家史蒂芬·金曾经下过一个结论:品牌的周期性衰退是不可避免的。[②]

尽管一系列数据显示大部分企业和产品品牌生命短暂,但纵观国内外市场,百年以上、基业长青的品牌同样不在少数。瑞典的斯托拉造纸和化学公司创立于13世纪,日本的住友集团已有100多年的历史,美国杜邦公司已近200年,中国的同仁堂创建于清代1669年、至今仍然雄姿勃发。由此可见,品牌也不一定必死无疑,通过有效的品牌管理,让品牌不断更新发展,品牌的生命周期是可以无限延长下去的。

二、品牌生命周期的阶段

(一)国外学者对品牌生命周期阶段的划分

20世纪60年代初,德国学者曼弗雷德·布鲁恩教授首先提出了品牌生命周

[①] 潘成云.品牌生命周期论[J].商业经济与管理,2000(9):19-21.
[②] 周志民.品牌管理[M].天津:南开大学出版社,2008:276.

期理论,他把品牌生命周期划分为六个阶段:品牌的创立阶段、稳固阶段、差异化阶段、模仿阶段、分化阶段、两极分化阶段。美国品牌专家史蒂芬·金把品牌比作生物,认为品牌会经历出生、成长、成熟、衰退四个阶段。美国营销大师科特勒则从产品生命周期的概念来分析品牌,认为品牌和产品一样会经历一个从出生、成长、成熟到最后衰退并消失的过程。英国著名学者约翰·菲利普·琼斯对品牌成长发展过程的描述更为全面,他认为品牌应该分为三个阶段:孕育形成阶段、初始成长周期阶段(指品牌从进入市场到销售量下降到最高销量时的80%这段时间)、再循环阶段。①

比较以上学者观点,我们发现布鲁恩的划分是以品牌竞争作为视角的,品牌各个阶段反映了该品牌与竞争者之间的关系;史蒂芬·金和科特勒的观点其实一致,都是把品牌比喻作一个生命有机体来描述它从出生到消亡的过程;相对来说琼斯的观点不仅考虑了品牌的发展和衰退过程,还考察到了品牌的再循环过程,揭示出这样一个事实:即品牌不一定必然死亡,通过有效的品牌管理来更新品牌,品牌是可以延续生命的。显然,琼斯的观点更全面、更符合事实,同时也更有积极意义。

(二)国内学者对品牌生命周期阶段的划分

国内学者关于品牌生命周期阶段的划分当属扬州大学潘成云博士的观点最具影响力。潘博士认为,完整的品牌生命周期应该包括导入期、知晓期、知名期(维护与完善期)、退出期四个阶段。①导入期。导入期是新品牌刚进入市场的时候,消费者对品牌知之甚少,对该品牌与自己的需求之间的关系也很模糊。②知晓期。品牌随着产品的普及逐渐被消费者认知,但总体而言品牌认知度还不高,品牌联想还比较苍白,品牌个性也不鲜明,消费者并没有建立起对品牌的认同和信任。③知名期。这阶段品牌已经具有知名度,已经建立起了丰富的品牌联想,多数消费者对品牌产生了认同感和信任感,品牌产品在市场上占据了比较高的市场份额,而且有了较高的品牌忠诚度。这一阶段企业品牌管理的重点是维护和完善品牌,所以也称为"维护与完善期"。④衰退期。在这一阶段,品牌产品的市场占有率、销售额和销售利润都出现了较大幅度的持续下滑,消费者对该品牌的认知逐渐淡化,品牌形象逐渐老化。

值得推崇的是,潘成云在他的品牌周期阶段划分研究中提出了一个"品牌残期"的概念。他认为,并不是所有品牌都经过上述四个阶段的。所谓品牌残期是指品牌有可能出现6种状况:①品牌只有导入期,如大量的中小企业品牌就是如此;②品牌在导入期就直接退出市场,即品牌夭折,如宝洁公司在中国推出的黑发

---

① [英]约翰·菲利普·琼斯.广告与品牌策划[M].北京:机械工业出版社,1999.

洗发水品牌润妍;③品牌进入知晓期后,无法进入知名期,始终处于不温不火的状态,如一些名气不大的三流品牌;④品牌经历导入期和知晓期后因为一些突发事件导致退出市场,如三株口服液、三鹿奶粉等;⑤残缺维护与完善期,一些品牌在进入知名期之后很快进入衰退期,昙花一现;⑥品牌生命周期的残缺退出期,这是企业最希望的一种状态,品牌基业长青,不会衰退,如"同仁堂"、"全聚德"等一批优秀的老字号。

此外,国内还有学者从消费者品牌态度随时间变化的角度,将品牌生命周期划分为品牌认知期、品牌美誉期、品牌忠诚期、品牌转移期四个阶段。品牌认知期是消费者对品牌知识的了解与熟悉阶段,品牌美誉期是消费者对品牌形成良好评价和偏好的时期,品牌忠诚期是消费者持续购买该品牌产品的阶段,品牌转移期是消费者转而选择其他品牌产品的阶段。[①]

三、品牌生命周期各阶段的营销战略

在品牌生命周期的各个阶段,企业所采取的营销战略应该是不同的,具体如下:

(一) 导入期的营销战略

导入期的营销目标是为品牌进入市场做好准备,所采取的营销战略是品牌培育战略。首先,企业必须通过市场细分确定自己的目标市场,然后研究消费者的需求和竞争者的品牌特点,找到尚未被满足的空白区域进行品牌定位,接着依据品牌的定位进行产品的设计与开发,以突出品牌特色和个性。例如,奇瑞QQ在品牌导入期就研究了年轻人对汽车的需求,推出了既便宜又时尚的经典车型。

(二) 知晓期的营销战略

知晓期的营销目标是让目标消费者对品牌知识有所认知和记忆,所采取的营销战略是品牌推广战略。为了统一消费者对品牌的认知,企业应当采取整合品牌传播的方式,充分利用广告、促销、公关、推销、口碑等传播手段的优势,发挥传播的合力。近些年来,脑白金始终用一种铺天盖地的广告轰炸,让人们"送礼就送脑白金",结果脑白金变成了一个路人皆知的知名品牌。这就是典型的知晓期采用的营销策略。

(三) 知名期的营销战略

知名期的营销目标是让消费者对品牌产生忠诚度,所采取的营销战略是品牌维护与完善战略。经过知晓期的推广,消费者已经对品牌知识有了相当的了解,

---

① 周志民.品牌管理[M].天津:南开大学出版社,2008:277-278.

接下来企业应当保住胜利果实,维持并提升产品品质,塑造鲜明的品牌个性,提升品牌形象,维持顾客的品牌忠诚度。

(四)退出期的营销战略

退出期的营销目标是让品牌的损失降到最低,所采取的营销战略是品牌更新战略。如果品牌还有利用价值,那么就可以采用品牌重新定位、品牌元素更改、传播方式更新等一系列品牌更新策略,延续品牌的寿命。如可口可乐创建于1886年,但多年来可口可乐通过不断的更换品牌口号、更换包装、更新广告等手段,让品牌至今活力四射。当然,如果品牌更新的成本过高,超出了重新打造一个新品牌的成本,那就应该放弃这个品牌,让品牌自动死亡。企业在品牌自动死亡的过程中还可以尽量采取收割或出售的方式来获取一些剩余价值,从而尽可能减少企业损失。

第二节 品牌更新管理的概述

一、品牌更新的涵义

品牌更新(Brand Updating)是指通过对品牌实施一系列新的营销战略和策略,使其继续维持品牌影响力和市场业绩。一般来说,品牌更新既包括品牌符号、品牌定位等品牌要素的更新,也包括目标市场的转移或扩大,还包括产品或产品类别的改变,以及广告等传播手段的调整等。品牌更新总的目的是通过变化使品牌永葆活力,维持或扩大市场份额和销量,品牌的价值始终得以保持甚至累积增加。

例如,上海家化的一个知名品牌六神花露水,自2008年开始销量持续下降,管理层经过市场调查发现原因在于长时间没有进行品牌更新,消费者觉得六神老土、不时尚、味道过于浓烈。针对这种情况,从2011年开始上海家化开始实施品牌更新,推出专门面向宝宝和年轻女性的花露水,并且丰富了产品线,推出六神清凉提神花露水、六神艾叶健肤花露水、六神喷雾驱蚊花露水、随身花露水等多种产品;包装也突破原来几十年不变的细长瓶颈老包装,推出了粉红色、橘黄色、小巧可随身携带的小瓶子;在传播手段上也开始大量使用新社交媒体,如在网络上播出的动画片《花露水的前世今生》,点击量达到3 000万次以上。这些品牌更新的举措,一下扭转了市场对六神"我奶奶使用的香水"这种刻板印象,市场销量迅速上升。六神成为品牌更新成功的一个案例。[①]

---

① 王海忠.品牌管理[M].北京:清华大学出版社,2014:233.

二、品牌更新的动因

(一) 品牌的老化

法国权威品牌学者卡普菲勒教授认为,品牌老化有两层涵义[1]:(1) 品牌缓慢地、逐渐地退化。指的是由于内部或外部的原因,品牌在市场竞争中出现知名度和美誉度下降、销量萎缩、市场占有率降低等品牌衰落现象。品牌老化并不是品牌突然死亡,而是随着时间的推移逐渐表现出下滑的态势。中国最有价值品牌排行榜(由北京名牌资产评估有限公司发布)上曾经的七连冠品牌(1995—2001年)红塔山从2002年开始,品牌价值逐年缩水,到2015年在"中国500最具价值品牌"排行榜中已完全消失,由此可以判断该品牌已经完全老化。(2) 品牌消费者形象老化。由于品牌缺乏新意,导致新的消费者没有参与到该品牌的购买当中,品牌吸引的仍然是原来那批忠实的顾客。随着忠诚顾客年龄的增长,品牌的消费者形象也逐渐老化,于是品牌从一个充满生机的品牌变成了一个老态龙钟的品牌。如霞飞(化妆品)、内联升(布鞋)、大白兔(奶糖)、维维豆奶等一批中国品牌就出现了消费者形象老化的问题。

品牌因为逐渐老化最后退出市场的例子不胜枚举,中国老字号在这一问题上尤其突出。据商务部统计数据表明,建国初期"中华老字号"企业尚有16 000家,到了上世纪90年代,这些企业只剩下1 600家。即使是幸存下来的这些老字号企业,如今也是风雨飘摇、摇摇欲坠,70%经营困难,实际已经名存实亡;20%靠国家政策扶持勉强维持;只有10%的企业尚能盈利经营。其中最著名的例子就是"王麻子"剪刀。"王麻子"剪刀创始于清代顺治年间(1651年),已经有300多年的历史,然而北京王麻子剪刀厂捧着这块金字招牌却连年亏损,勉强撑到2003年1月终于向法院申请破产。[2] 类似的品牌还有很多,如太阳神(口服液)、旭日升(冰茶)、水仙(洗衣机)、凤凰(自行车)、大前门(香烟)、海鸥(照相机)、上海(手表)、小霸王(复读机)、爱国者(mp3音乐播放器)过去曾经耳熟能详的品牌至今大多已经难觅踪影了。不光中国品牌,外国企业的品牌同样如此,曾经的复印机之王施乐、法国护肤品绿丹兰等,现在也都消失在公众视野中了。

(二) 品牌更新的动因

根据品牌生命周期理论,品牌的老化是一个必然的现象,然而老化并不意味着品牌一定会死亡,如果能够给予及时的更新,品牌完全可以获得新生,继续它的辉煌。具体来说,推动品牌更新的因素有以下这些:

---

[1] Kapferer Jean-Noel. The New Strategic Brand Management:Creating and Sustaining Brand Equity Long Term(4th ed.)[M]. London: Kogan Page Limited, 2008.

[2] 周志民. 品牌管理[M]. 天津:南开大学出版社,2008:280.

1. 品牌原有的目标市场急剧萎缩且不可扭转，企业必须开辟新的目标市场

很多时候品牌原先确定的目标市场并没有错误，然而随着社会的发展，市场需求发生了变化，导致原来该目标市场的顾客不再接受这些产品，消费者大量流失，市场急剧萎缩，产品销量下降，尤其是当这种顾客流失、市场萎缩已经是一个不可逆转的趋势，那么这个时候采用任何其他营销手段都将无济于事，最现实的做法就是通过品牌更新，重新定位品牌，寻找新的目标市场。二战后美国万宝路香烟就是这样进行品牌更新的。

早在二战前，万宝路以女士香烟品牌著称，经过二战后，美国女性的健康意识提高，吸烟有害健康尤其是对胎儿有害的观念得到普及，大部分女性放弃了吸烟，而且这类人群越来越多，市场的萎缩、销量的下降已经不可避免且只会越来越严重，因此 1954 年莫利斯公司毅然对万宝路进行重新定位，把男性市场作为自己的目标市场。经过李奥·贝纳的策划，成功地把万宝路从一个女性产品品牌更新为男性产品品牌，万宝路品牌由此获得了新生。

2. 品牌原来定位的目标市场过于狭小，企业希望扩大目标市场

有时品牌定位和执行效果都不错，但品牌只是在一个相对狭小的市场进行销售，企业的销量和利润相当有限。当企业具备了一定的实力、希望获得更大的经济利益时，就有必要通过更新品牌、赋予品牌更宽泛的适用范围、吸引更多的顾客、扩大品牌产品的目标销售市场。例如，美国强生公司的产品最初是以婴儿为目标市场，无论是沐浴露、洗发液、润肤霜等都是以温和不刺激为产品特征。随着婴儿出生率的下降，强生公司希望把产品的使用范围扩大到成人市场，于是通过一系列更新品牌的策略，强化强生产品"温和不刺激"的利益特征，使得强生品牌的内涵不再是婴儿产品，而是包括婴儿在内所有需要温和不刺激消费品的顾客都可以使用的产品。强生成功地把一个著名的婴儿产品品牌更新成为可以满足所有顾客共同需求的消费品品牌。

同样中国凉茶王老吉（后改名加多宝）原来的定位是"去火"，作为一种传统的凉茶，在华南地区有较高的知名度，但局限在两广地区，市场销量相当有限，2000年，王老吉开始了品牌更新运动，把品牌利益由原来的"去火"更新为"预防上火"，使用情境由原来的已经上火扩大到一切有可能引发上火的场合（熬夜、加班、吃火锅、压力大等等），市场容量大大扩充，产品的地理市场也迅速扩大到全国。王老吉成功地从一个区域品牌更新为全国性品牌。

3. 消费者的偏好随着时间推移发生变化，企业必须重新定义品牌

有时品牌原有的目标市场和定位都是正确的，但随着时代的变化，消费者的需求或观念发生了变化，使得原有的产品不再受到消费者的欢迎。这时候企业就必须重新定义品牌，赋予品牌新的涵义，只有这样品牌才能与时俱进，不会因产品的消亡而退出历史舞台。比如美国的宝洁公司最早是一家生产蜡烛的企业，随着

社会的发展进步、电灯的普及，人们对蜡烛的需求越来越小、几乎消失（除了制造情调的生日蜡烛等），但宝洁公司通过品牌更新，成功地把宝洁从一个蜡烛制造企业品牌变成了全球日用化工消费品企业品牌。现在已经很少有人知道宝洁曾经是个生产蜡烛的企业了。

反之，如果消费者的需求已经发生改变，而企业不做任何品牌更新的工作，那么品牌的衰落乃至最后消失将不可避免。例如，北京的中华老字号品牌"内联升"生产的布鞋质量很好，但现代社会还有几个人愿意穿布鞋呢？消费者对布鞋的需求几乎已经消失，但"内联升"却没有及时更新产品，赋予品牌新的内涵，其衰落也就不可避免了。

4. 品牌形象老化，消费者产生审美疲劳

有时候消费者不喜欢某个品牌并不是这个品牌的错，也不是产品不符合消费者的需求，而纯粹是因为消费者喜新厌旧引起的。如果企业的产品缺乏创新，产品的式样、包装、品种、配方、功能、技术长期不更新，品牌很容易老化过时，最后被消费者放弃。20世纪90年代中国保健品行业的龙头老大"太阳神"，成名之后始终抱着猴头菇和生物健等产品吃老本，产品研发速度下降，品牌形象老化，不久之后市场份额就被其他后起之秀品牌蚕食，丧失了龙头老大地位，至今一蹶不振半死不活。同样，中华老字号"王麻子"剪刀100多年来产品款式始终不变、科技含量不足，品牌形象老化，最后破产倒闭实在顺理成章。反观韩国和日本，即使一把看似简单不起眼的指甲剪也能加进很多高科技的技术，款式、性能不断更新提高，受到全世界消费者的青睐。再有，上海的大白兔奶糖几十年包装不变、口味不变，再喜欢吃大白兔奶糖的顾客也会产生厌烦心理，希望尝试一些新产品。所以有时候消费者哪怕不讨厌某个品牌也会喜欢换换品牌产品以满足新鲜感。例如上次买牙膏是佳洁士，这次就会换个高露洁，并不是对佳洁士不满意，纯粹是图个新鲜感。所以企业千万不能因为消费者并没有对自己的品牌不满意就不思进取、不加改变，"一招鲜、吃遍天"，等到消费者感到不耐烦了就来不及了。企业必须了解消费者喜新厌旧的心理特征，不断更新品牌、给品牌注入新的元素，使品牌常换常新、充满活力、青春永驻。

三、品牌更新的条件

品牌更新是品牌管理的常规性管理工作，必须纳入管理的日常议程。如果品牌长期固化不变，再加上竞争者品牌的营销攻势，品牌很容易就会被顾客遗忘，变成扬·鲁比肯（Yong & Rubicam）公司所说的"坟墓品牌"。所谓坟墓品牌是指那些曾经为人熟悉但因为没有及时更新而被人们遗忘的品牌。品牌一旦老化到已经变成坟墓品牌之后再去激活，往往代价极高且不一定有成效。

案例 9-1

"北冰洋汽水"的激活

"北冰洋汽水"源自于1936年的北平制冰厂,1985年改制成立北京市北冰洋食品公司之后进入辉煌期,产品深受消费者欢迎,一度还供不应求。但是,1994年"北冰洋汽水"品牌被合资给百事可乐之后,遭到雪藏,市场上北冰洋汽水销声匿迹,"北冰洋"品牌也被消费者淡忘。到了2008年,北京第一轻工业集团希望将旗下企业拥有的"北冰洋"品牌重出江湖、重新推向市场,但在淡出消费者视线已经长达15年之后,"北冰洋"早已成了坟墓品牌,原先"北冰洋"的忠实拥趸早已变成中老年人,已经不再是冷饮料的主力购买者了;而年轻消费者又有了自己熟悉又喜欢的新一代饮料品牌,北冰洋汽水投入巨资忙活了半天成效不彰,最终黯然退出市场,品牌激活宣告失败。

资料来源:王海忠.品牌管理[M].北京:清华大学出版社,2014:240.

品牌更新可以分成两种情况:一种是品牌尚没有老化但为了防止消费者产生审美疲劳而进行更新,这属于防御性的品牌更新,体现了管理者在品牌管理工作中积极进取、主动有为的品牌管理战略;另一种则是品牌已经老化甚至严重到变成了坟墓品牌以后进行的品牌更新,这种情况的品牌更新又称品牌激活、品牌复活。如前所述,品牌一旦老化严重,激活的成本和成功率都成为一个管理者必须认真思考权衡的问题。那么能够成功激活的品牌必须具备哪些条件?如果该品牌不值得更新只能放弃,怎样才能给品牌所有者收割尽可能的残余价值?

(一) 老化品牌更新必须具备的条件

老化的品牌要想能够被激活,必须具备以下三个条件:第一,消费者对该品牌的评价是正面的,最起码必须是中性的。如果是负面的评价,那么这样的品牌就不值得再去激活,放弃反而是一种明智的选择。第二,消费者对该品牌还存有强烈的怀旧情感。如果消费者已经没有感觉了,这种品牌也就没必要激活了。第三,激活老化品牌的成本不能高于创建一个新品牌。如果激活成本过高,还不如放弃该品牌重新打造一个新品牌来得更经济。[①]

应该认识到,并不是所有老化的品牌都是可以被激活的。美国康奈尔大学行为学教授布莱恩·文森克曾经调研了84个品牌,其中一半的品牌被成功激活。

---

① 卢泰宏,高辉.品牌老化与品牌激活研究述评[J].外国经济与管理,2007(2):17-23.

文森克据此总结出激活品牌的五个条件[①]：①中高价位。在42个被成功激活的品牌中，没有一个是廉价商品品牌，可见溢价品牌比廉价品牌更容易激活。②品牌潜在忠诚度高。在成功激活的品牌中，93%属于"安静"品牌，顾客的忠诚度较高，对品牌只是遗忘而已。企业只需要通过媒体大力宣传和促销，就可以唤醒"沉睡的"消费者，激活品牌。③分销范围大。相关品牌产品的销售范围仍然很大，只是因不受市场重视，被冷落在货架的最底层，只要改变货架陈列位置，就有可能激活品牌。④历史悠久。被成功激活的品牌平均拥有53年的历史，在核心顾客中拥有深刻的品牌记忆和怀念之情，这些核心顾客在品牌激活的初期活动中起到了重要的推动作用。⑤特点明显。在被成功激活的品牌中，88%的品牌在产品、传播、包装和风格中具有鲜明个性特色。文森克认为，并不是每个被激活的品牌都必须同时具备以上五个条件，但至少必须具备其中的三个。文森特的研究为品牌更新管理工作提供了辨别的工具，避免了品牌激活工作的盲目性。

（二）老化品牌的放弃

当品牌产品的市场状况恶化、品牌资产的来源已经枯竭、更新品牌形象的办法已经穷尽却仍然难以奏效时，品牌就到了难以挽救的地步。此时果断放弃品牌、让它退出历史舞台显然是一个更加现实并且经济的选择，这就是品牌放弃或者品牌退役。品牌退役（Brand Retirement）是指企业对那些没有发展前途的品牌，不再投资，而是让它退出市场。企业在品牌退役时可以采用以下战略[②]：

1. 挤奶战略

挤奶战略（Milk Strategy）是指企业避免向该品牌继续投资，而是通过逐步回收品牌的剩余价值来获得额外现金收益。适合挤奶战略的品牌具有如下特征：①市场需求下滑，竞争非常激烈，该行业的业务发展已经没有成长性，未来发展前景失去吸引力；②企业有更好的资金使用途径；③品牌产品的销售量持续下降，但整个行业销售下降速度不是非常快，市场上还存在部分需求；④该品牌具有足够的顾客忠诚度，品牌在逐步退出市场的过程中还可以获得一定的销售利润。

挤奶战略具体可以分为以下三种：第一，减少产品种类或款式。以此达到减少品牌支出的目的。第二，品牌合并。将两个或多个衰退品牌合并成一个强大的品牌；或者将一个或几个衰退的品牌合并进另一个比较强大有成长力的品牌。如1999年末，联合利华启动了名为"增长之路"的计划，宣布到2003年削减1/3的品牌。到2005年时，联合利华公司品牌的数量从改革前的1 600个，减少到400个。第三，快速挤奶。即企业大幅度减少品牌支出或提高品牌产品价格，以使短

---

① Wansink Brian. Making Old Brands New-marketing Strategies[J]. American Demographics, 1997, 19(12): 53-58.

② Nirmalya Kumar. Kill a Brand, Keep a Customer[J]. Harvard Business Review, 2003(12).

期现金流最大化。

2. 清算战略

品牌清算（Brand Liquidation）是更为彻底的退役战略。企业往往在品牌出现下列情形时会采取清算战略：①品牌产品所在行业下降很快，且未来需求无好转迹象；②本企业品牌的市场地位并不牢固，竞争者品牌优势明显而本品牌无逆转可能；③企业经营业务方向已经转变，品牌所属业务已经多余甚至有害；④企业在该品牌上不存在不可回收的专有资产，也不存在与供应商的长期合同未履行等退出壁垒。企业实施清算战略时，管理者要有自我批评、承担责难的心理准备和胸怀，因为往往品牌经理人不愿意承认品牌颓势不可逆转的严酷现实，有些品牌在公司业务中存在多年，有的甚至是公司起家时赖以发家的品牌，因此一下子放弃，许多人情感上难以割舍。这就需要管理者做好相应的善后工作，以免因某些品牌的退市损害到整个公司的品牌形象，以致摧毁消费者对本企业的信心。

第三节　品牌更新的策略

一、品牌重新定位

随着时代的发展、社会的变迁，品牌原有的目标顾客或者渐渐老去，或者产生新的消费偏好，品牌的市场销量不断下降，为了吸引新的消费者、扩大目标顾客范围，品牌必须重新定位，只有重新定位才能面向新的细分市场，提供新的品牌内涵和品牌诉求，满足新的目标顾客的需求，品牌才能更新成功，焕发新生。

品牌通过重新定位获得成功更新的经典案例有两个。一是美国莫里斯公司的万宝路香烟，原来定位是女士香烟，20世纪40年代随着女性健康意识的提高，吸烟的女士越来越少，目标市场越来越小。1954年公司请来著名营销策划人李奥·贝纳对万宝路进行了"变性手术"，将万宝路香烟重新定位为男性香烟，产品口味也由淡口味重新设计为重口味，品牌形象也由原来优雅的都市女性形象描绘成浑身散发着彪悍、粗犷、豪迈、英雄气概的美国西部牛仔形象。重新定位彻底改变了万宝路的命运，在李奥·贝纳策划的第二年，万宝路就在美国市场上强势崛起，市场销量一下飙升到第10位，此后一路直上，成为全球第一大香烟品牌。

另外一个通过重新定位成功更新品牌的案例是中国的王老吉。王老吉是一种具有去火功能的传统凉茶，但很多年轻人并不愿意接受这种从传统中草药里面提炼出来的产品，在一般消费者的观念里，王老吉就是一种中药冲剂。因此在2002年之前，王老吉凉茶的市场仅仅局限于华南地区，市场业绩不到2亿元。2002年成美广告公司将其重新定位，由原来的"中药"定位为"饮料"，功能由"去火"转为"预防上火",并且通过一系列传播手段,告知消费者"王老吉是饮料不是药",年轻人的生活习惯"熬夜、吃火锅、工作压力大"等都容易引起上火,要"预防上火",就要多喝王老吉。重新定位使得王老吉一下子捕获了年轻消费者的心,他们不再把王老吉视作一种传统的药品,而是一种新生活方式的必备武器。王老吉(后因故改名加多宝)从此市场销量扶摇直上,从两广地区迅速扩大到全国市场,成为中国饮料市场第一大品牌。

通过品牌重新定位来更新品牌虽然有着巨大的威力,但并不意味着品牌更新的成功率很高。恰恰相反,通过重新定位来更新品牌是一种难度很大、成本又很高的工作,它意味着品牌原有的一切都必须推倒重来,要在消费者心智中去除原有的品牌形象痕迹、代之以一个全新的品牌形象。而消费者往往一旦形成了对某一品牌的印象,会形成一种惯性,这种惯性会使得他们很难改变自己对品牌原有的认知。

曾经有个案例,20世纪70年代美国年轻人认为通用公司的奥兹莫比尔品牌汽车不够现代,是适合老年人开的车。通用公司希望改变年轻人的这种看法,于是他们决定重新定位,把奥兹莫比尔定位成"现代化的"、"适合年轻人的车"。他们通过大量广告,用激情和年轻作为卖点来宣传展示他们的汽车。然而,由于奥兹莫比尔汽车作为一个老品牌,与美国老一代人的关联实在太强大,再好的广告、再怎么改进的车型都无法改变消费者的看法。那句著名的广告语"这不是你父亲的奥兹莫比尔",更是此地无银三百两,不但没有改变人们的看法,反而更加强化了人们对于品牌原有的印象。最终,由于消费者对于这个品牌的印象太固执,很难改变,通过重新定位来更新品牌的策略宣告失败,通用公司被迫放弃了奥兹莫比尔品牌。奥兹莫比尔的例子表明,一旦消费者对品牌有了先入为主的印象,通过重新定位来更新品牌难度是相当大的。[①] 因此,更新品牌的第二个重要的也是相对容易的策略就是对品牌要素进行更新。

二、品牌要素更新

品牌要素包括品牌的名称、标识、代言人、口号、广告语、品牌产品的包装等,通过对品牌要素进行改头换面的更新,可以使消费者产生耳目一新的感觉,使品牌始终保持新鲜感和活力。具体做法有以下几种:

---

① [美]芭芭拉·卡恩(Barbara E. Kahn).沃顿商学院品牌课[M].北京:中国青年出版社,2014:155-156.

（一）更换品牌名称

企业通过更换品牌名称来更新品牌，主要由以下几种情况引起：

1. 品牌名称地域色彩过浓，局限了企业的对外发展

有时候企业为了谋求更大的市场发展空间，必须突破原来的地域，开辟新的市场，如果原来的品牌名称带有鲜明的地域色彩，就会给企业的向外发展带来限制，这时就必须及时更改品牌名称。20世纪90年代初，"南京书城"作为改革开放后中国第一家民营书店，经营得风生水起。管理层决定扩大经营规模，到上海和安徽去开分店，但在走出去的过程中，发现"南京书城"的地域性色彩过浓，以致外地的读者以为该书店专门经营南京地区出版社的书籍，或者该书店卖的书都是有关南京知识的书籍。为了避免消费者的误解，管理层及时把南京书城更名为"大众书局"，从而获得了较好的发展。

通过更换品牌名称来更新品牌、反映企业新的战略布局的例子还有许多，最常见的是银行。多年前中国为了适应地方经济发展的需要，成立了许多地方性商业银行，如上海浦东发展银行、广东发展银行、福建兴业银行等。后来随着中国经济的发展，这些地区性商业银行也获得了向外发展的机遇，为了跟国有大银行展开竞争，摆脱地方银行实力弱、业务范围窄、管理水平低等不良的负面品牌形象，这些银行纷纷通过改名更新品牌，去掉品牌名称中"上海浦东"、"广东"和"福建"等地区字样，直接命名为浦发银行、广发银行和兴业银行，显示企业摆脱地方局限、迈向全国、迈向国际发展的雄心壮志。

2. 企业经营业务或经营模式发生变化，原有名称不能反映品牌新的内涵

有些时候由于市场的变化，企业的经营模式发生了相应的改变，这时及时更换名称、赋予品牌名称新的意涵，也是更新品牌、给品牌注入活力的一种方式。如在电子商务风起云涌、消费者网上购物已成常态的情况下，"苏宁电器"所有门店及时更换门头为"苏宁易购"，昭示了企业在电子商务时代业务模式的新拓展和新追求。

3. 消费者的需求和偏好发生变化

随着社会发展，消费者的需求和偏好在发生变化，当原来的品牌名称不再适合消费者需求或者会引起消费者负面联想的时候，更换品牌名称可以有效地避免消费者对品牌产生不良感受。如近年来由于肥胖问题越来越引发人们对健康食品问题的关注，肯德基把品牌名称由原来的"肯德基炸鸡"缩减为"KFC"三个英文字母，刻意淡化肯德基高油脂高热量食品的产品特征，满足现代人追求健康饮食的心理需求。

综上所述，更换名称是品牌更新很有效的方式之一。前面所举例子中美国通用公司的奥兹莫比尔只是一味企图改变品牌在消费者心中的定位，但对奥兹莫比尔（Oldsmobile，英文意思是"老年人的汽车"）这个显然跟品牌定位完全对立的名

字却不加改动,消费者怎么能改变对品牌原有形象的印象呢?品牌更新失败也就不难理解了。

(二)更换品牌标识

品牌标识的更换与品牌名称的改变具有相同的作用。当企业的业务范围、经营模式发生了改变,品牌的内涵也就跟过去有所不同。为了更加生动直观地展现品牌新的内涵与定位,给消费者一种全新的品牌体验,企业就有必要更换品牌标识。而且由于视觉的效果,品牌标识的改变更容易让消费者产生新鲜感,因此即使企业的业务经营内容和模式没有发生变化,为了避免审美疲劳,避免由于消费者喜新厌旧心理导致的品牌老化,品牌标识也会定期进行更换。如肯德基的品牌标识从 1952 年到现在已经更换了 6 次;苹果的品牌标识更换变动了 5 次,用苹果管理团队的话来说:"苹果标识的每一次变化都是核心产品的变革,苹果并不是放弃简约主义,而是品牌的核心价值变化。""标识的设计要兼具时代性与持久性,如果不能顺应时代,就难以产生共鸣。一个品牌标识的好坏判断方式,不应该是单纯的判断它有没有跟随潮流,还应该是有没有很好的表达企业理念和品牌的核心价值。"[①]

图 9-1

图 9-2

不只是外国知名品牌经常更换品牌标识,中国的企业也会根据企业战略发展的需要以及品牌内涵的变化,及时地更换标识,以此来更新品牌。如华为公司在

---

① 资料来源:http://www.chinaz.com/manage/2012/0319/240590.shtml.

2006年5月就全面更换品牌标识,把原来标识中的"华为技术"中文字样去除,变成英文字母 HUAWEI;同时把花瓣数量减少,花瓣的线条更加柔和圆润,视觉效果更加自然、具有亲和力,表达了华为公司以客户为导向、走向国际化的一种战略决心。

图 9-3

(三)更换品牌口号

品牌口号直接反映和体现品牌的核心价值,为了不使品牌老化,品牌的价值理念必须始终契合时代的脉搏,即使核心价值的内涵没有改变,也应该在表述上体现出与时俱进的姿态。因为每一个时代有每一个时代的流行语,品牌口号如果几十年如一日,就会给人以品牌老旧、不思进取的不良感受。如 20 世纪 90 年代曾经开创了中国营养新品类的维维豆奶上市后受到消费者的极大欢迎,"维维豆奶,欢乐开怀"的广告语家喻户晓,人人传诵,可惜几十年来从来没有改变,消费者失去了新鲜感,品牌也就不可避免地老化了。反观可口可乐,100 多年来产品口味并没有改变,可口可乐的品牌个性和核心价值也没有改变,但它的品牌口号却经历了 100 多次的更新。直到今天,可口可乐仍然是年轻人最熟悉最喜爱的品牌,充满活力、充满激情,丝毫没有老化的迹象。

可口可乐的口号变迁都意味着什么?

2016 年 1 月 19 日,可口可乐更改全球广告标语的重磅消息一出便吸引了众人的关注。100 多年来,可口可乐广告标语的更新超出百次。品牌广告标语的变化映射出了消费者趋势的变化以及品牌为应对趋势变化所做出的营销战略的调整。

自 1886 年可口可乐在美国佐治亚州亚特兰大市诞生起,Drink Coca-Cola(请喝可口可乐)成为了可口可乐的第一句广告语,以此邀请更多的人去尝试这一款新产品。而后,其广告标语就随着品牌的变化以及时代的发展在不断地更迭。或许在每个人心中都有一句自己所偏爱的可口可乐广告标语。

直到 1904 年的 Delicious and Refreshing（美味畅爽）一语道出可口可乐的产品特质。可口可乐产品被越来越多的人所了解和接受，它的广告标语也在展现产品功能的基础上，加入了更多感性的内容和涵义，如欢乐、友谊等等。1927 年，伴随着可口可乐的第一波全球扩张，"Around the corner from everywhere（任何角落，随手可得）"的广告标语表现了可口可乐的决心和全球化的战略。

1988 年 You Can't Beat the feeling（挡不住的感觉），品牌期望借此将可口可乐塑造成是人们生活中不可分割的一部分的形象。广告战役中广告片主题也包括了亲情、爱情等，广告音乐充满深情和期待，在全球将近 100 个国家播放。

不得不提到的 Always Coca-Cola（永远的可口可乐），这句 1993 年推出的广告标语作者最成功最持久的可口可乐广告标语，既表达了酣畅淋漓的感觉，又体现了可口可乐品牌自信和大气的形象。系列广告中还创造了可口可乐的一个标志形象——北极熊，这一形象的初衷是为了引导消费者在看电视时饮用可口可乐。

2016 年 1 月 19 日，可口可乐启用了新的广告标语 Taste the feeling（品味感觉），在此之前的广告标语是 2009 年启用的 Open Happiness（畅爽开怀）。这一标语的改变也伴随着可口可乐的重大战略调整——One Brand（同一品牌）策略，即可口可乐旗下可乐产品线，包括可口可乐、零度可乐、健怡可乐、可口可乐 life 都将统一使用这一标语。

这一战略回归到可口可乐的产品本身，强调了打开可口可乐，气泡升腾，品味可口可乐畅爽滋味的真实感受，这一美好过程的本身。去年升任的可口可乐公司全球首席营销官 Marcos de Quinto 表示："我们希望重新让可口可乐回到根本，可口可乐自始至终都是简单的。""我们越简单，那么我们才能越强大。"其广告传播也会更加贴近那些日常生活中的情景，加强消费者与产品本身的联系，不再执著于日渐泛滥的情怀兜售，用一种"更为谦逊的发展方向"来应对人们日益增长的健康意识以及其他饮料品类对碳酸饮料的冲击，推进其可乐系列产品的销售。

资料来源：http://www.siilu.com/20160121/163394.shtml

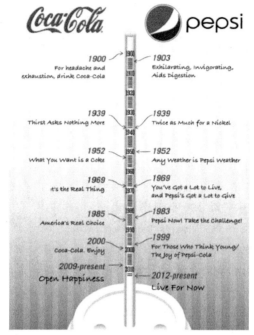

图9-4　可口可乐与百事可乐的品牌口号变迁

图片来源：http://www.bestmarketingdegrees.org/

（四）更换品牌代言人

每个时代都有每个时代的审美观，这就导致不同的时代人们心目中的偶像是不一样的。为了避免品牌形象老化，企业还应该通过经常更换品牌代言人来不断地给品牌注入新鲜感和活力，从而吸引一代又一代的消费者。例如，百事可乐定位"新一代的选择"，因此在全球各地每年它都请出最当红、最受年轻人追捧的流行歌星、影星、体育明星来做它的代言人。据不完全统计，全球曾为百事可乐代言的名人有迈克尔·杰克逊、麦当娜、贝克汉姆、罗纳尔多、齐达内、罗伯特·卡洛斯、皇后乐队、费戈、劳尔、亨利、布兰妮、贾斯汀·汀、布莱克、珍妮·杰克逊、凯利·米洛、RAIN等各国巨星；在大中华地区，担任过百事可乐代言人的明星包括王菲、张国荣、刘德华、郭富城、郑秀文、周杰伦、朱孝天、言承旭、蔡依林、吴建豪、周渝民、陈冠希、姚明、谢霆锋、李小鹏、陈慧琳、赵晨浩、热力兄弟、古天乐、黄晓明、李俊基、罗志祥……从这份长长的名单就可以看出，每个国家、每个年代年轻人喜欢、熟悉的偶像都曾经为百事可乐代言，企业哪里还用担心品牌老化。

案例 9-3

百事可乐的品牌代言人

百事可乐一直是可口可乐的晚辈,两大可乐的争霸几乎从来没有停息过。百事可乐起起落落,始终处于下风。1983年,百事可乐公司聘请罗杰·恩里克担任总裁,他一上任就把目光盯在了广告上。对软饮料而言,百事可乐和可口可乐的产品味觉很难分清孰优孰劣,因此,焦点便在塑造商品的性格的广告(也就是品牌和企业文化)上了。百事可乐通过广告语传达"百事可乐,新一代的选择"。在与可口可乐的竞争中,百事可乐终于找到了突破口。

首先是准确定位:从年轻人身上发现市场,把自己定位为新生代的可乐;并且选择合适的品牌代言人,邀请新生代喜欢的超级巨星作为自己的品牌代言人,把品牌人格化形象,通过新一代年轻人的偶像情节开始了文化的改造。

围绕这一主题,百事可乐的合作伙伴BBDO为百事创作了许多极富想象力的电视广告,如"鲨鱼""太空船"等等,这些广告,针对二战后高峰期出生的美国青年,倡导"新鲜、刺激、独树一帜",独特的消费品鲜明地和老一代划清界限的叛逆心理,提出"新一代"的消费品位及生活方式。结果百事可乐的销售量扶摇直上。

1994年,百事可乐投入500万美元聘请了流行乐坛巨星麦克尔·杰克逊拍摄广告片——此举被誉为有史以来最大手笔的广告运动。把最流行的音乐文化贯穿到企业和产品之中,也开始了百事可乐的音乐之旅。

从此以后,百事可乐进入了销售的快车道,音乐体育双剑合璧,同时这一攻势集中而明确,都围绕着"新的一代"而展开,从而使文化传播具有明确的指向性。二战结束时,可口可乐与百事可乐市场销售额之比是3.4∶1,到了1985年,这一比例已变为1.15∶1。

1994年,百事在中国的业务拓展取得重大突破,开始了文化的规模性轰炸:

通过"爱拼才会赢"的主题,充分展现新一代精神,配合促销活动,使喜欢时尚自信的新一代接受百事,值得一提的还是形象代言人的使用,百事可乐的代言人郭富城、王菲和陈慧琳,是当时流行乐坛最耀眼的明星,百事可乐毫不吝啬地全部启用,甚至把在欧美的广告内容全部用郭富城重新拍摄一遍,以适应中国本土的审美需要,极大提升了百事可乐在中国的品牌影响力。

当中国把足球当作最精彩体育节目的时候,百事可乐当机立断成为世界足球的代言人,无论是贝克汉姆、罗那尔迪尼奥、亨利还是劳尔,都让中国球迷如醉如痴。同时1998年百事把企业精神由"新一代的选择"变更为"渴望无限"(Ask for More),以"渴望无限、精彩足球""音乐无限、渴望无限"为主题的活动一浪高过一浪,1998—1999年期间,百事可乐在中国市场分别推出了世界杯足球赛的拉环、瓶盖换领与换购足球明星奖品活动,音乐欣赏巨星换领与换购歌星奖品活动,七喜浪漫小存折换领奖品和澳门旅游活动。这些活动以"渴望无限"为依托,涉及面广,影响力大,对终端促销、提高销售量起了积极作用。实际上,2000年以后,百事可乐的增长速度已经明显超越了可口可乐,无论递增速度还是利润,而且在总额上已经赶超可口可乐的20.3%,其5年平均4.3%的利润增长速度远高于可口可乐的1.2%。

资料来源:http://zhidao.baidu.com/question/7577263.html? sort=4&rn=25&pn=25

(五) 更换产品包装

当企业实在无法通过改进产品质量、性能等方法来更新品牌的时候,通过改变产品包装、给消费者新鲜感,以此来更新品牌,也是一个简便且行之有效的办法。通过更换产品包装来激活品牌最经典的案例,莫过于许多中国人非常熟悉的护肤品品牌"百雀羚"。中华老字号"百雀羚"诞生于1931年,其包装一直采用经典的蓝黄铁盒子,上面四只小鸟(见图9-5),虽然经典的包装形象深入人心、刻进几代人的记忆中,然而一成不变的包装、开启不方便的铁盒子,再加上单一的产品,使得"百雀羚"20世纪在八九十年代以后就被市场冷落,陷入困境,面临被时代淘汰的命运。2011年,"百雀羚"除了在产品设计上开发出许多新产品之外,在包装上也开始了大刀阔斧的更新,首先褪去了几十年来一成不变的蓝黄色铁盒子,换上了嫩绿清新的淡绿色瓶装(图9-6、图9-7),品牌更新一举获得成功。2013年国家主席夫人彭丽媛出访国外,"百雀羚"被选为送给外国元首夫人的国礼,更是声名大振,成为国货复兴的典范。许多消费者因为"百雀羚"漂亮的包装而对该品牌爱不释手。

图 9-5　　　　　　　图 9-6　　　　　　　图 9-7

需要指出的是,品牌要素不应该等到品牌老化之后再作更新,作为一项品牌管理的常规性工作,品牌要素应该根据公司战略发展和市场的需要主动积极地进行更新,避免消费者产生审美疲劳,使品牌的市场吸引力下降。美国通用磨坊公司的食品品牌贝蒂·克罗克 80 多年来更换了 8 次虚拟代言人,肯德基的品牌标识自 1952 年以来已经更换了 6 次,创建于 1971 年的星巴克品牌标识更新了 4 次(见图 9-8)。有时候消费者还没有意识到,品牌标识就又更换了。因此适时适当对品牌要素进行更新,是保持品牌生命力的一种策略,是激活品牌、更新品牌的非常有效的一种手段。

图 9-8

三、品牌传播更新

互联网时代媒体的发展非常迅猛,几乎达到令人目不暇接的地步。除了传统媒体之外,各种新媒体、自媒体的出现更是层出不穷,消费者对于媒体的选择多样性极强。因此,企业一定要根据目标顾客的媒体使用习惯,及时更新品牌的传播手段。微博、微信、网络、社会事件等,这些新的传播手段都应该加以使用,广告和代言人的选择也要紧扣时代脉搏,展示品牌的现代感和活力,只有这样才能取得理想的传播效果。有关品牌传播手段的更新,可以参见本书第六章"品牌传播管理",此处为避免重复从略。

第十章 品牌资产管理

第一节 品牌资产的涵义

一、品牌资产的定义

20世纪80年代国际市场发生了几次著名的并购案。如1985年,英国食品和烈性酒企业大都会公司以55亿美元收购了皮尔斯伯瑞公司,这个收购价格比皮尔斯伯瑞公司的股市价值高50%,更是其有形资产价值的7倍。1988年,瑞士雀巢公司以50亿瑞士法郎的价格收购了英国郎利·麦金塔什公司,这个收购价格是郎利·麦金塔什公司股市价格的3倍、公司资产总额的6倍。① 1988年,世界顶级品牌万宝路的拥有者菲利普·莫里斯公司为扩大市场收购了卡夫食品公司,收购资金总计达129亿美元,是卡夫公司有形资产的4倍。② 这几次巨额的并购案震动了企业界,使营销界和企业界开始认识到品牌作为一个无形资产在企业资产中是真正最有价值的资产,用托夫勒的话来讲:"公司实际资产已经不如以往那么重要,取而代之的是关系和沟通。""没有人是冲着苹果电脑和IBM公司的硬件设备来买它们的股票的,真正值钱的不是公司的办公大楼或设备机器,而是其营销业务兵团的交际手腕、人际关系、实力与管理系统的组织模式。……品牌是企业最重要的资产"。③ 由此,品牌资产的理论研究得到众多学者的重视,成为品牌管理研究最重要的热门课题之一。

从中国来说,20世纪90年代国门大开,外资企业大量进入中国,国内许多企业由于缺乏现代品牌管理知识,没有认识到品牌作为一项无形资产具有重大的价值,结果在对外合资中惨遭灭绝,蒙受了巨大的损失,如本书第一章提到的"活力28"、"熊猫洗衣粉"、"美加净"等品牌消失案,都是国内企业管理者缺乏品牌资产意识造成的结果。中国企业在国际市场竞争中的惨痛教训,使得90年代以后品牌资产问题也在我国引起企业界和理论界的高度重视,成为品牌研究的重点。

---

① 何佳讯.品牌形象策划——透视品牌经营[M].上海:复旦大学出版社,2000:104.
② 余伟萍.品牌管理[M].北京:清华大学出版社,北京交通大学出版社,2007:33.
③ [美]阿尔文·托夫勒.权力的转移[M].北京:中信出版社,2006.

然而,作为一个热点问题,究竟什么是"品牌资产"至今众说纷纭,每个学者和研究机构都从自己的角度对品牌资产进行解释,导致直到现在都没有一个统一的认识。美国广告学者威廉·威尔斯说,目前"对品牌资产的研究好似盲人摸象,不同的人出于不同的目的和受个人背景的局限,赋予其不同的涵义及采用不同的评估方法。"这种混乱光是在术语的表述和翻译上就体现了这一点:品牌资产的英文表述有 Brand Equity、Brand Asset、Brand Value 等,中文翻译有"品牌资产""品牌权益""品牌价值""品牌产权"等。由于中国学者在品牌资产研究方面还基本处在引进、学习、吸收的阶段,并没有形成自己的研究成果和研究模型,因此本书主要采纳西方著名品牌学者凯文·凯勒、戴维·阿克等学者的研究成果和观点。考虑到"品牌资产"能够更加明了地表现品牌作为一项无形资产对于企业的财务上的贡献,本书把西方学者比较常用的 Brand Equity 中文表述确定为"品牌资产",并把它作为本章的术语。

品牌资产,简单来说,就是品牌产生的市场效应。从已有的研究成果看,学者们主要从三个角度来解释:首先从消费者的角度来解释品牌的市场效应,比方说,同样一双江苏太仓生产的运动鞋,用该厂自己的品牌出售也许只能卖 100 元,但打上耐克的标识,这双鞋立刻可以标价 700 元,这就是品牌产生的价值;第二,从市场的角度来解释,一个品牌可以帮助企业延伸产品、开拓销售渠道,有品牌的产品比无品牌的产品更有竞争力;第三,从财务的角度来解释,品牌可以出卖,可以特许给其他公司使用,从而给品牌所有者牟利;财务角度还包括在金融市场上品牌企业股价的增值。

(一)消费者角度定义的品牌资产

尽管品牌资产的表现形式是一种量化的财务数据,但迄今为止,几乎所有的学者都认为品牌的价值来源于消费者的认知。如果一个消费者愿意花更多的钱买一双品牌的鞋,或者他只喝可口可乐品牌的饮料,那么这个品牌就是有价值的;反之,如果品牌对消费者没有意义(消费者不认可),那么它对于股东、生产商或零售商也就没有任何价值了。可见品牌资产的价值本质上来源于消费者,消费者认可度越高,品牌价值就越高;消费者越不认可,品牌就越没有价值。

因此,正如凯文·凯勒所说,品牌资产的核心就是如何为消费者建立品牌。从消费者角度认知品牌资产,反映了消费者对某一品牌的偏爱、态度和忠诚程度,特别是消费者对品牌产品赋予了超出其功能价值之外的形象价值部分,就是消费者对企业品牌的主观认知和价值评判。所以品牌经营者必须不断去维系,赢得消费者的青睐,才能提高品牌资产的价值。

从消费者角度定义品牌资产的最大意义就是,它给企业如何进行品牌管理、怎样才能提高品牌资产的价值提供了营销决策的思路和途径。品牌大师戴维·阿克在综合前人观点的基础上,提出了"品牌资产五星模型",即品牌资产是由品牌知名度、品牌形象、品牌的感知质量、品牌忠诚度、其他品牌专有资产五个部分组成,因此,累积品牌资产、提高品牌资产价值无疑也就是从这五个方面入手,提高这五个方面的消费者认知数值。①

(二) 市场角度定义的品牌资产

基于市场角度的品牌资产概念认为,一个有价值的、强势的品牌应该具有强劲的品牌力,在市场上是有助于企业继续成长的。这种定义认为,品牌资产在财务上表现出来的价值只有在品牌收购或兼并时才很重要、才有意义,在品牌的运行发展中,品牌资产的大小应该体现在品牌自身的成长与扩张能力上,比如,品牌能否延伸? 企业如果能够借助于一个品牌延伸推出新的产品,或者延伸进入新的业务领域,那么品牌资产的价值就得以体现了。品牌的延伸力越强,说明品牌资产越大,反之品牌资产就很小。

基于市场角度定义品牌资产是顺应品牌的不断扩张和成长而提出的。这个定义角度与财务角度定义品牌资产最大的不同在于:财务角度着眼于品牌的短期利益,即这个品牌现在在市场上值多少钱;而基于市场角度的品牌力定义的品牌资产则更看重品牌在未来企业发展过程中能够发挥的作用和潜力。

(三) 财务角度定义的品牌资产

基于财务会计角度对品牌资产进行定义主要是为了给公司的品牌提供一个可以衡量的价值指标。这种定义认为,品牌资产本质上是一种无形资产,这种资产是可以交易、可以买卖的,因此必须给它提供一个财务价值。而且,一家规范的公司必须定期向股东报告公司的财务情况、公司拥有的资产价值,这里面不能仅仅报告公司的有形资产的价值,还必须包括无形资产价值,否则公司管理人员和股东就不能了解公司的真正总价值,从而导致对公司价值的低估,甚至给公司决策带来失误。尤其是在企业并购和特许授权等经营行动中,更需要知道品牌资产的价值。因此必须给每一个品牌赋予一个可以衡量的货币价值。英国英特品牌公司执行董事 Paul Stobart 说过:"关于品牌的一个重要问题不是如何创建、营销,而是如何使人看到它们的成功以及在财务上的价值。"

从财务角度定义品牌资产的优点是:①可以向企业的投资者或股东在企业募集资金时提交财务报告,完整说明企业经营绩效;②便于企业募集资金;③帮助企业制定并购决策。总之,财务角度定义的品牌资产概念把品牌资产价值货币化,适应了公司财务人员把品牌作为资本进行运作的需要。

从财务角度定义品牌资产的不足在于:①过于关心股东的利益,着眼于短期价值,很可能导致管理层在公司经营时追求短期利益最大化,忽略品牌价值的长

---

① [美]戴维·阿克.管理品牌资产[M].北京:机械工业出版社,2006.

期培育和增长。②过于简单化和片面化地理解品牌资产,导致品牌管理的战略和策略无法正确实施。因为品牌资产的内涵实际上非常丰富,如前所述,品牌的知名度、顾客的忠诚度、品牌的延伸能力等等都是品牌资产的组成部分,品牌资产并不仅仅是一个货币数据,或者说,即使是货币数据,这一数据也是有赖于品牌的知名度、顾客忠诚度、品牌延伸力等带来的市场效应产生的价值。③财务价值仅在企业并购时产生作用,无助于企业日常的品牌管理,更无助于品牌资产的累积和提高。[1]

二、品牌资产的特征

品牌资产是一种特殊的资产,作为现代企业资产中越来越重要的组成部分,品牌资产具有以下特征:

(一)品牌资产具有财务价值

现代社会品牌资产在企业资产中的比重越来越大。前述案例中多次提到的皮尔斯伯瑞公司、郎利·麦金塔什公司、卡夫公司等之所以在并购中能够卖出远高于公司本身股价或有形资产数倍的高价,就是因为这些公司手中都握有知名的品牌,正是这些知名品牌使这些企业身价倍增。可口可乐前总裁伍德拉夫讲过一句著名的话:"哪怕全世界可口可乐的工厂一夜之间全部烧光,凭着这块金字招牌,我也可以让它很快就东山再起"。品牌是值钱的,是可以用财务货币价值衡量的,所以历来在企业的并购业务案中,对品牌资产的估价都是必不可少而且是最重要的。2004年11月,联想花12.5亿美元收购IBM的PC业务,从而获得该公司Thinkpad品牌的所有权。2010年8月,吉利用18亿美元并购沃尔沃。2011年6月联想用6.294亿欧元获得一个德国零售商知名品牌Medion。2012年1月三一重工花3.24亿欧元收购德国老牌混凝土机械制造商普茨迈斯特。2013年9月,双汇国际支付47亿美元收购美国史密斯菲尔德,还承担该公司24亿美元债务,总收购金额高达71亿美元,创下中国企业海外收购金额之最。目前世界各国著名品牌的价值都高到令人咋舌,2016年全球知名的Interbrand(英特品牌)公司公布的"2015年世界最佳品牌100强"排名第一的苹果品牌价值超过1 702亿美元,谷歌排名第二,品牌价值超过1 203亿美元。

(二)品牌资产是一种无形资产

尽管品牌资产是一种客观存在的资产,而且根据1985年《国际会计准则规定》品牌价值可以列入企业的资产负债表,可以用财务数据及货币形式来表达和计量,但它毕竟是超越生产、商品、厂房、设备等一切有形资产之外的资产,是一种

---

[1] 梁东,连漪.品牌管理[M].北京:高等教育出版社,2012:130-132.

特殊的无形资产。说它特殊，是因为直到现在，品牌的价值仍然只能是大致的估算，尽管在企业并购时或者品牌交易时有具体明确的价格，但这个价值其实是双方市场博弈的结果，受到许多品牌之外因素的影响，例如企业的战略布局、经营策略等等。虽然目前在理论界和企业界已经开发了许多有影响力的模型来对品牌资产的价值进行评估，但品牌资产本质上是来源于品牌与消费者的关系，是消费者对品牌的感知和态度决定了品牌资产价值的高低，而不是精确的财务成本简单的叠加，也就是说，目前所有品牌资产的评估模型都是用定量的方法来测量定性的内容，所以数据无法做到真正精确。正是由于品牌资产的无形性，导致在实践中许多管理者经常忽略甚至遗忘品牌的重要性，品牌出现形象危机、商标被抢注等损害品牌资产的事件时有发生。

（三）品牌资产具有波动性

品牌资产是一个动态的概念，它是企业品牌管理行为的结果。品牌从无到有，消费者对品牌的感知由弱到强再到忠诚，品牌资产的价值得以累积，这是品牌管理者经营努力的结果。然而，品牌资产并不是只增不减、单向累积的，任何一次品牌决策的失误、品牌危机的出现，都有可能导致品牌资产发生波动、甚至大幅度下降。实践证明，即使是世界知名的强势品牌，其资产价值也不是单向上升而是上下波动的。经营得好，品牌资产就会向上累积，例如韩国"三星"在20世纪90年代初期还是一个靠给日本企业做代工的小企业，2007年就一举超越日本索尼，成为亚洲第一品牌。经营不好，品牌资产就会贬值，甚至淘汰出市场。如曾经在"中国最有价值品牌"排行榜上七连冠的"红塔山"，从2002年开始品牌价值就逐年缩水，到2015年在排行榜中已完全消失；上个世纪80年代中国营养保健品第一大品牌"三株口服液"，由于品牌危机直接就被市场淘汰。可见，如果认识不到品牌资产具有波动性的特征，企业在品牌建设上面就会犯一劳永逸的错误，忽略对品牌危机的防范和品牌资产的维护。

（四）品牌资产在利用中增值

对于一般有形资产来说，它的投资和利用往往存在着明确的界限，投资则增加资产存量，利用则减少资产存量。而品牌资产却完全不同，品牌资产作为一种无形资产，其投资和利用往往交织在一起，难以截然分开。品牌资产的利用并不一定意味着品牌资产的减少，相反，品牌资产如果利用得当，不光不会减少品牌资产，反而还会更进一步增加品牌资产。例如，一个企业把一个品牌成功地延伸扩大使用到新的产品或业务上，结果更加扩大了品牌的知名度和影响力，品牌的资产不仅没有下降，反而进一步得到增加。

三、品牌资产的形成价值链

品牌资产的来源是品牌忠诚度、品牌知名度、质量感知度、品牌联想和其他一些品牌资产,但品牌资产的表现形式最终反映到财务上,却是一种财务货币数据。那么这些品牌忠诚度、品牌知名度等要素是怎么转化为可以定量表述的财务数据的?也就是说,品牌资产究竟是怎么形成的?对此,美国学者凯文·凯勒教授提出了一个品牌价值链模型(图10-1),清楚地揭示了品牌资产形成的机理过程。[1]凯文·凯勒的品牌价值链从左到右逐层推进,依次包括营销活动投入、顾客心智、市场业绩和股东价值等四个价值阶段。首先,企业需要进行大量的品牌营销活动,以培育品牌资产。这些营销活动包括战略营销和策略营销的全部内容以及相关的支持。当消费者不断地接触到这些营销活动之后,他们开始在心理上产生反应,与品牌的关系逐渐升级,包括对品牌的熟悉、了解和记忆程度,对品牌的满意度和信任度、对品牌的认同度和尊重度等,这就是顾客心智阶段。一旦品牌在顾客心智的位置越来越重要,品牌购买行动就可能发生,相应带来的就是市场业绩的提升。市场业绩表现为品牌产品溢价销售、顾客持续购买、市场份额扩大、延伸产品出现并开始销售等。接下来,市场业绩的提升会体现在企业的财务报表的收益栏上面,并在股市上以股价的形式反映出来,股东就得到价值回报。股东的价值总和就是品牌的市场价值,也就是品牌资产的形成。

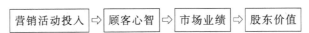

图10-1 凯文·凯勒品牌价值链模型(简化)

第二节 品牌资产的构成

品牌资产的本质来源于品牌与消费者的关系,是消费者对品牌的感知和态度决定了品牌资产的有无和高低。因此,究竟是哪些元素构成了品牌资产?对此,美国著名品牌学者戴维·阿克在对前人研究观点进行综合的基础上,提出了著名的"五星模型说",也就是他认为品牌资产由五个部分的元素组成:即品牌忠诚度、品牌知名度、质量感知度、品牌联想以及其他品牌资产,其中品牌忠诚度是构成品牌资产的核心。[2]

---

[1] [美]凯文·莱恩·凯勒.战略品牌管理(第2版)[M].北京:中国人民大学出版社,2006.
[2] [美]戴维·阿克.管理品牌资产[M].北京:机械工业出版社,2006.

一、品牌忠诚度

（一）品牌忠诚度的涵义

品牌忠诚是指顾客对品牌所持有的态度，它反映顾客对品牌感情深浅的状况。品牌忠诚是品牌资产的核心组成部分，它直接影响到品牌的生存和发展。顾客对品牌的忠诚程度会有不同，因此品牌忠诚度就是顾客对品牌感情深浅的程度。比如，顾客对某品牌根本不关心，他购买该品牌完全是因为产品的性能、价格或者购买便利性等，那么他对该品牌的忠诚度就很低，或者就没有忠诚度；相反，如果竞争对手给他提供性能更好、价格更便宜、购买更便捷的商品，他仍然选择购买该品牌产品，这就说明他对该品牌的忠诚度很高。

戴维·阿克根据顾客对品牌忠诚的程度不同把品牌忠诚度从低到高分成五个层次：

1. 无品牌忠诚的购买者

这是品牌忠诚度最低的购买者，这类购买者对品牌漠不关心，他们在购买决策中购买哪种品牌根本无所谓，品牌对他们的购买决策不起任何作用，决定他购买行为的就是价格便宜或者购买便利等因素。

2. 习惯型的购买者

这类购买者处于品牌忠诚的第二个层次，他们是那些对品牌基本满意或至少没有意见的顾客。一般来说这类顾客不会因为不满意而去购买其他品牌的产品，但一旦竞争品牌提供更优惠的价格或者更好的产品、赠品、奖励等，他们就会进行品牌更换。但如果没有明显的好处，他们仍然会购买原来的品牌，不是因为他们对品牌有多忠诚，而是因为习惯、因为不想折腾去了解新产品。

3. 满意型的购买者

这类购买者处于品牌忠诚的第三个层次。他们对产品感到满意，同时因为转换品牌进行购买需要花费更多的时间、精力成本，而且还有适应新品牌产品的风险，所以他们一般不会转换品牌。竞争对手要想争取到这部分顾客难度比较大，当然除非提供更加诱人的利益，让这类顾客认识到花费成本进行品牌转换是值得的。

4. 朋友型的购买者

这类购买者处于品牌忠诚的第四个层次。他们是真正喜欢品牌的忠诚顾客。他们对品牌的偏好是建立在对品牌标识、使用体验、产品质量等高度满意的基础上的，这类购买者与品牌有了一种情感性的联系，建立了类似于朋友之间的关系。

5. 忠贞型的购买者

这类购买者处于品牌忠诚的最高层次。他们以自己使用的品牌为骄傲，对于他们来讲，品牌产品不光是用来使用的，更是他们表达自我、体现自己生活方式的一种形式,所以他们乐意向周围的人宣传和推荐这种品牌。

(二) 品牌忠诚度对品牌资产的作用

品牌忠诚度是构成品牌资产的核心部分。品牌忠诚度对于品牌资产的作用或意义主要表现在：

1. 降低营销成本

品牌忠诚度高意味着顾客流失的概率较低,因此营销人员要维持原有的销售业绩,不需要投入太多的营销成本。

2. 吸引新的消费者

品牌忠诚度意味着每个忠诚的购买者都是一个活广告,他们现身说法,吸引其他消费者也来购买该品牌产品,降低了新消费者对使用新品牌产生的风险顾虑。

3. 面对竞争有较大的回旋余地

当竞争品牌推出更优秀的产品、更优惠的价格及其他有利条件时,品牌忠诚度高的品牌因为顾客改变的速度比较慢,所以企业有更多的时间去做调整,从而应对竞争对手的进攻。

二、品牌知名度

(一) 品牌知名度的涵义

品牌知名度是消费者认知或回想某品牌是什么产品的能力,反映了品牌在消费者头脑中呈现的强度。比如,提到"康师傅",消费者就会想到方便面;说到"邦迪",消费者就知道是创可贴。

每个品牌在消费者头脑中呈现的强度是不一样的,因此戴维·阿克把品牌知名度由强到弱分为四个层次：

1. 未提示第一提及知名度

知名度最高的品牌就是消费者没有得到任何提示,但一提到某一类产品,消费者能够第一个想到的品牌。比如,提到民用飞机,消费者能够第一个想到"波音";说到创可贴,消费者第一个想到"邦迪";一提游乐园,很多人第一个想到"迪士尼"。这就说明这些品牌知名度极高。

2. 未提示知名度

这是第二个层次的知名度,消费者没有得到提示,但说到产品类别,消费者虽然不是唯一想到但仍然能够提到这些品牌名称。比如,提到豪华轿车,大家除了想到奔驰,还会提到宝马;提到美国名校,除了哈佛,人们还很容易回答出耶鲁和麻省理工。这个层级的知名度虽然没有第一提及知名度那么高,但其实非常重要。因为消费者在购买决策时,往往在脑海里对这一类产品的几个品牌进行筛选,如果能够具有"未提示知名度",实际上就进入了消费者大脑中贮存的品牌目录群,当消费者需要购买某一产品时,他实际上就是在这个品牌目录群里进行选择。

3. 提示知名度

这是第三个层次,即把品牌名称告诉消费者,他能知道这是什么产品。比如提到"康师傅",消费者知道这是方便面;提到"娃哈哈",消费者知道这是饮料。

4. 无知名度

指那些即使告诉消费者品牌名称,但消费者仍然不知道该品牌是什么产品的品牌。

(二) 品牌知名度对品牌资产的作用

1. 知名度能产生品牌联想

品牌联想是品牌的各种信息经由一次次的传播,在消费者大脑中累积形成的印象。品牌知名度高,品牌的信息传递次数就多,消费者一再接触到这类信息,久而久之就会在大脑中留下深刻的印记,一旦产生购买需求,品牌的相关信息联想自动就会浮现出来,推动消费者的购买行为。

2. 知名度导致熟悉度,进而引发对品牌的好感

人是习惯的动物,对于熟悉的事物往往容易产生好感和依赖感。知名度高的品牌,消费者熟悉程度就高,自然也就有好感。

3. 知名度是一种保障

品牌知名度高,容易给人一种大品牌的印象,给消费者带来一种心理上的保障。当消费者面对多种品牌的选择时,他的心理一定包括:这个品牌这么有名,一定错不了;这个品牌做这么大的广告,一定错不了;这么多人都买这个品牌,一定没问题;这么多人都用这个品牌,应该可以放心用;即使这个品牌产品有问题,反正这么多人用呢,又不是只有我一个,会有人出来维权的……

4. 知名度高的品牌容易获得销售渠道

品牌知名度高,消费者购买的意愿就强,对于经销商来说,消费者愿意购买的品牌就是他们最乐意进货并且放到货架上最显眼的地方进行销售的品牌。因此品牌知名度高,销售渠道容易获得,而且生产企业在跟中间商进行利益博弈时往往也处在有利的位置。

三、质量感知度

(一) 质量感知度的涵义

质量感知是消费者依据自己预期的目标对品牌产品的质量或优越性做出的一种感受评价。由于感知质量是消费者感知出来的,是消费者心理活动的结果,

因此感知质量是一种主观性很强的东西。感知质量不等于客观质量。感知质量虽然建立在消费者对产品性能、服务水平、使用寿命等基础之上，但它是消费者对品牌质量概括性的、总体性的一种感知，它跟产品的具体质量还是有差异的。比如，国内企业生产的运动鞋打上耐克的品牌标志，消费者就会固执地认定这双鞋一定比国内其他运动鞋质量好。

（二）质量感知度对品牌资产的作用

1. 提供购买的理由

商品质量好是所有消费者的选择，如果没有品质保证，消费者就不会做出购买决定。品牌产品质量感知度高，会使消费者对它的质量产生信任，从而引发消费者的购买行动。

2. 给产品带来高额溢价

品牌产品给消费者产生高品质的心理感知，企业给这种产品打上较高的价格标签，消费者也能接受，而且消费者认定"一分价钱一分货"，品牌产品质量好，当然价格应该比杂牌产品的价格高，企业由此可以获得更高的利润。

3. 得到经销商的欢迎

高品质的产品是引发顾客购买、提高销售业绩的保障，当然是经销商的最爱。经销商在进货时最乐意进名气大、质量好的品牌产品，并且会把它优先放到最显眼的货架上进行销售。

4. 提高品牌的延伸力

具有高品质印象的品牌在品牌延伸上具有更强的能力，消费者很容易把对原来品牌产品高质量的印象转移到新产品上，企业延伸推出的新产品、新业务很容易得到市场的接受和信任。

四、品牌联想

（一）品牌联想的涵义

品牌联想是与品牌记忆相联系的任何事物。例如，提到麦当劳，人们就会联想到麦当劳叔叔、金黄色的拱门标识、快餐汉堡、儿童开心乐园、孩子生日聚会、干净的就餐环境、全球连锁的快餐厅等等，这些品牌联想是消费者做出购买决策、形成品牌忠诚度的基础。品牌联想是品牌资产的重要组成部分。

（二）品牌联想对品牌资产的作用

1. 产生差异化，把品牌同众多的竞争产品区别开来

不同的品牌会让消费者产生不同的联想，例如，海飞丝具有去除头屑的效果，潘婷主要功能在于养护头发；沃尔沃最大的优点是安全，本田的优势在于强大的发动机性能，等等。不同的品牌给消费者提供不同的品牌内涵和联想，进而使得

不同的品牌得以相互区隔,本品牌的独特优势也得以展现。

2. 提供购买的理由

大部分的品牌联想都跟消费者的利益有关,而这些利益就成为消费者购买的理由和依据。比如,一个女孩头屑较重,她购买洗发液就会选择去屑效果好的海飞丝;如果她经常掉发、头发干枯,就会选择对头发有滋养功能的潘婷。

3. 与消费者产生情感连接

品牌联想很多时候不光包括品牌产品的物理功能特性,更多还在于品牌蕴含的情感特性或精神特性。比如,哈雷昭示着反叛、酷炫;可口可乐意味着活力、激情;奔驰是成功人士的象征;万宝路是男子汉的象征;迪士尼快乐魔幻;香奈儿的女性迷人;蒂凡尼的高贵优雅……所有的品牌都代表着某种情感价值,让追求这种生活方式的消费者在心理上把这个品牌视为知己,视为表达自己生活态度和价值观的一种方式,从而产生极高的品牌忠诚度。

五、其他品牌资产

除了上面四种品牌资产以外,戴维·阿克指出还有一些在归类上并不明确的资产,如著作权、专利权、商标登记等。品牌除了在消费市场上具有资产价值之外,在法律上因为法律登记可以得到保护,可以出售或租借这些受到法律保护的权利,所以也成为一种无形资产。比如中国绍兴有个老太太给自己的茴香豆起了个名字叫"孔乙己",家人给它进行了商标注册,结果后来一家国有食品企业硬是花了10万元才把这个商标名称买了下来。老太太的茴香豆并不是品牌产品,但是这个商标名称却有价值,变成了老太太的资产。

第三节　品牌资产的评估

品牌资产评估是指企业或评估机构采用专业的测量工具对品牌资产现状进行描述。目前对品牌资产的评估都是从两个角度进行评估:一个是消费者和市场的角度,评估品牌忠诚度、品牌知名度、品牌的延伸能力等等;另一个则是从财务会计的角度对品牌资产作出货币价值评估。无论哪个角度的评估,其实都是用定量的指标来反映定性的内容,因此品牌资产评估是一项难度很大的工作。尽管目前已经有学者开发出一些品牌资产评估的模型,但实际上计量的精确性仍然很难得到保证。在企业品牌管理的实践中,一般企业都无法独立完成对品牌资产的评估,需要依靠社会专业评估机构的力量来进行。这项工作难度大、很复杂、精确性还不高,但却是品牌管理不可或缺的一个部分,品牌资产评估具有非常重要的意义。

一、品牌资产评估的意义

（一）有助于管理者了解品牌在消费者心目中的位置

由品牌价值链得知，消费者对于品牌的看法和态度是品牌资产的根本来源。只有了解品牌在顾客心目中处于什么样的位置，企业才能找出目前所存在的品牌资产问题，从而改进营销活动和管理行为。

（二）有助于评估品牌的延伸能力

企业在发展的过程中，为了充分利用品牌资源，必然要延伸产品。延伸的产品能否成功，很大程度上取决于母品牌是否具有强大的品牌资产。研究表明，品牌的认知度和忠诚度越高，品牌的延伸能力就越强；反之，延伸能力就弱。

（三）便于企业之间的兼并收购

企业之间的兼并收购在当今市场经济环境下非常普遍，品牌作为企业一项非常重要的无形资产，必须纳入企业资产的计值中。通过对品牌资产进行评估，可以完善企业资产在资产负债表上面的记录，使企业资产得到完全的反映。如果不对品牌资产进行评估，那么企业的价值将会被大大低估。

（四）有助于对品牌建设的成效进行考查

品牌资产价值反映了企业的财务收益。这个财务收益反映的是品牌未来几年的现金流量折现，体现了品牌对企业收益的贡献。

（五）有助于获得企业利益相关方的支持

企业的利益相关方主要包括股东、人才、顾客、金融机构、中间商等。企业要想吸引这些利益相关方进行合作，就需要展示自己的实力。那么通过品牌资产评估将品牌价值数字化，就能够增强股东的投资信心，吸引更多优秀的人才加盟，吸引更多的顾客购买，吸引更好的中间商合作，以及得到更多的融资渠道。

二、品牌资产评估的模型

（一）戴维·阿克的品牌资产五星模型及十要素评估法

1991年美国权威品牌专家戴维·阿克在《管理品牌资产》一书中首次提出了品牌资产五星模型，该模型认为品牌资产由品牌忠诚度、品牌知名度、感知质量、品牌联想及其他专属品牌资产五个方面构成（见图10-2）。

图 10-2 品牌资产五星模型

品牌资产五星模型只是一个抽象的理论模型,1996 年戴维·阿克为了增强模型的应用价值,又提出了品牌资产十要素。十要素分为 5 个部分、10 个要点,包括:①品牌忠诚度评估,有 2 个指标,即价格效应、满意度或忠诚度;②感知质量或领导品牌评估,有 2 个指标,即感知质量、领导品牌或普及度;③品牌联想或差异化评估,有 3 个指标,即感觉中的价值、品牌个性、公司组织联想;④知名度评估,有 1 个指标,即知名度;⑤市场行为评估,有 2 个指标,即市场份额、市场价格和分销区域。5 个部分中前 4 个与五星模型中的 4 个成分重叠,第 5 个是反映市场业绩的指标。这 10 个要素可以汇总成 5 个大指标的分值,将品牌资产从五个方面进行定量描述。[①]

戴维·阿克的模型首次提出了品牌资产当中最重要的几个组成部分,因此在学界和业界都影响很大。不过,该模型也存在不足,即五星模型的分布结构使得几个组成部分呈现并列关系,而事实并非如此,如感知质量可能会促进品牌忠诚度的形成。由于模型没有能将各部分的逻辑关系进行梳理,因此品牌资产的形成机理不得而知,从而也影响了模型对品牌管理实践的指导作用。

2008 年,戴维·阿克自己又对五星模型进行了修正,认为品牌资产只包括品牌知名度、品牌联想和品牌忠诚度,其中,原来的感知质量作为品牌联想的一部分并入其中。

(二) 凯文·凯勒的基于顾客的品牌资产金字塔模型

上世纪 90 年代,另一位美国品牌权威学者凯文·凯勒在《战略品牌管理》一书中提出了"基于顾客的品牌资产"模型,即 CBBE(Customer-based Brand Equity)金字塔模型。凯文·凯勒的模型将品牌资产分成四个层次,由下到上依次为:品牌识别、品牌内涵、品牌反映、品牌关系。品牌识别回答了"品牌是谁"的问题,它是品牌被消费者知晓的程度,也就是品牌的显著性。品牌内涵回答了"品

---

① [美]戴维·阿克.管理品牌资产[M].北京:机械工业出版社,2006.

牌是什么"的问题,理性的部分是品牌性能,感性的部分是品牌形象。品牌反映回答了"消费者如何看待品牌"的问题,针对品牌性能,消费者会形成一个品牌评价,针对品牌形象,消费者会形成品牌感觉。品牌关系回答了"消费者与品牌之间有什么"的问题,反映的是品牌与消费者的共鸣程度。从金字塔底部的品牌识别,到金字塔顶部的品牌关系,反映的是品牌资产在消费者心里的形成过程①(见图 10-3)。

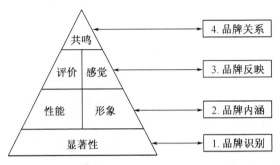

图 10-3 凯文·凯勒"基于顾客的品牌资产"模型

凯文·凯勒为每一个具体指标都设计了若干问题进行测量,这样不仅能够使管理者全面了解品牌资产的现状,而且可以使他们清楚在品牌资产形成的过程中每一个步骤的成效如何。并且,模型从理性和感性两条线路来测量品牌资产的形成过程,从而也帮助了品牌定位现状检查和未来路线的规划。

(三)扬·罗必凯公司的品牌资产评估模型

品牌资产评估模型是美国著名广告公司扬·罗必凯公司开发的专有品牌资产评估工具,其前身是朗涛公司开发的形象力模型。该模型已经经过了分布在44个国家、500多万消费者、3.5万个品牌的数据验证,被证明有效。在该模型中,品牌资产来自于品牌活力和品牌地位两个方面。品牌活力反映的是品牌的增长潜力,具体又包括品牌差异性和品牌相关性两个指标。品牌差异性是指品牌与竞争者之间的差异,而品牌相关性是指品牌与消费者个性及需求之间的关联度;品牌地位反映的是当前品牌的实力,具体包括品牌尊重度和品牌知识两个方面。品牌尊重度是指由于品牌的高品质、领导地位以及可靠性而导致的消费者对品牌的推崇程度,而品牌知识是指消费者对品牌的熟悉程度。

按照扬·罗必凯公司的设计,品牌活力是品牌差异性和品牌相关性得分的乘积,而品牌现状也是品牌尊重度和品牌知识得分的乘积。根据品牌活力和品牌现状的得分高低,可以组成一个品牌资产分类模型。其中,品牌活力高并且品牌现状高的品牌称为"领导品牌";品牌活力高但品牌现状低的品牌称为"利基品牌";品牌活力低但品牌现状高的品牌称为"衰落品牌";品牌活力低并且品牌现状也低

---

① [美]凯文·莱恩·凯勒.战略品牌管理(第2版)[M].北京:中国人民大学出版社,2006.

的品牌称为"新品牌"。扬·罗必凯公司将四个具体指标称为"四根支柱",2005年又根据实际需要增加了一个新支柱——品牌能量,意思是消费者对品牌革新性和动力性的评价。这五根支柱构成了全新的 BAV 模型[1](见图 10-4)。

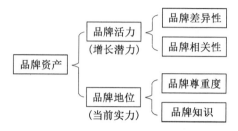

图 10-4 扬·罗必凯公司的品牌资产评估模型

BAV 模型可以说是一个相当完美的品牌资产评估模型,不仅测量了当前品牌的表现,也对品牌未来的发展潜力进行了测量。戴维·阿克教授对该模型的评价是"在跨产品的品牌资产评估领域最有进取心的一项努力"[2],凯文·凯勒教授评价说是"到目前为止全球品牌建设中最为精细的一项研究项目"[3]。

(四) 英特品牌公司的品牌资产评估模型

1974 年成立于英国伦敦的英特品牌咨询公司是品牌资产评估领域的先驱,也是全球最权威的品牌资产评估机构之一。从 1990 年开始,英特品牌公司每年评估"全球最佳品牌 100 强",并将榜单发表在美国著名的《商业周刊》杂志上。这一评估报告成为人们了解世界最佳品牌资产的一个风向标,在业界影响极大。英特公司的这套品牌资产量化方法最早形成于 1987 年,在参与对一桩企业恶性并购事件进行评估的过程中,英特品牌公司与伦敦商学院共同创立了对品牌资产进行客观评估的模型。[4]

英特品牌公司评估方法的一个基本假设是:品牌之所以有价值,是因为品牌可以使其所有者在未来获得比较稳定的收益,因此,它的品牌评估公式是基于品牌未来收益而开发的。公式表述为 $V = P \times S$。其中,P 代表品牌未来净收益,S 代表品牌强度倍数。由公式可以得知,英特品牌评估法需要分三个阶段来完成:

阶段一:品牌未来净收益的计算

首先计算品牌未来净收益,即有品牌减去无品牌产品的净利润。这需要分三

---

[1] Mizik Natalie, Robert Jacobson. The Financial Value Impact of Perceptual Brand Attributes[J]. Journal of Marketing Research, 2008, 46(2): 15-32.
[2] [美]戴维·阿克. 创建强势品牌[M]. 北京:中国劳动社会保障出版社,2005.
[3] [美]凯文·莱恩·凯勒. 战略品牌管理(第 2 版)[M]. 北京:中国人民大学出版社,2006.
[4] 符国群. Interbrand 品牌评估法评价[J]. 外国经济与管理,1999(11):39-41.

步完成:

(1) 对品牌进行财务分析。要弄清楚这个品牌在未来的 5 年当中可能会给企业带来多少价值,这方面依据的数据来自品牌历年来的发展数据和一些公开的财务报表。每年的"全球 100 个最具价值品牌"的数据主要来源于摩根大通、花旗银行和摩根斯坦利的第三方数据;然后,需要找到的是企业为了使这个品牌达到未来 5 年的收益要投入多少有形资产,比如设备、土地、厂房和流动资金等,这些东西在固定的某个行业中都会有一个公认的平均回报率。

(2) 将以上得到的两个部分的结果相减,即用未来收益减去有形资产投入,得出的就是品牌在未来 5 年中,无形资产带来的回报。

(3) 剩下的就是要把无形资产回报中品牌的回报分离出来。英特品牌公司采用一种叫"品牌作用指数"的方法来决定品牌在无形资产中所创造的收益的权重。这要分行业来看,由于品牌在消费品中的作用比在工业品中大,因此品牌作用指数也更高。品牌作用指数带有主观和经验的成分,要完全做到客观和精确几乎不可能。

阶段二:品牌强度倍数的计算

品牌强度倍数反映的是品牌营利能力的可能性大小,表现形式为品牌未来收益的贴现率。品牌强度倍数由 7 个指标构成,每个指标根据重要程度在百分比中占有相应的分值。

(1) 市场特性。一般来说,处于成熟、稳定和具有较高市场壁垒的行业中的品牌,强度得分就高。

(2) 稳定性。较早进入市场的品牌往往比新进入的品牌拥有更多的忠诚消费者,因此品牌强度得分就高。

(3) 品牌在行业中的地位。居于领导地位的品牌,由于对市场有更大的影响力,因此,它会比居于其他地位的品牌有更高的强度得分。

(4) 行销范围。品牌行销范围越广泛,其抵御竞争者和扩张市场的能力就越强,因而该品牌的强度得分就越高。

(5) 品牌趋势,即品牌对行业发展方向的影响力。在消费者心目中越具有现代感,与消费者的需求越趋于一致,该品牌的强度得分就越高。

(6) 品牌支持。获得持续投资和重点支持的品牌通常更具有价值。

(7) 品牌保护。获得注册、享有商标专用权从而受到法律保护的品牌,比没有注册品牌或者注册地位受到挑战的品牌,强度得分更高。此外,受到特殊法律保护的品牌比受到一般法律保护的品牌强度得分更高;注册地理范围越广,品牌强度得分越高。

各指标的得分采用专家意见法来确定,最后直接汇总。

表 10-1 品牌强度倍数指标

指标	释义	最高得分
市场特性	品牌是否处于成熟、稳定和具有较高市场壁垒的行业	10
稳定性	品牌是否具有较多的忠诚顾客	15
行业地位	品牌是否在行业内居于领导地位	25
行销范围	品牌行销的范围是否很宽广	25
品牌趋势	品牌是否与消费者需求相关	10
品牌支持	品牌是否获得持续投资	10
品牌保护	品牌是否获得商标法律保护	5
合计		100

阶段三：品牌价值的计算

根据公式，品牌资产的价值等于品牌未来净收益与品牌强度倍数之积，也就是将第一阶段算出来的品牌未来净收益进行贴现。

英特品牌评估模型是目前影响最大并且运用最广的品牌资产评估方法。但是，它仍然在一些问题上显得太主观，表现为品牌对收益贡献率的确定、将未来收益年限定为5年、假定每年的利润基本稳定、品牌作用指数和品牌强度倍数的确定等。不过，要用定量的指标来测定定性的内容，对所有的品牌评估方法来说都是困难的，不可能做到完全精确。

第十一章　品牌维护管理

第一节　品牌的防御与保护

一、品牌抢注与品牌侵权

（一）品牌抢注的涵义及其危害

所谓品牌抢注，是指有些企业辛辛苦苦打造出了一个成功的品牌，由于种种原因没有及时进行商标注册，结果被某些别有用心的机构和个人抢先注册。品牌抢注可以分为两种情况：一是地域性抢注，即品牌在境内注册了，但在境外没有注册而被境外机构和个人抢先注册，从而使品牌以后越出国门到海外市场发展的道路被堵死；第二种情况是时效性抢注，即企业原先注册的商标到了受法律保护的期限，但因为某种原因没有及时去续注，结果被别人抢注。

品牌抢注除了抢注品牌名称、标识等品牌元素，网络域名抢注也成为当今互联网时代一个常见的现象。由于许多企业尚没有意识到网络域名的重要性，导致被抢注的企业非常多，包括知名大牌企业麦当劳的域名也曾经被恶意抢注，最后麦当劳花了800万美元的巨资来购回自己的域名。

品牌抢注对企业的危害非常大，一旦品牌被别人抢注，就意味着企业原先所做的一切都是为他人作嫁衣裳，品牌真正的创始人只能眼睁睁地看着自己辛苦打造出来的品牌被别人使用。而一般被抢注的品牌基本上都是具有市场号召力的品牌，失去了品牌也就意味着失去了市场，这对企业的打击必然是致命的。

（二）品牌侵权的涵义及其危害

如果说品牌抢注只是利用了企业的品牌管理漏洞、抢注行为仍然属于法律许可的话，那么品牌侵权就完全是一种违法行为了。

品牌侵权包括商标侵权和专利侵权。根据我国《商标法》第五十二条规定："未经商标注册人的许可，在同一种商品或者类似商品上使用与其注册商标相同或者近似的商标的，构成商标侵权行为。"有许多不法商家直接盗用著名品牌来销售自己的产品，以此牟取暴利。据一些白酒经销商称，市场上80%的茅台酒是假货，茅台酒厂每年花在防伪打假上的资金投入就高达1亿多元，但仍然难以遏制住品牌被盗用的行为。还有些企业则采用一些"打擦边球"的伎俩,把品牌的名称或标识略微加以一些不起眼的改动,作为自己的品牌加以使用,以此混淆视听、迷惑消费者。如把"屈臣氏"改作"屈巨氏""元祖"改作"无祖""老干妈"改作"老千妈""老干娘"等等。如图所示：

图 11-1　　　　　　　　图 11-2　　　　　　　　图 11-3

品牌侵权除了最常见的品牌名称和标识侵权之外,产品包装侵权也比较常见。一些不良企业会模仿知名品牌产品的包装以达到迷惑消费者的目的。比如中国广东的海天酱油就模仿了雀巢公司的"美极鲜味汁"包装瓶。有鉴于人们对包装也会仿冒,1960 年美国可口可乐公司对它的饮料瓶外形也进行了专利注册。

图 11-4　　　　　　　　图 11-5

除了对品牌要素进行侵权,品牌侵权还包括专利侵权。专利侵权分为两种：一是外观专利侵权,即对品牌产品的外观设计进行仿造。目前外观设计侵权最普遍的是手机和汽车。另外一种是技术专利侵权,主要是对品牌产品的技术进行抄袭或剽窃。

品牌侵权的危害非常大,主要表现在两个方面：①蚕食了品牌的利润。侵权者用与知名品牌相同或相似的假冒品牌进入市场,凭借着低廉的成本和价格,轻而易举地就抢占了本来应该属于正牌产品的市场份额,导致真品牌的产品销售下降。②损害了品牌形象。侵权者不仅会抢夺原属正规品牌的市场份额,而且其产品质低价廉还破坏了正规品牌的良好形象。惠尔康公司董事长曾经感慨地说："培育一个市场可能要花无数的人力、物力、财力,然而如果被人仿冒的话,这个市场在一两个月就可以被毁掉。"①

---

① 周志民.品牌管理[M].天津:南开大学出版社,2008:362.

（三）企业自身存在的品牌防御缺失

1. 品牌要素设计时缺乏独特性，容易被竞争对手混淆使用

企业在品牌建设的初期酝酿品牌元素时就要尽可能地清晰独特，容易被消费者识别。比如苹果公司采用一个水果名作为品牌名称就很出人意料，品牌标识更是用一个被咬了一口的苹果，这样的标识非常独特且容易记忆，即使有不良企业试图仿冒，也很容易被消费者识别。相比之下，宝马公司采用的蓝白两色圆形标识就很容易混淆，仿冒者只要改变一下蓝白两色的位置，或者略微把圆形图案变成椭圆形，消费者就很容易混淆真品牌与仿冒品牌。多年前比亚迪公司涉嫌仿冒宝马公司的品牌标识，被法院判定侵权。如图所示：

图 11-6

图 11-7

2. 品牌要素投入使用前没有进行全球性排查

品牌要素设计完成投入使用前一定要在全球范围内进行一次排查，确保所有元素并没有被其他企业已经使用或者注册过。因为一旦发现已有其他公司使用，还可以重新设计，最多损失一些设计费用。而如果被人举报侵权，不光前期所有的品牌建设、推广付之东流，还很有可能赔付巨额的罚款。这样的例子不是没有，即使是实力雄厚、鼎鼎大名的苹果公司都差点遭遇滑铁卢，为此付出了高达 6 000 万美元的巨额赔偿。

案 例 11-1

深圳唯冠与苹果商标的纷争

当乔布斯决定使用 iPad 作为品牌时，他或许没有意识到，这四个字母将引发一场旷日持久的官司。

历史遗留债

1991 年，台湾商人杨荣山第一次把生意做到了中国大陆，创办了唯冠科技（深圳）有限公司（下文简称"深圳唯冠"）。以此为起点，杨荣山陆续在东莞、武汉和长春设厂，并且推出过一款类似上网本的产品，名称叫 iPad。从 2000 年到 2001 年，杨荣山先后在 31 个国家和地区申请并成功注册了总共十个 iPad 商标，其中包括中国大陆

的两个商标。2008年唯冠国际受全球金融危机冲击，深陷债务重组之中，濒临破产。

在唯冠国际推出iPad十年后，2010年9月17日，苹果股份有限公司（以下简称"苹果公司"）在中国大陆推出了同名的iPad平板电脑。此前，苹果公司也意识到商标权的问题。自2004年起，苹果公司便开始与唯冠国际在台湾的子公司唯冠电子股份有限公司（以下简称"台湾唯冠"）进行接触。

2009年12月23日一家英国IP公司（实际上是苹果公司在英国注册成立的新公司）与台湾唯冠就iPad的商标权转让签署了协议。据双方协议，IP公司以3.5万英镑的价格买走了台湾唯冠在全球市场上所"代表"的总共10个iPad商标的权益，协议中的附件内容包括了中国内地的两个iPad商标。随后，台湾唯冠很快发现，这家IP公司又以10英镑的象征性对价，向苹果公司转让了所有的"iPad"商标。数日之后，即2010年1月28日，乔布斯捧出的iPad平板电脑便在硅谷举行的发布会现身了。

遭到苹果公司商业算计的台湾唯冠事后表示，由于IP公司当时并未说明商标转让后的用途，因此是"使用不正当的欺诈手段取得"，他们正准备以违反公平交易原则的嫌疑委托美国律师在美起诉苹果公司。

2012年初，深圳唯冠向深圳市福田区人民法院、惠州市中级人民法院、上海浦东法院提起了对苹果公司iPad商标侵权诉讼。

苹果公司认为，苹果公司已经购买了台湾唯冠在全球的iPad商标所有权。此外，中国与美国在商标所有权认证上遵循的原则并不一致，前者奉行"注册在先"的原则，后者则习惯认定"使用在先"。

但是，杨荣山声称，由于当时的转让协议由台湾唯冠这家子公司与苹果公司方面签订，而注册于中国内地的两个iPad商标持有权在深圳唯冠的手中，由于台湾唯冠手中并不拥有中国大陆的iPad商标所有权，因此苹果公司还需要就此与之磋商。换句话说，这一天价的商标现在仍归深圳唯冠所有，而苹果公司则在中国内地涉嫌侵犯唯冠商标。

2012年，深圳唯冠在广东惠州市中级人民法院赢得了起诉苹果公司经销商iPad商标侵权案的一审。法院判定苹果公司经销商深圳市顺电连锁股份有限公司惠州分公司构成侵权，禁止销售苹果公司iPad相关产品。

几乎与此同时，苹果公司和 IP 公司在深圳中级人民法院起诉深圳唯冠的 iPad 商标权权属纠纷案，也被判败诉。此案的终审将于 2 月 29 日上午 8 时 50 分在广东高级人民法院开庭。这也是苹果公司在中国内地争取翻盘的最后机会。

尽管法律对于争议的双方来说，机会是均等的，但是在时间上，深圳唯冠有的是回旋余地，而苹果公司绝对不能忽视在中国市场的生存。

中国市场的无价

对于苹果公司每年千亿美元的销售额来说，中国就是除了美国本土之外的第一大市场。在 2011 财年的前三季度，苹果公司在中国的收入超过 88 亿美元，为去年同期的 6 倍。在苹果公司未来的新产品及各类产品的应用程序若要产生理想的利润率，中国市场不可能被忽视。"我们非常地、非常地看重中国。"苹果公司现任 CEO 蒂姆·库克近日还在一场公开演讲中表示。按计划，今年 3 月 7 日蒂姆·库克将照常在旧金山芳草地艺术中心正式发布第三代平板电脑"iPad 3"。苹果公司已向供应商下达了 6 500 万块液晶屏幕的订单，这一规模远超过"iPad 2"全球发行时的 4 000 万块。中国内地市场因 iPad 商标案而拖累，苹果公司目前要做的抉择比 2010 年冒险向中国内地推出第一代 iPad 时艰难得多。

一旦苹果公司在广东的终审中再次败诉，苹果公司无疑将把自己的命运放在生死存亡的巨大市场风险中。苹果公司若是在中国内地彻底放弃 iPad 商标，或在败诉后继续上诉最高法院，这种"弃子"的做法不仅将面临销售被耽误的风险，更可能因为彻底败诉而丢失中国市场的忠实用户。但时间已经不允许苹果公司再向中国工商部门申请取消唯冠的 iPad 商标，因为这项程序往往会长达一年甚至更长时间。

面对 iPad 在中国内地的困境，苹果公司的每一个抉择都需要牺牲极大的利益。经过艰难的选择，苹果公司决定花巨资与深圳唯冠和解。广东高院法官充分听取苹果公司、唯冠公司的代表意见，并创造条件让双方充分交换意见，最大限度地满足双方当事人的合理诉求。其间的跌宕起伏、峰回路转，难以一笔概括。因均有调解意愿，双方最后确认以 6 000 万美元一揽子解决有关 iPad 商标权属纠纷，并签署了调解协议。

> 2012年7月广东省高院公布消息,苹果公司已按调解书要求向广东高院指定的账户汇入6 000万美元,深圳市中级人民法院昨日已向国家工商总局商标局送达了将涉案iPad商标过户给苹果公司的裁定书和协助执行通知书。这场举世瞩目的商标纠纷案终于落下帷幕。

资料来源:根据网络资料及中国新闻周刊相关报道编写。

3. 投入使用后品牌要素没有进行及时并且充分的商标注册

企业在完成了全球性排查之后,要及时对品牌要素进行充分的商标注册。很多企业在这方面缺乏法律意识,或者认为只要简单注册一下就可以高枕无忧,结果吃了大亏。如江苏卫视知名栏目品牌"非诚勿扰"。"非诚勿扰"的名称来源于2008年冯小刚一部热映的贺岁电影《非诚勿扰》,2009年江苏卫视获得冯小刚剧组同意使用"非诚勿扰"这一名称,并于2010年1月15日首播,一跃成为娱乐综艺类节目龙头老大。江苏卫视在"非诚勿扰"成名后没有及时去工商部门注册,他们以为只要冯小刚同意了就没问题了。然而2010年9月7日温州人金某某取得"非诚勿扰"注册商标专用权并在2013年将江苏电视台告上法庭。尽管法庭也承认是江苏卫视使"非诚勿扰"成名,但其仍然只是一个未注册的驰名商标,根据中国《商标法》注册在先的判案原则,判定江苏电视台侵权。2016年1月15日,江苏卫视发表声明称,维护法律权威、尊重法院判决,暂更名为"缘来非诚勿扰"。但江苏电视台不服二审判决,提起再审申请。2017年11月广东高院做出判决,判决江苏电视台不构成商标侵权,撤销二审判决。"非诚勿扰"恢复原来品牌名称。

虽然案情最后成功逆转,但江苏卫视由此受到的损失、教训不可谓不大。正如广东高院的承办法官肖海棠在该案判决结束后接受媒体采访时所说:"节目名称有可能作为商标使用,所以无论是从保护权益还是避免纠纷的角度,相关主体最好在节目命名之前提前做好商标注册和检索工作,以对自己的节目名称提供防御性保护和避免卷入商标侵权争议纠纷。"[①]

此外,对于投入使用的各项品牌符号要素,企业不仅要及时注册,最好还要能够充分注册,以防一些不良企业故意注册一些相近的名称或标识,使消费者产生混淆。例如,娃哈哈集团在给自己的商标进行注册时,一并把相近的"娃娃哈""哈哈娃""哈娃娃"等诸多类似商标一起进行注册,娃哈哈公司在企业经营时只使用"娃哈哈"一个商标,其他的注册商标用作防御,防止竞争者采用"搭便车"的方式侵权使用。

---

① 资料来源:https://www.sohu.com/a/123088108_114731。

二、品牌防御与保护

(一) 品牌防御与保护的涵义

品牌防御与保护是指对包括品牌名称、标识、包装、广告语、品牌形象代表等在内的品牌要素进行防御与保护。防御和保护的目的是使品牌的各项识别要素免受竞争对手的模仿、盗用、不当使用和滥用,保护品牌形象不被损害、品牌资产不受侵蚀。[①]

(二) 品牌防御与保护的意义

品牌要素是构成品牌资产的最基本元素,因此对品牌要素进行防御和保护具有非常重要的意义:

(1) 品牌是无形的、看不见摸不着的,它需要有形的实体要素来帮助消费者形成品牌印象,产生品牌知识,建立品牌连接,引发购买行为,最终形成基于顾客的品牌资产。[②] 品牌要素就是品牌资产的外在表现形式,必须加以保护。

(2) 品牌要素尤其是那些不宜频繁更改的品牌名称和品牌标识,是企业的专有知识,一旦在国家法律机构进行注册后,该品牌名称和品牌标识就会得到法律保护,任何竞争对手使用该名称和标识都会作为侵权承担法律后果。因此保护和防御品牌要素不被非法使用,就相当于保护了公司的知识产权。[③]

(3) 品牌要素因为它的外显性特征,使得它最容易被竞争对手模仿和盗用。构成品牌要素的品牌名称、标识、包装、形象代表、品牌口号等都是由一些图形和文字组成,出于传播与沟通的需要,这些图形和文字都设计得简单、易懂、容易识别,再加上在使用时的公开性,使得这些品牌元素很容易被他人学习、模仿和盗用。尤其是知名品牌,由于出色的市场效应,给企业带来的巨大经济利益,更是成为侵权盗用者蜂拥而来的主要标靶。

(三) 品牌防御与保护的策略

企业可以从四个方面来对品牌加以防御和保护,避免品牌资产被侵害:

1. 商标注册

尽管按照中国相关法律规定,商标无论是否注册都可以得到法律的保护,但实际上两者受法律保护的条件和程度有很大的区别。对于注册过的商标,适用的法律是《商标法》,而且中国《商标法》采用的是"申请在先"原则,也就是只要谁最先提出申请,商标权就授予谁,而不管他是不是使用这个商标。这与欧美国家的

---

① 刘红艳,王海忠.商业淡化的量化研究述评[J].现代管理科学,2008(12):54-56.
② [美]戴维·阿克.管理品牌资产[M].北京:机械工业出版社,2006.
③ 王海忠.品牌管理[M].北京:清华大学出版社,2014:268.

"使用在先"原则有别,欧美国家是谁先实际使用商标,该商标就属于谁。这也就是江苏卫视在其与温州金某某的"非诚勿扰"商标使用权诉讼中二审败诉的原因。江苏卫视虽然 2010 年 1 月"非诚勿扰"节目已开播并一举成名成为知名品牌,但却没有注册;而金某某虽然并没有任何使用"非诚勿扰"商标的产品,但他却在 2010 年 9 月获得了"非诚勿扰"的注册商标专用权。

我国对于没有注册过的商标,适用的法律是《反不正当竞争法》。该法第五条第二款规定:"擅自使用知名商品特有名称、包装、装潢,或者使用与知名商品近似的名称、包装、装潢,造成和他人的知名商品相混淆,使购买者误认为是该知名商品,认定其为以不正当手段从事市场交易,损害竞争对手。"这里有个前提,即受保护的品牌必须是"知名"品牌,如果知名度不高则不会予以保护。然而,什么叫"知名"?法律并没有一个明确的界定。这就使得"知名品牌"是个相当模糊的概念,不法分子仍然有很大的空子可钻。因此,为了有效地保护品牌,最好还是对商标进行注册。

企业在对商标进行注册时要注意以下几点[①]:

(1) 品牌要素一旦设计并确定下来要抓紧时间及时注册,避免被不法分子抢先注册;

(2) 除了品牌的名称,相关的标识、包装、广告语等尽可能一并注册;

(3) 除了注册企业自己要使用的一个商标之外,还要把与该商标近似、容易引起消费者误用的商标一并注册;

(4) 除了注册品牌产品所在行业,还要注册相近的行业;

(5) 除了注册传统的品牌元素,还要注册网络域名;

(6) 除了在国内注册,还要尽可能多地在境外国家注册;

(7) 有必要的话还要申请原产地产品专用标志,以获得原产地保护;

(8) 当发现有人恶意抢注商标时,要及时向当地相关部门举报并申请撤销;

(9) 当注册商标有效期结束时,要及时续注,以免被人捷足先登。

2. 技术保密

为了防止品牌产品的专利技术被人窃取和抄袭,企业还要从以下两方面对品牌加以保护:一是积极向国家专利局申请专利,以获得法律上的保护;第二,内部建立一套严密的技术保密制度。仅有法律保护是不够的,法律保护只有在专利技术已经泄密、企业损失已经造成的情况下才能发挥作用,真正要保护品牌资产不受侵害还是要靠企业自己。企业必须建立一套严密的技术保密制度,确保核心技术不外泄。在这方面,可口可乐是一个很好的榜样。可口可乐的配方自 1886 年在美国亚特兰大诞生以来,已经保密达到 130 年,直到今天,这个配方仍然保存在亚特兰大银行的保险库里,谁要查看,必须经过董事会的批准,而且在负责人在场

---

① 周志民.品牌管理[M].天津:南开大学出版社,2008:363-364.

的情况下、在指定时间打开。据说,知道这个配方的健在的人始终不超过 7 个,而且公司从来不允许他们同坐一架飞机出行。①

3. 科技防伪

随着假冒商品的增多,防伪技术也在不断发展。目前常见的防伪技术主要有印刷防伪、物理防伪、化学防伪和数码防伪四种。②

4. 品牌打假

假冒品牌产品已经成为品牌发展的"毒瘤",大量知名品牌都受到假冒品牌的侵害,世界各国都为打击假冒产品做出了不懈的努力。打击假冒产品不是哪一国、哪一个企业、哪一个人单独就可以完成的任务,它必将是所有的国家、所有的人都协同起来,从法律上、经济上、技术上齐抓共管,才能让侵权者无处可逃、为造假侵权付出应有的代价;作为消费者,要自觉维护良好的市场秩序,不贪图便宜,不购买假冒产品,让造假者无利可图,每个人都为品牌打假作出自己的一份贡献。

第二节　品牌危机管理

当今世界,企业所处的内外环境越来越纷繁复杂,不可控因素越来越多,在这样一个复杂的环境中,危机时刻存在。尽管许多企业为了应对危机采取了不少预防措施,但还是免不了遭遇形形色色的危机,如产品出现瑕疵被媒体曝光、服务质量不好遭遇投诉、发生重大意外事故等,如果不及时、正确处理,可能会给企业带来毁灭性的打击。国内的一些著名企业,如三株、爱多、南京冠生园等,都是由于没有妥善解决突发的危机而一蹶不振,破产倒闭。当然,也有一些企业面对危机,通过有效的危机处理,使企业转危为安,再造辉煌。可见,危机并不一定意味着灾难。据说,美国前总统肯尼迪在其幕僚和汉学家的指点之下,对中文"危机"作了西方化的解释,颇具哲理,肯尼迪认为,汉语中的"危机"有两层意思:"危"代表"危险","机"代表"机遇"。危机等于危险+机遇,危机既包含导致失败的根源,同时也孕育着成功的机遇。目前,由危机管理体系迸发的危机处理能力,已成为一个现代企业核心竞争力的体现。只有那些善于化解危机并从危机中发掘商机的企业,才能在激烈的市场竞争中脱颖而出,立于不败之地。

一、危机和品牌危机的相关概念

(一) 危机的涵义

危机是指组织因内外环境因素所引起的一种对组织生存具有立即且严重威

---

① 周志民.品牌管理[M].天津:南开大学出版社,2008:365.
② 周志民.品牌管理[M].天津:南开大学出版社,2008:365.

胁性的情境或事件。一般来说,危机具有以下特征[①]:

1. 必然性与偶然性

企业作为消费者所需要的服务或商品的提供者,不可避免地要跟消费者、新闻媒体等各种公众打交道。这样一来,危机不可避免,可以说只要企业有经营活动,就可能会有危机。但危机并不是每一个企业、每一个阶段都会发生的,危机的爆发往往是由偶然因素促成的。冰冻三尺,非一日之寒。一个企业突然爆发了危机,事实上不会没有任何潜在的因素,无论是来自主观还是客观、抑或两者都有的原因,都是企业平时疏于管理的结果。一次偶然的食物中毒,往往是平时不注意把握细节造成的;一次突然出现的恶意中伤,往往是企业平时在人际关系交往中疏于维护造成的。对于这些难以预测的潜在的因素,任何企业都要倍加重视、高度防范。

2. 突发性与渐进性

危机具有突发性特征,往往是在意想不到、没有准备的情况下突然爆发的,也就是说,危机发生之前,很少有人会意识到危机。由于危机来得突然,又有很强的力度,往往使企业措手不及,给企业造成很大的冲击。危机的爆发从本质上说,是一个从量变到质变的过程,酿成危机的因素经过一个累积渐进的过程,如果未能得到有效控制,达到一定程度,就会形成危机,这就是危机的渐进性。危机的突发性与偶然性相关,渐进性则与必然性相连。因此,企业必须防微杜渐,随时准备应付突如其来的危机。

3. 破坏性与建设性

危机是风险与机遇的统一。危机一方面造成巨大的破坏,企业应尽力防范和阻止;另一方面,危机的爆发也为企业检视自身经营管理状况提供了一个契机,从而改进自己的经营管理行为,树立更好的企业形象。认识到危机具有破坏性,企业才不会掉以轻心、麻痹大意;认识到危机具有建设性,企业才会积极应对、把握时机、再造辉煌。

4. 急迫性与关注性

很多危机都是在短时间内猛烈爆发,具有很强的急迫性,一旦爆发立即造成巨大影响,成为社会和舆论关注的焦点和热点。危机像一枚突然爆炸的炸弹,在社会中迅速扩散开来,成为公众街谈巷议的话题,成为新闻媒体追踪报道的热点,成为竞争对手乘机进攻的目标,成为政府部门检查批评的对象,引发社会各界不同的反响与关注。因此,企业必须快速决断,如果控制不力、行动迟缓,必将产生严重的后果。在危机处理上,时效性和全面性非常重要。

(二) 品牌危机的涵义

品牌危机(Brand Crisis)是指由于组织内外突发原因而对品牌资产造成的始

[①] 鲍勇剑,陈百助.危机管理[M].上海:复旦大学出版社,2003.

料不及的负面影响的事件或由此面临的状态,包括品牌形象的损害以及品牌信任度的下降。

品牌危机作为危机的一种类型,当然具备前面所述危机的基本特征。但作为一种特殊形式的企业危机,品牌危机与企业遭遇的其他危机如产品危机、财务危机等一般危机不同,品牌危机产生的后果往往更严重,品牌危机直接导致消费者与品牌关系的恶化。品牌一旦发生危机,就会造成消费者对品牌声誉的评价降低、对品牌产品的认可度和信任度下降,市场销售额下降,甚至直接导致企业的倒闭。

二、引发品牌危机的原因

引发企业出现品牌危机的原因可以分为内部和外部两个方面:

(一)企业内部管理的失误

1. 战略决策失误

尽管所有管理者都深知战略决策的正确性对于企业经营的重要意义,但实践中每次都能够作出正确决策却并不是一件容易的事。即使是世界知名、品牌管理经验丰富的大牌企业都不能例外。一旦决策失误,自然就会酿成品牌危机。品牌管理历史上经典的案例"新可乐事件"就是一个很好的例证。

案 例 11 - 2

可口可乐的品牌失误——新可乐的经典失败

可口可乐是世界上最知名的品牌,每天在全球售出十多亿瓶饮料。美国商业周刊和英国英特品牌公司联合公布的《世界最具价值的100品牌》中,到2008年为止,可口可乐已经连续8年位居榜首。然而在1985年,可口可乐公司遭遇了有史以来最大的品牌危机。

事情要追溯到可口可乐和百事可乐两大可乐巨头的竞争。两大巨头的争斗由来已久,百事比可口可乐小10岁,长久以来一直挑战可口可乐的龙头地位,但无奈可口可乐实力雄厚,无法撼动其世界第一饮料的霸主地位,百事一直屈居第二。

到了20世纪70年代,百事又一次发起挑战,这一次它高调推出了一项大型营销活动"百事挑战"。这个活动主要是通过盲试,在消费者不知道可口可乐和百事可乐的条件下,看消费者更喜欢喝哪种可乐。令可口可乐公司非常惊恐的是:几次测试,结果都表明消费者更喜欢喝口味稍甜一些的百事可乐。结果出来后,百事可乐通过电视媒体大肆宣传,宣称它的产品比可口可乐的产品更受人欢迎。可口可乐公司扎扎实实感到了巨大的压力。

> 可口可乐意识到自己的问题出在产品上。正如百事可乐一再宣传的"可口可乐在口感上不如百事",显然要想扭转局面,可口可乐必须改进产品,于是他们发动技术人员研制新配方,经过2年的精心调制,他们配置出了新配方,为了谨慎起见,新配方可乐出来后,他们在可乐出生地亚特兰大市进行了20万次的口感测试,结果非常可喜,所有的人都更喜欢口感甜一点的新可乐,不光是比老可乐口感好,而且比百事口感还要受欢迎。
>
> 1985年4月23日,可口可乐公司踌躇满志,高调宣布将推出新可乐,而且为了不同自己的老可乐进行自相残杀的竞争,公司宣布停止生产老配方可乐。消息一传出,舆论大哗,人们纷纷抗议,许多人连夜到各大超市抢购老可乐。美国人立即决定抵制新可乐,公众因为买不到老可乐而到处抗议,愤怒的情绪持续高涨,新可乐因消费者抵制而无人问津。不到3个月,可口可乐只好宣布放弃新配方,重新生产传统口味的可乐。为此,可口可乐公司蒙受了巨大的损失。

资料来源:马特·黑格.品牌失败[M].战凤梅,译.北京:机械工业出版社,2004.

2. 商业造假

如果说决策失误导致品牌危机还情有可原的话,那么商业造假就纯属咎由自取了。2004年一个号称来自德国、拥有百年历史的地板品牌"欧典"在中央电视台"3·15"活动中被揭发其根本不是一家德国企业,它高达2 008元一平方米的天价地板也不是来自巴伐利亚州的莱茵河畔,这家企业实际上是一个坐落在北京通州的一家民营小企业。谎言被揭穿后,引起社会各界挞伐,这家企业从此声名扫地。

3. 产品或服务出现质量问题

产品质量是品牌发展的根本和基石,产品一旦出现质量问题,品牌的根基也就被动摇了。无论中外,很多品牌遭遇危机,都是因为质量问题引起,如丰田汽车的刹车存在设计缺陷被召回;SK-Ⅱ被查出铬超标;三鹿奶粉含有三聚氰胺等等。品牌一旦出现质量问题,消费者对它的信任就会被摧毁,品牌危机自然就形成了。

4. 广告传播出现失误

有些企业在广告传播过程中,制作的广告或者邀请的代言人触犯了当地的社会文化或风俗禁忌,伤害了民众的感情,也会引发品牌危机。如著名油漆品牌立邦,为了表现其油漆品质光滑的特点,曾经制作一则广告,采用一个盘龙从华表上滑落在地的创意设计,结果引起中国网民的愤怒和抵制;丰田公司制作的霸道车广告采用石狮子向霸道车敬礼的设计也最后迫使丰田公司出来道歉;最有名的一个例子是 2008 年迪奥的全球品牌代言人萨朗·斯通因对中国四川地震出言不逊,导致迪奥在中国市场遭遇危机,蒙受了巨大的损失。

(二) 企业遭遇外部的损害

1. 媒体报道

近年来,随着互联网及现代通讯技术的快速发展,媒体之间的竞争越来越白热化。为了争取"眼球",具有职业敏感嗅觉的媒体记者们对爆炸性的新闻孜孜以求,这使得埋藏在企业经营过程中的危机隐患被触发的概率大大增加,而且越是知名品牌越能吸引眼球,也就越发容易得到媒体的"垂青",知名品牌几乎每时每刻处在媒体的监控之下。此外,传统媒体、网络媒体、自媒体的结合,使得信息的复制、传播速度大大加快;再加上信息受众的主动参与讨论(新闻热线、微信、微博、facebook 等途径),品牌经营中出现的一点小瑕疵都能被迅速放大,恶化和蔓延成一场品牌危机,再加上竞争对手的趁机攻击,品牌很容易就彻底翻船。

2. 无辜受到其他品牌牵连

现在很多品牌很容易就受到其他品牌问题的牵连导致出现品牌危机。这大概有两种情况:一是遭遇假冒。假冒品牌不仅影响原有品牌的市场销售额,更严重的是质量低劣的假冒产品严重损害了原有品牌的品牌形象。据统计,2002 年宝洁公司在中国销售的各项产品中平均假冒率达到 15%,宝洁公司为此损失高达 1.5 亿美元。意大利知名品牌"华伦天奴"因中国市场铺天盖地的假冒"华伦天奴",不胜其扰,一度被迫退出中国大陆市场。另一种情况是被公众误会"背黑锅"。2003 年南京冠生园被央视曝光使用陈年馅制作月饼,消息传出,全国同名的 20 多个冠生园公司都遭遇危机,顾客退货、市场抵制,蒙受了巨大的经济损失。实际上这些冠生园跟南京冠生园没有任何关系,只不过因为历史的原因使用了同一个品牌名。

3. 竞争对手恶意陷害

出于竞争或其他原因,品牌很有可能会被人恶意陷害。由于消费者不明真相,品牌就会遭遇危机。2010 年圣元奶粉被人恶意攻击婴儿奶粉配方激素超标,导致婴儿出现早熟现象。一时间,新浪、搜狐、网易、百度论坛上帖子满天飞,网友们纷纷讨伐"黑心企业",消费者闹着要退货赔偿,圣元遭遇了自 2008 年三聚氰胺事件以后最大的品牌危机。事后虽然经国家相关机构调查证明是竞争对手恶意抹黑攻击,但圣元品牌形象却遭到重创,经济损失更是惨重。直到今天,整个中国奶粉行业的品牌声誉都无法恢复。历史上,受到陷害而使品牌陷入危机的最著名的案例莫过于美国强生公司泰诺速效胶囊被投毒案。由于一个丧心病狂的人对泰诺投入剧毒氰化钾,导致 7 名消费者服用后死亡,危机导致强生公司被迫立即召回并销毁所有产品,蒙受了巨大的财务损失和品牌形象损失。①

三、处理品牌危机的基本原则

处理品牌危机并没有固定的模式,人们可以从众多的危机处理中总结出经验教训,这些经验教训经过不断地应用和实践,再加以总结,就成为现在企业应对品牌危机时一般遵循的基本原则。主要包括:

(一)第一时间原则

处理品牌危机的目的在于尽最大努力控制事态的恶化与蔓延,把因危机事件造成的损失减少到最低限度,在最短时间内重塑和挽回品牌的信誉与形象。因此危机一旦发生,不管面对的是何种性质、何种类型、何种起因的危机,危机管理小组成员和所有的员工都应该在第一时间投入到紧张的处理工作中去,以积极的态度赢得时间。"赢得时间就等于赢得了形象。"②

处理危机时,如果企业没有极快的反应速度,不论该企业拥有多强的实力,都会招致灾难。这是因为危机的危害是逐步加深的。企业必须当机立断,快速反应,果断行动,与媒体和公众进行沟通,从而迅速控制事态,否则会扩大危机的范围,甚至可能失去对全局的控制。危机发生后,能否首先控制住事态,使其不扩大、不升级、不蔓延,是处理危机的重中之重。

百事可乐针头事件

1993年7月,美国百事可乐公司突然陷入一场灾难。美国的各个角落都在传说,在罐装百事可乐内接连出现了注射器和针头。甚至有人活灵活现地描述针头如何刺破了消费者的嘴唇和喉咙。与此同时,在艾滋病蔓延的美国,人们立刻又把此事与传染艾滋病联系起来。霎时间,许多超级市场纷纷把百事可乐从货架上撤走。

为了避免更大的危机发生,百事可乐公司及时、迅速、果断地推出了一系列措施,一方面通过新闻界向投诉的消费者道歉,并感谢他们对百事可乐的信任,还给予其一笔可观的奖金以示安慰,同时邀请他们到生产线上参观,使其确信百事可乐质量可靠。另一方面百事可乐公司不惜代价买下美国所有电视、广播公司的黄金时段和非黄金时段反复进行辟谣宣传,并播放百事可乐罐装生产线和生产

---

① 薛娜.经典品牌故事全集[M].北京:金城出版社,2006.
② 何云峰,田军,朱国定.智者的公关[M].上海:上海交通大学出版社,2001.

> 流程录像,使人们看到饮料注入之前,空罐个个口朝下,从高温蒸汽和热水冲击消毒到立即注入百事可乐饮料,再到封口,整个过程只有数秒钟。通过录像,消费者认识到任何雇员要在数秒钟之内将注射器和针头置于罐中都是不可能的。
>
> 　　随后百事可乐公司还通过与美国食品与药物管理局密切合作,请该局出面揭穿这是件诈骗案,由于政府部门主管官员和公司领导人共同出现在电视荧屏上,事实最终得以澄清。

案例来源:平川.危机管理.北京:当代世界出版社,2005.

(二) 真诚坦率原则

危机出现后,企业可能会面临"四面楚歌",新闻曝光、政府批评、公众质疑等会纷至沓来,而且公众对企业的反映高度敏感,企业稍有不慎,就可能激起公众的激愤,严重的还会断送企业的前程。因此,面对危机,企业切不可做把头埋在沙土里的鸵鸟,那样,即使回避了一时的问题,却可能酿成更大的祸端。面对危机,任何掩盖、隐瞒都于事无补。

因此,危机发生后,一个优秀的企业应尽快调查事情原因,弄清真相,尽可能地把完整情况公之于众。要尽快与公众沟通,主动与新闻媒介联系,说明事实真相。出于职业习惯,对于发生的事情,新闻界往往有强烈的好奇心,管理人员应该实事求是,不能利用记者不熟悉某一专业的弱点而弄虚作假。[①] 为新闻界设置障碍是极其愚蠢的,因为记者可以在最大范围内揭示疑点,从而引起人们的种种猜测,这对事件处理极为不利。只有公布真相,才有可能避免公众的各种无端猜疑和流言的产生。在向公众公布事实真相时,要避免像挤牙膏一样一点一点地报出消息,因为这会加剧人们的疑惧。沟通时要及时了解公众的需求和愿望,能解决的尽量及时解决,暂时不能解决的做好解释工作,争取公众谅解,防止因一些细节问题再次引发危机。真心诚意是企业面对危机最好的策略。

(三) 承担责任原则

品牌危机发生后,顾客会关心两方面的问题:一方面是利益的问题。利益是顾客关注的焦点,因此无论谁是谁非,企业应该勇于承担责任。即使受害者在事故发生中有一定责任,企业也不应首先追究其责任,否则因为利益上的原因,双方会各执己见,加深矛盾,从而引起公众的反感,不利于问题的解决。另一方面是感情问题。顾客一般都很在意企业是否在意自己的感受,因此企业应该站在受害者的立场上给予一定的同情和安慰,并通过新闻媒介向顾客致歉,解决深层次的心理、情感关系问题,这样,即使顾客中有人受害了,也会赢得他们的理解和信任。

[①] 平川.危机管理[M].北京:当代世界出版社,2005.

（四）权威证实原则

在危机发生后,企业如果自己整天拿着高音喇叭喊冤叫屈往往起不到作用,甚至适得其反。要学会"曲线救国",请重量级的第三者在前台说话,他们的声音会更有说服力和可信度,从而使顾客解除疑惧心理,重新建立对企业的信任。

案例 11-4

"宝莹"牌洗衣粉的危机

1983年,英国利维兄弟公司推出"宝莹"牌新型超浓缩加酶全自动洗衣粉,并迅速取得成功,市场占有率一度上升到了50%。但不久报纸和电视纷纷报道这种新型洗衣粉会导致皮肤病,结果该洗衣粉的市场份额急剧下降。

危机发生后,利维兄弟公司不是一味为自己辩解,而是采取了两方面的措施:一是由消费者说话。利维兄弟公司开展了一个公关活动,在报纸、电视以及宣传单上,由不同的家庭妇女担任广告的主角,对产品大加赞誉,称"已有500万家庭妇女认为新型的宝莹牌洗衣粉是当今最好的洗衣粉"。二是由权威专家说话。利维兄弟公司安排皮肤病专家进行独立实验,结果表明,"0.01%的皮肤病患者可能与使用新型宝莹牌洗衣粉有关",但是,"与其他同类产品相比,它的这种百分比要小得多",也就是说,宝莹牌洗衣粉是"当今世界上最安全的洗衣粉之一"。

通过消费者的肯定和权威专家的鉴定,宝莹牌洗衣粉很快便收复了失地。

资料来源:根据网络资料编写。

（五）留有余地原则

危机发生后,企业在对外沟通时留有余地非常重要。因为危机刚刚发生,许多问题尚不明朗,比如问题的实质、舆论的反映、事情的发展方向、消费者对这一事件的容忍程度、企业采取的措施是否正确有效等,而社会公众又迫不及待地等待企业表态,因此,企业在与公众沟通时,不能盲目封闭自己的转圜空间,放弃自己的回旋余地。在时间上无法延宕的情况下,企业要在沟通的空间上留出余地,即在对外沟通时,企业的最高领导和关键部门负责人有时不要一上来就发表意见,而是保持缄默;由低一层次的管理者对外发布信息、传达意见。这样,一旦事态有所变化,或者企业采取的措施有所失误,企业高层可以出来修正或否定,这样就为未来危机的妥善解决预留了足够的转圜空间。

（六）维护声誉原则

品牌管理在危机处理中的作用就是维护品牌的声誉,这是品牌危机管理的出发点和归宿点。在危机处理的全过程中,管理者要努力减少危机事件对品牌形象带来的损失,争取消费者的谅解和信任。

参考文献

[1] Aaker D A, Keller K L. Consumer Evaluations of Brand Extensions. Journal of Marketing,1990(54).

[2] Achenbaum Alvin A. The Mismanagement of Brand Equity[C]. ARF Fifth Annual Advertising and Promotion Work-shop,1993.

[3] Cobb-Walgren C J, C A Ruble and N Donthu. Brand Equity, Brand Preference, and Purchase Intent[J]. Journal of Advertising,1995,16(3):25-40.

[4] Gardner B B, Levy S J. The Product and the Brand[J]. Harvard Business Review,1955,33(2):33-39.

[5] Kapferer Jean-Noel. The New Strategic Brand Management:Creating and Sustaining Brand Equity Long Term(4th ed.)[M]. London: Kogan Page Limited,2008.

[6] Low, George S, Ronald A Fullerton. Brands, Brand Management, and the Brand Manager System: A Critical-Historical Evaluation[J]. Journal of Marketing Research, 1994, 31(5): 173-190.

[7] Miller G A. The Magical Number Seven, Plus or Minus Two: Some Limits on Our Capacity for Processing Information[J]. The Psychological Review, 1956(63): 81-97.

[8] Mizik Natalie, Robert Jacobson. The Financial Value Impact of Perceptual Brand Attributes[J]. Journal of Marketing Research, 2008, 46(2): 15-32.

[9] Nelson Cowan. Evolving Conceptions of Memory Storage, Selective Attention, and Their Mutual Constraints within the Human Information-processing[J]. Psychological Bulletin, 1998, 104(2): 163-191.

[10] Nirmalya Kumar. Kill a Brand, Keep a Customer[J]. Harvard Business Review, 2003(12).

[11] Peter Farquhar. Managing Brand Equity[J]. Journal of Advertising Research, 1990, 30(4):7-12.

[12] Ries A. The 22 immutable Laws of Marketing: Violate Them at Your Own Risk![M]. Harper Collins,1994.

[13] Shocker D A, Rajendra K S, Robert W R. Challenges and Opportunities Facing Brand Management: An Introduction to the Special Issue[J]. Journal of Marketing Research,1994(31):149-158.

[14] Wansink Brian. Making Old Brands New-marketing Strategies[J]. American Demographics,1997,19(12):53-58.

[15] [荷]里克·莱兹伯斯,等.品牌管理[M].北京:机械工业出版社,2006.

[16] [美]阿尔·里斯,杰克·特劳特.定位:头脑争夺战[M].北京:中国财政经济出版社,2002.

[17] [美]阿尔·里斯,劳拉·里斯.公关第一,广告第二[M].上海:上海人民出版社,2004.

[18] [美]阿尔文·托夫勒.权力的转移[M].北京:中信出版社,2006.

[19] [美]艾丽丝·泰伯特,蒂姆·卡尔金斯.凯洛格品牌论[M].北京:人民邮电出版社,2006.

[20] [美]芭芭拉·卡恩(Barbara E. Kahn).沃顿商学院品牌课[M].北京:中国青年出版社,2014.

[21] [美]大卫·阿克,爱里克·乔瑟米赛勒.品牌领导[M].北京:新华出版社,2001.

[22] [美]大卫·奥格威.一个广告人的自白[M].北京:中信出版社,2008.

[23] [美]戴维·阿克.创建强势品牌[M].北京:中国劳动社会保障出版社,2005.

[24] [美]戴维·阿克.管理品牌资产[M].北京:机械工业出版社,2006.

[25] [美]戴维·阿克.品牌组合战略[M].北京:中国劳动社会保障出版社,2005.

[26] [美]菲利普·科特勒.营销管理(第11版)[M].上海:上海人民出版社,2003.

[27] [美]杰克·特劳特,史蒂夫·瑞维金.新定位[M].北京:中国财政经济出版社,2002.

[28] [美]凯文·莱恩·凯勒.战略品牌管理(第2版)[M].北京:中国人民大学出版社,2006.

[29] [美]罗瑟·瑞夫斯.实效的广告[M].呼和浩特:内蒙古人民出版社,1999.

[30] [美]斯科特·戴维斯.品牌驱动力[M].北京:中国财政经济出版社,2007.

[31] [美]斯科特·戴维斯.品牌资产管理[M].北京:中国财政经济出版社,2006.

[32] [美]汤姆·邓肯.广告与整合营销传播原理[M].北京:机械工业出版社,2006.
[33] [美]唐·E.舒尔茨.整合营销传播[M].北京:中国物价出版社,2002.
[34] [瑞典]詹·卡尔森(Jan Carlzon).关键时刻[M].北京:中国人民大学出版社,2010.
[35] [英]莱斯利·德·切纳托尼,M.麦克唐纳.创建强有力的品牌——消费品工业品与服务业品牌的效益[M].北京:中信出版社,2001.
[36] [英]汤姆·布莱克特,鲍勃·博德.品牌联合[M].北京:中国铁道出版社,2006.
[37] [英]约翰·菲利普·琼斯.广告与品牌策划[M].北京:机械工业出版社,1999.
[38] 鲍勇剑,陈百助.危机管理[M].上海:复旦大学出版社,2003.
[39] 邓德隆.2小时品牌素养[M].北京:机械工业出版社,2009.
[40] 符国群.Interbrand品牌评估法评价[J].外国经济与管理,1999(11):39-41.
[41] 何佳讯.品牌形象策划——透视品牌经营[M].上海:复旦大学出版社,2000.
[42] 何云峰,田军,朱国定.智者的公关[M].上海:上海交通大学出版社,2001.
[43] 黄静,王文超.品牌管理[M].武汉:武汉大学出版社,2005.
[44] 梁东,连漪.品牌管理[M].北京:高等教育出版社,2012.
[45] 刘红艳,王海忠.商业淡化的量化研究述评[J].现代管理科学,2008(12):54-56.
[46] 卢泰宏,高辉.品牌老化与品牌激活研究述评[J].外国经济与管理,2007(2):17-23.
[47] 卢泰宏,李世丁.广告创意——个案与理论[M].广州:广东旅游出版社,1997.
[48] 潘成云.品牌生命周期论[J].商业经济与管理,2000(9):19-21.
[49] 平川.危机管理[M].北京:当代世界出版社,2005.
[50] 宋秩铭,庄淑芬,白崇亮,等.奥美的观点[M].北京:中国经济出版社,1997.
[51] 王海忠.品牌管理[M].北京:清华大学出版社,2014.
[52] 翁向东.本土品牌战略[M].杭州:浙江人民出版社,2002.
[53] 翁向东.中国品牌低成本营销策略[M].重庆:重庆出版社,2003.
[54] 薛娜.经典品牌故事全集[M].北京:金城出版社,2006.

[55] 杨兴国.红旗:品牌错位下神坛[EB/OL].(2008-02-26).www.emkt.com.cn/article/354/35469.html.

[56] 余明阳,梁锦瑞,吉赞锋,等.名牌的奥秘[M].武汉:武汉大学出版社,1999.

[57] 余伟萍.品牌管理[M].北京:清华大学出版社,北京交通大学出版社,2007.

[58] 张冰.品牌命名攻略[M].广州:南方日报出版社,2004.

[59] 张明立,任淑霞.品牌管理(第2版)[M].北京:清华大学出版社,北京交通大学出版社,2014.

[60] 张正,许喜林.品牌与产品的离合之道[J].市场观察,2003(10):74-75.

[61] 周安华,苗晋平.公共关系——理论、实务与技巧[M].北京:中国人民大学出版社,2004.

[62] 周志民.品牌管理[M].天津:南开大学出版社,2008.

[63] 祝合良.品牌创建与管理[M].北京:首都经济贸易大学出版社,2007.